Sozialwissenschaftliches Erklären

MAX-PLANCK-INSTITUT FÜR GESELLSCHAFTSFORSCHUNG
MAX PLANCK INSTITUTE FOR THE STUDY OF SOCIETIES

Prof. Dr. Dr. h. c. mult. Renate Mayntz ist emeritierte Direktorin des von ihr 1985 gegründeten Max-Planck-Instituts für Gesellschaftsforschung in Köln.

Renate Mayntz

Sozialwissenschaftliches Erklären

Probleme der Theoriebildung und Methodologie

Campus Verlag
Frankfurt/New York

Schriften aus dem Max-Planck-Institut für Gesellschaftsforschung Köln, Band 63

Bibliografische Information der Deutschen Nationalbibliothek
Die Deutsche Nationalbibliothek verzeichnet diese Publikation in der Deutschen Nationalbibliografie;
detaillierte bibliografische Daten sind im Internet über http://dnb.d-nb.de abrufbar.
ISBN 978-3-593-38891-5

Das Werk einschließlich aller seiner Teile ist urheberrechtlich geschützt. Jede Verwertung ist ohne
Zustimmung des Verlags unzulässig. Das gilt insbesondere für Vervielfältigungen, Übersetzungen,
Mikroverfilmungen und die Einspeicherung und Verarbeitung in elektronischen Systemen.
Copyright © 2009 Campus Verlag GmbH, Frankfurt/Main
Umschlagmotiv: Gebäude des Max-Planck-Instituts für Gesellschaftsforschung, Köln
Satz: Max-Planck-Institut für Gesellschaftsforschung, Köln
Druck und Bindung: KM-Druck, Groß-Umstadt
Gedruckt auf säurefreiem und chlorfrei gebleichtem Papier.
Printed in Germany

Besuchen Sie uns im Internet: www.campus.de

Inhalt

1 Sozialwissenschaftliche Erkenntnisinteressen und
  Erkenntnismöglichkeiten: Eine Einführung (2009) 7

2 Forschungsmethoden und Erkenntnispotenzial:
  Natur- und Sozialwissenschaften im Vergleich (2005) 37

3 Einladung zum Schattenboxen: Die Soziologie und die
  moderne Biologie (2008) 51

4 Rationalität in sozialwissenschaftlicher Perspektive (1999) 67

5 Kausale Rekonstruktion: Theoretische Aussagen im
  akteurzentrierten Institutionalismus (2002) 83

6 Soziale Mechanismen in der Analyse gesellschaftlicher
  Makrophänomene (2005) 97

7 Individuelles Handeln und gesellschaftliche Ereignisse: Zur
  Mikro-Makro-Problematik in den Sozialwissenschaften (2000) 123

8 Emergence in Philosophy and Social Theory (2008) 133

9 Embedded Theorizing: Perspectives on Globalization
  and Global Governance (2008) 157

Quellennachweise 181

1 Sozialwissenschaftliche Erkenntnisinteressen und Erkenntnismöglichkeiten: Eine Einführung (2009)

1 Vorbemerkung

Seit Beginn meiner Beschäftigung mit Sozialwissenschaft habe ich mich, nicht zuletzt als Hochschullehrerin, immer zugleich mit methodologischen und mit inhaltlichen Fragen befasst.[1] Die in diesem Band versammelten Aufsätze sind in den letzten zehn Jahren und überwiegend aus einem bestimmten Anlass, meist der Aufforderung zu einem Vortrag entstanden; eine Ausnahme stellt der letzte Aufsatz (Kapitel 9) dar, der als Ergebnis eines Forschungsaufenthalts in den USA im Jahr 2004 entstand. Die Verschiedenheit der Anlässe und des jeweiligen Publikums spiegelt sich manchmal deutlich in den Aufsätzen wider: So bestand das interdisziplinär zusammengesetzte Publikum der Vorträge über Forschungsmethoden (Kapitel 2) und über gesellschaftliche Ereignisse (Kapitel 7) vorwiegend aus Naturwissenschaftlern, während beim Referat über Emergenz (Kapitel 8) viele der Teilnehmer Philosophen waren.

Die verschiedenen Aufsätze des Bandes berühren unterschiedliche methodologische Fragen. Angesichts der überaus reichhaltigen deutsch- und englischsprachigen Literatur zur Wissenschaftstheorie und sozialwissenschaftlichen Methodologie drängt sich die Frage auf, welchen substanziellen Beitrag zu dieser Diskussion eine Aufsatzsammlung wie diese überhaupt leisten kann – zumal das allen Kapiteln dieses Buches zugrunde liegende Verständnis der Sozialwissenschaft als empirische Disziplin und der hier vertretene erkenntnistheoretische Relativismus weit verbreitet und in der wissenschaftstheoretischen Literatur behandelt worden sind. Der erkenntnistheoretische Relativismus, der sich vom klassischen Positivismus und Empirismus ebenso absetzt wie von einem radikalen erkenntnistheoretischen Konstruktivismus, geht davon aus, dass unabhängig vom jeweiligen Betrachter eine reale Welt existiert, die jedoch jeder Betrachter nur ausschnittsweise und in Abhängigkeit von seiner eigenen Beschaffenheit

---

[1] Mit methodologischen Fragen befasst sich schon Kapitel 1, »Über einige methodologische Voraussetzungen der empirischen Sozialforschung«, in Mayntz/Holm/Hübner (1969); vgl. auch die in Mayntz (1997) erneut abgedruckten Aufsätze von 1985, 1991 und 1995.

wahrnehmen kann. Als Menschen mögen wir im Unterschied zu Fledermäusen und Hunden zur Bildung und Verarbeitung von kognitiven Symbolen fähig sein, aber auch wir können die Welt, in der wir leben, weder als Ganzes noch so, »wie sie wirklich ist«, sehen. Der Beitrag dieses Bandes liegt in dem Versuch, das Bewusstsein forschender Sozialwissenschaftler für die Verflechtung zwischen ontologischen, erkenntnistheoretischen und methodologischen Voraussetzungen des Erwerbs sozialwissenschaftlichen Wissens zu schärfen.

In allen Aufsätzen dieses Bandes wird auf die eine oder andere Weise die gegenseitige Bedingtheit von Erkenntnisgegenstand, Erkenntnisinteressen und Erkenntnismöglichkeiten berührt; in diesem ersten Kapitel ist sie das zentrale Thema. Damit wird zugleich ein analytischer Rahmen aufgespannt, in dem die Beiträge der verschiedenen Aufsätze ihren Platz finden. Dabei wird auf die Argumente, die in den einzelnen Aufsätzen ausführlich entwickelt werden, teils nur kurz verwiesen, teils werden sie aber auch ausführlicher herangezogen und an einigen Punkten sogar weiter ausgebaut. Insofern ist dieses erste Kapitel mehr als eine bloße Zusammenfassung, als Zusammenfassung jedoch selektiv. Es geht hier darum, den prinzipiell wohl von allen Erfahrungswissenschaftlern anerkannten Zusammenhang zwischen der Formulierung sozialwissenschaftlicher Fragen, der Bestimmung unseres Erkenntnisgegenstandes und unseren Erkenntnismöglichkeiten zu vergegenwärtigen. Nach meiner Wahrnehmung werden die ontologischen und erkenntnistheoretischen Voraussetzungen sozialwissenschaftlichen Wissenserwerbs in der gängigen methodologischen Literatur nicht hinreichend thematisiert; sie werden nicht negiert, aber sie bleiben weitgehend implizit. Wer sich jedoch der Bedingtheit, der zwangsläufigen Selektivität und Begrenztheit unseres Wissens nicht bewusst ist, sie nicht in jeder Phase des Forschungsprozesses im Hinterkopf hat, läuft Gefahr, dass sein Denken sich der Wirklichkeit gegenüber, die er zu untersuchen vorgibt, so weit verselbstständigt, dass es zum selbstbezüglichen »Turnen in den Ästen semantischer Bäume« wird (Mayntz 1997: 22). Dieser Gefahr will dieser Band, und insbesondere dieses erste Kapitel, entgegenwirken. Dazu ist es nötig, den hier zugrunde gelegten Zusammenhang zwischen ontologischen, erkenntnistheoretischen und methodologischen Voraussetzungen der Wissensgewinnung zunächst kurz auszubuchstabieren – auf die Gefahr hin, lediglich allgemein Bekanntes zu wiederholen.[2]

Methodologie, die Lehre, wie zur Beantwortung von Fragen vorzugehen ist, die an einen bestimmten Erkenntnisgegenstand gerichtet werden, ist ontologisch und erkenntnistheoretisch fundiert: Wir können nur empirisch erforschen, was »der Fall ist«, um mit Wittgenstein zu sprechen, und was wir davon zu er-

---

2 Insbesondere wird man viele Bezüge zu Max Webers methodologischen Überlegungen finden (vgl. Weber 1968a, 1968b).

kennen vermögen. Schon was uns als Tatsache gilt, setzt Interpretation voraus, wie nicht nur Habermas (1985: 595) betont hat. Die Fragen, die wir stellen, und die prinzipielle Möglichkeit, sie zu beantworten, hängen ihrerseits eng mit der Beschaffenheit unseres Gegenstandes zusammen. Der Erkenntnisgegenstand jeder Erfahrungswissenschaft, und so auch der empirischen Sozialwissenschaft[3], ist jedoch nicht einfach gegeben; er wird durch das Erkenntnisinteresse an einem speziellen Wirklichkeitsausschnitt bestimmt. Es ist nicht ein quasi als Substanz verstandener, besonderer Gegenstand, sondern eine besondere Perspektive, die unsere Wissenschaft ausmacht. Soziologie, so Simmel (1958: 3), »enthält kein Objekt, das nicht schon in einer der bestehenden Wissenschaften behandelt würde«; es ist vielmehr »ein neuer Weg«, »eine neue Methode«, die sie ausmacht. Das wirft die Frage auf, was denn das Spezifische dieser Perspektive ist, die sie von den Perspektiven anderer Disziplinen unterscheidet.

In die von Klassikern wie Emile Durkheim, Georg Simmel und Max Weber versuchte, in der heutigen Sozialforschung aber meist hinter den speziellen Forschungsfragen verborgen bleibende Bestimmung des generellen sozialwissenschaftlichen Erkenntnisgegenstandes gehen ontologische Annahmen über die Existenz verschiedener Seinssphären und ihre gegenseitige Abgrenzung ein. In der europäischen Geistesgeschichte wird seit Aristoteles über die Beziehung zwischen Geist und Körper, Mensch und Natur[4] gestritten. Wie Stichweh (1984: 14–39) zeigt, haben ontologische Differenzierungen über Jahrhunderte die Vorstellung von einer Hierarchie des Wissens geprägt, die sich institutionell in der Definition von Fakultäten und Disziplinen niedergeschlagen hat. Die heute gängige Unterscheidung von Natur-, Sozial- und Geisteswissenschaften liegt auch der Bildung von »Klassen« in einer Akademie zugrunde, während die »Sektionen« der Max-Planck-Gesellschaft aufseiten der Naturwissenschaften weiter differenzieren und dafür Geistes- und Sozialwissenschaften zusammenfassen. Beim immer wieder aufflammenden Streit um die Abgrenzung der Erkenntnisgegenstände verschiedener Disziplinen geht es nicht nur um folgenlose Definitionsfragen. Ob man den Menschen als Teil von Natur betrachtet, oder als der Natur von Gott gegenübergestellt und grundsätzlich von ihr verschieden, hat nicht nur praktische Konsequenzen für das menschliche Verhalten (vgl. Marx

---

3 Ich benutze den Singular, um hervorzuheben, was empirisch vorgehenden »Sozial«wissenschaften im weitesten Sinn gemeinsam ist, wozu dann auch Teile von Verwaltungswissenschaft, Wirtschaftswissenschaft, Rechtstatsachenforschung und Sozialanthropologie zu rechnen wären; konkret beziehe ich mich jedoch speziell auf Soziologie und Politikwissenschaft.

4 In der antiken Philosophie bedeutete »Natur« (*natura* beziehungsweise griechisch *physis*) die ohne menschliches Zutun entstandenen Bereiche der Wirklichkeit, wurde aber auch benutzt, um die Beschaffenheit oder Wesensart von Dingen zu bezeichnen; beide Wortbedeutungen sind heute noch geläufig.

2008), sondern wirkt sich auch auf die Formulierung von Forschungsfragen aus. Es ist der Blick auf andere Disziplinen, der uns für die ontologischen Besonderheiten des eigenen Erkenntnisgegenstandes sensibilisiert, wobei es zugleich um die Möglichkeiten und die Grenzen eines Transfers theoretischer Modelle geht.[5] Die Beschaffenheit unseres Erkenntnisgegenstandes und unser Erkenntnisinteresse, die Fragen, die wir an ihn stellen, sind *wechselseitig* miteinander verknüpft: Unser vorgängiges Wissenwollen geht in die Abgrenzung des Erkenntnisgegenstandes ein, während dessen von uns wahrgenommene Beschaffenheit umgekehrt bestimmte Fragen nahelegt. Erkenntnisinteressen und Erkenntnismöglichkeiten sind ebenfalls miteinander verbunden. Unsere sowohl kognitiv wie technisch-manipulativ beschränkten Erkenntnismöglichkeiten setzen dem praktischen Erkenntnisinteresse Grenzen. Was wir erforschen können, was uns erkennend zugänglich ist, regt gleichzeitig zu Fragen an. Diese Tatsache ist im Hinblick auf die Surveyforschung oft kritisch bemerkt worden: Die empirische Sozialforschung wähle, so hieß es, ihre Themen nicht nach theoretischer oder praktischer Bedeutung aus, sondern nach der Möglichkeit, sie mit den gängigen quantitativen Methoden bearbeiten zu können. Gleichzeitig entscheiden jedoch übergeordnete Erkenntnisinteressen, was wir aus der Vielfalt prinzipiell beantwortbarer konkreter Fragen zur Untersuchung auswählen.

Die in diesem Buch entwickelten methodologischen Überlegungen gelten nach meinem Verständnis genauso für die Soziologie wie für die Politikwissenschaft – die beiden Disziplinen, mit denen ich mich gleichermaßen, und deshalb gleichermaßen nur teilweise identifiziere. Mein eigenes inhaltliches Erkenntnisinteresse, das weniger dem sozialen Handeln als sozialen Gebilden und Strukturen gegolten hat und noch gilt, hat allerdings auch die sich mir aufdrängenden methodologischen Fragen beeinflusst. Es ging und geht mir vordringlich um die Theoriefähigkeit makrosozialer Analysen (Mayntz 2002). Diese Selektivität meines eigenen Erkenntnisinteresses prägt die Aufsätze in diesem Band.

2   Fragen an die Wirklichkeit

Man könnte, linear denkend, damit anfangen, *warum* wir als Sozialwissenschaftler bestimmte Fragen stellen. Aber darüber lässt sich sinnvoll nur reden, wenn zuvor geklärt ist, welche Fragen sich denn angesichts der Eigenart des Erkenntnisgegenstandes und unseres Erkenntnisvermögens überhaupt stellen lassen. Die Fragen, die Sozialwissenschaftler an ihren Gegenstand stellen, unterschei-

---

5 Vgl. Kapitel 13 in Mayntz (1997).

den sich sowohl inhaltlich als auch formal. Inhaltlich kann es sehr allgemein um das Wesen von Politik und Gesellschaft, zentrale Bestimmungsfaktoren ihrer Beschaffenheit und Triebkräfte ihrer Entwicklung gehen, aber die meisten Sozialwissenschaftler beschäftigen sich mit Teilgebieten wie dem Vergleich von Regierungssystemen, dem Verhalten von Jugendlichen, Arbeitslosen oder Wählern, mit der Familie und verschiedenen Typen formaler Organisationen, der Entwicklung und den Folgen von Technik, den Formen des Kapitalismus, der Politikentwicklung und den internationalen Beziehungen. Dabei werden sowohl in allgemeinen Theorien wie in fast allen speziellen Forschungsgebieten Wirklichkeitsbereiche angesprochen, mit denen sich auch andere Disziplinen aus einer anderen Perspektive (das heißt auf der Grundlage einer anderen Gegenstandsbestimmung) befassen. Besonders problematisch ist die Abgrenzung von Soziologie und Politikwissenschaft von Psychologie, Rechtswissenschaft und Ökonomie. Gegenstandsbestimmungen sind immer das Ergebnis von Definitionsprozessen und daher historisch kontingent; im Konkurrenzkampf um Definitionsmacht streiten Disziplinen, die sich mit dem gleichen oder eng benachbarten Wirklichkeitsbereich befassen, immer wieder um die Erweiterung oder mindestens Erhaltung ihrer Grenzen. Darauf wird weiter unten zurückzukommen sein.

Formal unterscheiden sich die Fragen, die Sozialwissenschaftler stellen, nach der Art der angestrebten Aussagen: Die Fragen richten sich entweder auf die *Beschaffenheit* ausgesuchter sozialer Phänomene oder auf Wirkungs*zusammenhänge*.[6] Diese Unterscheidung findet sich zum Beispiel bei King, Keohane und Verba (1994) in der Gegenüberstellung von *descriptive inference* und *causal inference*,[7] und sie hier zu betonen ist gerade deshalb wichtig, weil sie in der analytischen Wissenschaftstheorie kaum eine Rolle spielt.[8] Die analytische Wissenschaftstheorie hat sich auf die Möglichkeiten der Prüfung von Hypothesen über Kausalzusammenhänge konzentriert,[9] die für sie den eigentlichen Kern von »Wissenschaft« bilden. Verallgemeinernde Aussagen über Wirkungszusammenhänge gelten als theoretische Aussagen und als die Bausteine von Theorien. Die selektive Auf-

---

6 Wirkungszusammenhänge sind generell Kausalzusammenhänge; das gilt auch für genetische und funktionale Zusammenhänge (vgl. Nagel 1961: 23–26).

7 Diese Unterscheidung wird auch im *Oxford Handbook of Political Methodology* zugrunde gelegt (Box-Steffensmeier/Brady/Collier 2008).

8 In der analytischen Wissenschaftstheorie wird stattdessen zwischen (singulären und allgemeinen) Existenzaussagen und (kausalen) Allaussagen unterschieden; das gilt auch für deutsche Lehrbücher wie die von Giesen und Schmid (1976) oder Esser, Klenovits und Zehnpfennig (1977), in denen ebenfalls die Formulierung und Prüfung von Allaussagen oder theoretischen Verallgemeinerungen im Zentrum steht.

9 Das gilt selbst für das Lehrbuch von King, Keohane und Verba (1994), obwohl die Autoren die Wichtigkeit von *descriptive inference* ausdrücklich anerkennen.

merksamkeit für die Prüfung von Kausalhypothesen hängt zweifellos damit zusammen, dass die analytische Wissenschaftstheorie eines Hempel, Nagel oder Popper »Wissenschaft« sowohl von Metaphysik als auch von Geschichte als Geschichtsschreibung abzusetzen versuchte, weshalb ihnen auch die Physik als Vorbild, als Inkarnation von Wissenschaftlichkeit galt. Tatsächlich gehören jedoch theoretische (verallgemeinernde) Aussagen über Wirkungszusammenhänge zu einer späteren Phase im Forschungsprozess, der eine Phase der beschreibenden Erfassung, der Formulierung von Ist-Aussagen über die Beschaffenheit, die Eigenart des speziellen Erkenntnisobjekts vorangehen muss. Sorgfältige sozialwissenschaftliche Deskriptionen in Form analytischer Fallbeschreibungen und ihrer Verdichtung zu Typen sind nicht weniger wichtige Forschungsleistungen als die empirische Prüfung von Hypothesen; Beispiele solcher Leistungen sind die Beschreibung der Organisationsstruktur von transnationalen Korporationen oder von Al Qaida, die Beschreibung der als »Deutschland AG« bezeichneten institutionellen Konstellation oder die Typologien von Regierungssystemen, von Wohlfahrtsstaaten und von Formen des Kapitalismus. Tatsächlich ist ein großer Teil unseres sozialwissenschaftlichen Wissens in diesem Sinne deskriptiv. Das ständig nach Erklärungen suchende sozialwissenschaftliche Denken, das sich von der historischen Denkweise genauso unterscheidet wie von der juristischen, wird gerade durch Beschreibungen dazu angeregt, Fragen nach den Ursachen eines bestimmt gearteten sozialen Phänomens und, wie auch im Fall der »Deutschland AG«, nach seiner Stabilität oder seiner Veränderung zu stellen (vgl. Streeck/Höpner 2003).

Aussagen über die Beschaffenheit sozialer Phänomene setzen, wie bei allen erfahrungswissenschaftlichen Erkenntnisgegenständen, ihre Beobachtbarkeit voraus – Beobachtbarkeit im Sinn der – wie auch immer selektiven und technisch vermittelten – Erfahrbarkeit. Aussagen über Wirkungszusammenhänge, die über den Einzelfall hinausgehen, setzen nicht nur Kausalität schlechthin, sondern *wiederholbare* Wirkungszusammenhänge, das heißt die Existenz von Regelmäßigkeit (»Gesetzmäßigkeit«) in der realen Welt, voraus. Die Annahme der Gleichförmigkeit der Natur (gleiche Ursache – gleiche Wirkung) ist die grundsätzliche ontologische Voraussetzung der Möglichkeit, verallgemeinernde theoretische Aussagen zu formulieren.[10] Wie schon Hume betonte, ist die Gleichförmigkeit der Natur ein synthetisches Urteil, dessen Allgemeingültigkeit nicht beweisbar ist, weshalb man auch korrekter von einer allgemeinen Kausal*hypothese* spricht. Die allgemeinen ontologischen Voraussetzungen erfahrungswissenschaftlicher Aussagen – Beobachtbarkeit und Kausalität – sieht man für

---

10 Bei der Verwendung der Worte Theorie/theoretisch gehe ich vom deduktiv-empirischen Begriff von Theorie aus.

die Sozialwissenschaften durch die historische Bedingtheit sozialer Phänomene und durch die subjektive Bestimmtheit sozialen Handelns eingeschränkt. Dabei berührt die historische Bedingtheit sozialer Phänomene die Reichweite möglicher Verallgemeinerungen, während ihre subjektive Bestimmtheit sowohl die Beobachtbarkeit als auch die Möglichkeit berührt, Aussagen über »objektive« Zusammenhänge zu machen.

Der Gegensatz zwischen idiographischer, auf die Erfassung von Einzelphänomenen gerichteter, und nomothetischer, auf die Gewinnung allgemeiner Aussagen gerichteter wissenschaftlicher Arbeitsweise hat für die Identitätsfindung der Sozialwissenschaften lange Zeit eine große Rolle gespielt. Die Beschränkung der Sozialwissenschaften auf allgemeine (»nomothetische«) Aussagen über Wirkungszusammenhänge ist jedoch ebenso fragwürdig wie die Gleichsetzung von idiographisch beziehungsweise beschreibend mit »historisch«. Nicht nur Soziologie und Politikwissenschaft, auch Biologie und Physik machen Aussagen über die Beschaffenheit von Phänomenen (zum Beispiel von Genen oder Atomkernen), die als »wissenschaftliche« Aussagen anerkannt sind. Auf der anderen Seite interessiert sich auch die Geschichtswissenschaft für kausale Zusammenhänge, und Historiker arbeiten ausgesprochen oder unausgesprochen mit theoretischen Verallgemeinerungen, wenn sie einen historischen Einzelfall oder ein historisches Ereignis erklären (Welskopp 2002). So ist die Grenze zwischen zeithistorischen und politikwissenschaftlichen Analysen zum Beispiel der Weimarer Republik ausgesprochen unscharf. »Historisch« sind raumzeitlich bestimmte Phänomene, sei es ein bestimmtes Unternehmen wie Siemens, eine bestimmte Gesellschaft wie die heutige Bundesrepublik oder eine raumzeitlich definierte Klasse von Phänomenen (deutsche Krankenhäuser zur Zeit der Weimarer Republik, westliche Wohlfahrtsstaaten im 19. und 20. Jahrhundert). Historiker und Sozialwissenschaftler unterscheiden sich lediglich tendenziell in der Richtung ihres Erkenntnisinteresses, das im einen Fall mehr der ins Einzelne gehenden Erklärung und im anderen Fall mehr der Möglichkeit gilt, das Gefundene zu einer Typologie zu verdichten[11] oder seine Erklärung hypothetisch zu verallgemeinern. Der Grad, zu dem das gelingt, hängt dann von der konkreten historischen Beschaffenheit der Wirklichkeit (gibt es mehr als einen Wohlfahrtsstaat, mehr als eine Demokratie oder Revolution?) und zugleich vom Allgemeinheitsgrad der angezielten Aussagen ab (vgl. Abschnitt 4 weiter unten).

Was die zweite vermeintliche Beschränkung sozialwissenschaftlicher Theoriefähigkeit angeht, scheint es heute müßig, die Sozialwissenschaften wegen der Bedeutung mentaler Phänomene und speziell von subjektiver Sinngebung für die Genese und Beschaffenheit sozialer Phänomene weiter gegen die Zweifel

---

11 Zum Vorgehen bei der Bildung von Typen immer noch lesenswert ist Hempel (1952: 65–85).

von Behavioristen und Positivisten an ihrer Wissenschaftlichkeit zu verteidigen; Schütz (1954) gibt eine gute Zusammenfassung der gewöhnlich unter Bezug auf Max Webers verstehende Soziologie geführten Debatte.[12] Mentale Inhalte, die für soziales Handeln bestimmend sind, mögen nicht direkt beobachtbar sein; es wird jedoch nicht bezweifelt, dass man über psychische Phänomene allgemeine Aussagen machen kann – andernfalls gäbe es keine Psychologie. Meinungen und Wertungen lassen sich über Indikatoren wie zum Beispiel Antworten in Fragebögen ebenso messen wie Wahrnehmungs- und Reaktionsweisen durch die Experimente der kognitiven Psychologie. Die subjektiv mitbestimmte Natur des sozialwissenschaftlichen Erkenntnisgegenstandes fordert aber dazu heraus, der Bedeutung subjektiver Sinngebung und subjektiven Sinnverstehens in unseren Erklärungen Rechnung zu tragen.

3 Begriffe

Die beschreibende Erfassung von Gegenständen, ihrer relevanten Merkmale und ihrer Bestandteile geschieht in Begriffen. Begriffsbildung ist die Voraussetzung für alle weiteren Schritte im Forschungsprozess und wird in der methodologischen Literatur auch so gesehen; das neue *Oxford Handbook of Political Methodology* (Box-Steffens/Brady/Collier 2008) widmet der Begriffsbildung einen eigenen Teil. Begriffsbildung ist ein interaktiver Prozess: Vor allem realdefinierte Begriffe werden in Reaktion auf empirische Beobachtungen und analytische Überlegungen verändert.[13] Begriffliche Präzisierung kann ein wichtiges Ergebnis von Forschung sein, wie sich am Beispiel von Begriffen wie Policynetzwerk, organisierter Kriminalität oder Legitimität demonstrieren ließe.

Eine Besonderheit der Gegenstände, mit denen wir uns in der Makrosoziologie, der Institutionenforschung und großen Teilen der Politikwissenschaft beschäftigen, ist ihr Konstruktcharakter, der in Kapitel 2 dieses Bandes im Mittelpunkt steht. Soziale Gebilde wie Unternehmen, Herrschaftssysteme oder Märkte existieren, anders als viele zusammengesetzte kosmische, chemische und organische Gegenstände wie Planeten, Moleküle und Pflanzen, nicht als

---

12 Vgl. auch Habermas (1985, vor allem Abschnitt III aus Kapitel 4 sowie Kapitel 9: 203–305, 541–607) zur Problematik des Sinnverstehens in der empirisch-analytischen Sozialwissenschaft und ihren Folgen für die Möglichkeit, verallgemeinernde Aussagen über soziales Handeln zu machen.
13 Die von der analytischen Wissenschaftstheorie vorgenommene klare Unterscheidung zwischen Real- und Nominaldefinitionen und die faktische Höherbewertung Letzterer ist für eine Disziplin, die es mit historisch veränderlichen Gegenständen zu tun hat, von fragwürdigem Nutzen.

erkennbar von einer Umwelt abgegrenzte Einheiten und sind für uns weder direkt noch wie Planeten und Moleküle mit technischer Hilfe beobachtbar.[14] Die Elemente komplexer sozialer Einheiten sind nicht ganze Menschen, sondern Handlungen, die und deren Zusammenhang miteinander wir aus der Vielfalt des Beobachtbaren herauslösen müssen. Nicht nur Max Weber hat vor der Reifikation von Begriffen wie »Staat« gewarnt; auch Hayek (1979: 93–110) hat betont, dass den Sozialwissenschaften, im Unterschied zu vielen Naturwissenschaften, die Direkterfahrung mit Ganzheiten fehle; was man direkt erfahre, seien Beziehungen zwischen Elementen. Dieser Einsicht wird jedoch in der gängigen methodologischen Literatur kaum Rechnung getragen.

Begriffe, die sich auf komplex zusammengesetzte soziale Phänomene beziehen, sind kognitive Konstrukte, aber sie sind dennoch keine bloßen Erdichtungen, *figments of the mind*. Die sozialdemokratische Partei Deutschlands, die Firma IBM oder die soziale Schichtung Dänemarks sind *reale* Konstruktionen, hervorgebracht von und bestehend aus dem Handeln zahlreicher Menschen. Sie sind jedoch nur indirekt, über beobachtbare Tatbestände erfassbar, die als Indikatoren für ihr Da-Sein und So-Sein fungieren. Dieses Verhältnis von Wirklichkeit und Begriff wird auch im Konzept des »epistemischen Objekts« (Rheinberger 2006) oder des »Schemas« (Lenk 1995) ausgedrückt. Epistemische Objekte sind im Erkenntnisprozess gebildete, nicht »gegebene«, sondern kognitiv konstruierte Erkenntnisgegenstände. Schemata, mit einem bestimmten Wort verbundene kognitive Modelle, sind die Linse, durch die wir die Welt sehen. Unsere Wahrnehmung muss nicht »falsch« sein, weil wir die Welt durch eine Linse sehen. Die kognitiv konstruierte Beziehung zwischen der Wirklichkeit, über die zu sprechen wir meinen, und den Begriffen, in denen wir das tun, wird jedoch leicht vergessen. Es mag eine alltagspraktische Notwendigkeit sein, dass wir die Linse vergessen, durch die wir die Welt wahrnehmen, und was wir sehen für die objektive Gestalt der Wirklichkeit halten. Auch der Sozialwissenschaftler muss mit Begriffen von komplexen sozialen Gebilden, Strukturen und Prozessen arbeiten, ohne ständig die darin enthaltenen kognitiven Selektionen zu reflektieren. Aber ohne das grundsätzliche Bewusstsein des konstruierten Charakters unserer Begriffe von komplexen Phänomenen kann die von der abstrahierenden Begriffsbildung erzeugte Distanz zwischen Begriff und Referenzobjekt so groß werden, dass wir über Märkte, Politiknetzwerke oder den Staat sprechen, als ob es Substanzen wären; hiervor hat Max Weber gewarnt – ohne deshalb auf die Bildung abstrakter Begriffe wie Anstalt, Verband und Staat zu verzichten.

---

14 Die wichtige Rolle, die die Verfügbarkeit technischer Hilfsmittel bei der beobachtenden Erfassung von Erkenntnisobjekten spielt, wird ausführlich in Kapitel 2 behandelt.

Begriffliche Verallgemeinerung findet theoretisch nach dem Muster *genus proximum − differentia specifica*, das heißt durch die Zusammenfassung verschiedener Arten in einer Gattung, statt (zum Beispiel die Zusammenfassung der Märkte für verschiedene Güter und Dienstleistungen unter dem Begriff Markt). Mit dem Allgemeinheitsgrad einer analytischen Kategorie wächst die Notwendigkeit, für die Beantwortung spezifischer Forschungsfragen Unterkategorien zu definieren. Die vergleichende Forschung operiert typisch mit den Unterkategorien eines Allgemeinbegriffs. Gerade in den Sozialwissenschaften und ganz speziell in der vergleichenden Politikwissenschaft werden dabei die in einer allgemeinen Kategorie wie »kapitalistisches Wirtschaftssystem« zusammengefassten historischen Einzelfälle zunächst oft nicht durch ein analytisches Merkmal, sondern durch raumzeitliche Koordinaten voneinander unterschieden (zum Beispiel angelsächsischer, skandinavischer und kontinentaleuropäischer Kapitalismus beziehungsweise Wohlfahrtsstaat). Die Identifikation von empirischen Unterscheidungsmerkmalen ist dann das Ergebnis der Forschung.

Die Definitionsregel *genus proximum − differentia specifica* und die übliche Einteilung in Individualbegriffe und Allgemeinbegriffe basieren auf einem mit den Grundregeln der aristotelischen Logik in die analytische Wissenschaftstheorie hineingetragenen Substanz- und Identitätsdenken, gegen das sich schon Cassirer (1923) gewandt hat. Die Kernsätze der klassischen Logik (Satz der Identität, Satz des Widerspruchs und Satz des ausgeschlossenen Dritten) unterstellen, dass jeder Einzelfall immer nur einer Klasse angehört und dass säuberliche Grenzen zwischen Phänomenen bestehen, die begrifflich verschiedenen Klassen angehören. Eine Methodologie wie die Max Webers, die mit Typen statt Klassen arbeitet und in Termini der Annäherung an einen Typus denkt, wird der Eigenart zumal der sozialen Wirklichkeit besser gerecht.[15] Die Bildung von Allgemeinbegriffen durch Abstraktion im Sinne des *Fortlassens* von besonderen Merkmalen, die den Einzelfall kennzeichnen, führt, worauf auch Cassirer hingewiesen hat, zu inhaltsleeren Begriffen. Cassirer argumentiert zwar hauptsächlich mit Begriffen aus der Mathematik, dennoch gilt sein Argument auch für sozialwissenschaftliche Allgemeinbegriffe.

> Der echte Begriff läßt die Eigentümlichkeiten und Besonderheiten der Inhalte, die er unter sich faßt, nicht achtlos beiseite, sondern er sucht das Auftreten und den Zusammenhang eben dieser Besonderheiten als notwendig zu erweisen. Was er gibt, ist eine universelle Regel für die Verknüpfung des Besonderen selbst. (Cassirer 1923: 25)

---

15 Weber sprach von »der Unmöglichkeit, in der historischen Wirklichkeit scharfe Grenzen zu ziehen,« und meinte, Begriffe, die sich auf historisch geprägte Phänomene beziehen, ließen sich nicht nach dem Schema *genus proximum − differentia specifica* definieren, sondern müssten aus einzelnen, der historischen Wirklichkeit zu entnehmenden Bestandteilen »komponiert« werden (Weber 1968b: 68−69).

So schließt denn auch ein sozialwissenschaftlicher Begriff des Kapitalismus oder des Wohlfahrtsstaats Merkmale ein, die zwischen verschiedenen Erscheinungsformen des Kapitalismus beziehungsweise des Wohlfahrtsstaats zu unterscheiden erlauben.

Der Zusammenhang zwischen der Erweiterung von Begriffen und begrifflicher Differenzierung sowie die Allgegenwart fließender Grenzen zwischen Klassen von Phänomenen, die durch Abstraktion gebildet werden, lässt sich gut am Beispiel von transnationalen Gemeinschaften zeigen (Mayntz 2009). Der Begriff Gemeinschaft verbindet sich in der sozialwissenschaftlichen Ideengeschichte mit der Vorstellung der sozial integrierten Dorfgemeinschaft; abstrakter – und allgemeiner – definiert wurde er auf Primärgruppen angewandt, die auf räumlicher Nähe und auf Verwandtschaft gründen. Der noch allgemeiner definierte Begriff von Gemeinschaft bezieht dann eine Reihe weiterer Merkmale ein, die Grundlage kollektiver Identität und eines Wir-Bewusstseins sein können und für das Verhalten der Mitglieder relevant sind, unter anderem die Zugehörigkeit zur gleichen wissenschaftlichen Disziplin, dem gleichen Beruf oder Expertenkreis. Da die Definitionsmerkmale des allgemeinen Begriffs empirisch mehr oder weniger erfüllt sein können (ab wann kann man zum Beispiel vom Vorliegen einer »kollektiven Identität« sprechen?) ist es oft schwierig, eine »Gemeinschaft« empirisch von einer bloßen statistischen Kategorie abzugrenzen. Die Grenze zwischen Gemeinschaft und sozialer Kategorie, aber auch zwischen Gemeinschaft und sozialer Bewegung, Gemeinschaft und kollektivem Akteur ist unscharf. Empirisch kann auch die Grenze zwischen Gemeinschaften, die auf verschiedenen Gemeinsamkeiten beruhen, unscharf sein; das gilt etwa für die Grenze zwischen wissenschaftlichen Gemeinschaften, epistemischen Gemeinschaften und *policy communities*. Begriffe ziehen künstliche Grenzen, wo fließende Übergänge bestehen, aber begriffliche Unterscheidungen sind unerlässlich, wenn man spezifische Fragen nach Ursachen, Folgen und Zusammenhängen formulieren will.

Was hier am Beispiel des Gemeinschaftsbegriffs illustriert wurde, lässt sich gut auf andere sozialwissenschaftliche Kernbegriffe übertragen, so auch auf den zurzeit ins Zentrum sozialwissenschaftlicher Aufmerksamkeit gerückten Begriff des Markts. Eine sehr allgemeine Definition von Markt wirft auch nur – relativ allgemeine – Fragen nach der sozialen, kulturellen und politischen Prägung von Märkten auf. Erst wenn man die Black Box des allgemeinen Begriffs öffnet und zwischen verschiedenen Arten von Märkten – Märkte für Gebrauchsgüter, Investitionsgüter und Dienstleistungen, Finanzmärkte und Produktmärkte, legale und illegale Märkte – unterscheidet, kann man spezifischere Fragen stellen. Diese Fragen können sich auf Prozesse und Wechselwirkungen innerhalb dieses besonderen sozialen Teilsystems, aber auch auf seine Außenwirkungen beziehen. So wie die Rolle, die transnationale Gemeinschaften im Kontext von Global Governance spielen, mit ihrer Organisationsform zusammenhängt, hängen gesamtgesellschaftliche Effekte der Wirtschaft von ihrer Binnenstruktur ab. Wie fruchtbar die Verwendung sehr allgemeiner Begriffe sein kann beziehungsweise wann eine begriffliche Differenzierung angebracht ist, hängt von der Allgemeinheit oder Spezifität der Fragen ab, die wir stellen.

4 Theoretische Aussagen

Für die Formulierung von sozialwissenschaftlichen Forschungsfragen, die auf Verallgemeinerungen über Wirkungszusammenhänge zielen, sind, über die allgemeine Kausalitätshypothese hinaus, ontologische Annahmen über die Natur sozialer Phänomene von Bedeutung. Dass die Aussagen, die über einen Erkenntnisgegenstand möglich sind, von seiner ontologischen Beschaffenheit abhängt, und dass dies auch für eine erfahrungswissenschaftliche Sozialwissenschaft gilt, hat unter anderem auch Hall (2003) betont. Aber was sind die ontologischen Annahmen, die wir, ausdrücklich oder nicht, über unseren Gegenstand machen? Sie betreffen zum einen den Charakter sozialer Elemente und zum anderen den Charakter der aus ihnen zusammengesetzten sozialen Phänomene.

Annahmen über die Natur des Menschen und sein Handeln betreffen die Elemente, das »Material« aller sozialen Phänomene. Sie werden in den Kapiteln 3 und 4 dieses Bandes angesprochen. Die ontologischen Annahmen der Sozialwissenschaften über die Natur der »Elemente«, das heißt des Menschen, sind sehr generell. Die Kernannahmen beziehen sich auf die Plastizität des Phänotyps und die prinzipielle Lernfähigkeit des Menschen; sie besagen, dass der (sozial) Handelnde mit seinen Präferenzen im Prozess primärer und sekundärer Sozialisation kulturell geprägt wird, dass er in seinem Handeln kulturell vorgegebene Muster reproduziert und auf die mit und in seiner Umwelt gemachten Erfahrungen – auch lernend – reagiert. In Kapitel 3 wird dargelegt, dass Genetik und Neurobiologie, die sich aus einer anderen Perspektive mit dem Menschen beschäftigen, zwar die Grenze seiner kulturellen und sozialen Formbarkeit bestimmen, die für die Sozialwissenschaften grundlegenden Annahmen aber nicht infrage stellen. Im Einzelnen gibt es jedoch innerhalb der Sozialwissenschaften unterschiedliche Annahmen über die grundsätzliche Handlungsorientierung des Menschen, die in Kapitel 4 unter dem besonderen Aspekt seiner Rationalität erörtert werden. Max Webers Annahmen über die Formen sinnhaften sozialen Handelns sind andere als die von Boudon und Elster, die sich ihrerseits vom Handlungsmodell der Rational Choice unterscheiden. Der Homo sociologicus ist ebenso wie der Homo oeconomicus, der Homo faber und der Homo ludens ein selektives Konstrukt, ein stilisiertes Modell des real existierenden Menschen, bei dem biologische und psychologische Merkmale ausgeblendet werden, obwohl sie für die Erklärung konkreten Verhaltens durchaus relevant sind. Hinter verschiedenen handlungstheoretischen Modellen stehen Annahmen über die Bedeutung verschiedener Triebkräfte des Handelns, eine Streitfrage, die im letzten Abschnitt dieses Kapitels aufgegriffen wird. Das jeweils unterstellte Menschenbild lenkt nicht nur die wissenschaftliche Aufmerksamkeit auf verschiedene Tatbestände, sondern bietet auch unterschiedliche Erklärungen von beobachtetem Verhalten an. Die Realitätsnähe des auf die *Art* der menschlichen Handlungsorientierung bezogenen Modells wird damit zur Voraussetzung seiner Erklärungskraft; aus idealisierten Handlungsmodellen, die von wesentlichen Triebkräften abstrahieren, lassen sich lediglich Schlussfolgerungen nach dem Muster »what if«, aber keine Erklärungen realer Vorgänge ableiten.

Eine Handlungstheorie ist für die Mikrosoziologie, bei der es um die Erklärung beobachtbarer Verhaltensregelmäßigkeiten bestimmter Kategorien von Menschen in bestimmten Situationen geht, grundlegender als für die Makrosoziologie und die größten Teile der Politikwissenschaft. In empirischen Studien komplexer Phänomene und Zusammenhänge wird meist nur *ad hoc* auf plausible Verhaltensannahmen zurückgegriffen. Wenn es etwa um den Zusammenhang zwischen Systemmerkmalen wie Bevölkerungswachstum, Tertiarisierung und Wirtschaftswachstum, um Institutionenwandel oder funktionelle Komplementarität geht, wird kaum explizit auf handlungstheoretische Annahmen zurückgegriffen. Dabei wird zwar nicht geleugnet, dass handelnde Individuen als Scharnier in der Kausalkette fungieren, aber dieser Teil der Kausalkette bleibt unbelichtet. Analysen komplexer Makroprozesse, in denen strategisch handelnde korporative Akteure eine zentrale Rolle spielen, rekurrieren nur selten auf eine beim Individuum ansetzende Handlungstheorie, sondern arbeiten mit der Annahme von Standardinteressen. Da jedoch auch die jeweils handlungsbestimmenden Interessen korporativer Akteure situationsabhängig und historisch kontingent sind, kann mit der ungeprüften Annahme einer bestimmten Handlungsorientierung der Erklärungszweck verfehlt werden.

Sozialwissenschaftliche Aussagen über Wirkungszusammenhänge basieren, außer auf Annahmen über die Beschaffenheit der Elemente, auf Annahmen über Merkmale des sozialen Ganzen. Dabei lenken verschiedene Merkmale die Aufmerksamkeit auf unterschiedliche Arten von Zusammenhängen, was zu unterschiedlichen Arten von Aussagen führt. Besonderheiten des sozialwissenschaftlichen Erkenntnisgegenstandes, von denen die Möglichkeit zur Formulierung bestimmter Arten theoretischer Verallgemeinerungen abhängt, kommen unter den Stichworten Historizität, Multikausalität, Prozessualität und strukturelle

Komplexität in Kapitel 5 kurz zur Sprache und werden zum Teil in den Kapiteln 6 bis 8 ausführlicher behandelt.[16] In der Forschung finden sich zwar theoretische Aussagen, die mit diesen verschiedenen Merkmalen des Erkenntnisgegenstandes zusammenhängen, sie werden aber kaum systematisch unterschieden, weshalb hier relativ ausführlich darauf eingegangen wird. Die Vergegenwärtigung der verschiedenen Arten von Aussagen, die wir machen können, lässt die spezifische Selektivität konkreter Forschungsinteressen bewusst werden.

Sowohl menschliche Handlungsorientierungen (Verhaltensdispositionen) wie die Formen der Vergesellschaftung (Struktur und Bestandteile sozialer Systeme) sind kulturellem und sozialem Wandel unterworfen und heißen »historisch«, das heißt, sie entwickeln und verändern sich im Lauf der Geschichte. Das schränkt nicht nur die Reichweite möglicher Verallgemeinerungen ein, sondern lenkt das Erkenntnisinteresse auf bestimmte Arten inhaltlicher Aussagen. Hierzu gehören ganz allgemein Aussagen über sozialen Wandel, über die Veränderung sozialer Phänomene im Zeitablauf. Aussagen, die das Entstehen eines Phänomens retrospektiv erklären, werden auch genetische genannt.[17] Es sind Aussagen, wie sie im historischen Institutionalismus getroffen werden, Aussagen über die auf Veränderung drängenden und die bewahrenden (stabilisierenden) Kräfte, über endogene und exogene Wandlungsursachen, über den Zusammenhang kulturellen und sozialstrukturellen Wandels und über verschiedene Formen der Veränderung (Streeck/Thelen 2005). Besonderes Interesse haben seit einiger Zeit genetische Zusammenhänge gefunden, die unter der Bezeichnung »Pfadabhängigkeit« zusammengefasst werden. Dabei geht es generell um Aussagen über

---

16 Wieweit diese ontologischen Merkmale auch für andere Bereiche der Wirklichkeit gelten, wird hier nicht erörtert. Ausgespart bleibt auch ein weiteres Merkmal, das nicht nur für die Welt des Sozialen gilt, nämlich die möglicherweise inhärent dialektische Natur der Wirklichkeit. Bendix und Berger (1959) meinen, die auch Sozialwissenschaftlern eigene Tendenz, in Gegensatzpaaren zu denken, entspreche der dualistischen Natur der Welt und der Kräfte, die sie prägen; es sei daher eine gute Faustregel, bei qualitativen Einzelbegriffen nach dem versteckten Gegensatz zu suchen, denn ein Paar von Gegenbegriffen lenke die Aufmerksamkeit nicht nur auf das, was ein Phänomen positiv auszeichnet, sondern auch auf das, was ihm fehlt und damit ebenfalls zu seinen charakteristischen Merkmalen gehört. Zumindest in den Sozialwissenschaften sollten begriffliche Gegensatzpaare jedoch nicht substanziell, sondern als Extrempole einer Dimension verstanden werden. Als Begriffe mögen Gegensätze sich ausschließen, aber reale soziale Phänomene lassen sich selten nur einer Kategorie zuordnen. Synchron betrachtet haben wir es meist mit Mischformen und diachron betrachtet mit Prozessen des Bilanzierens und Austarierens gegenläufiger Tendenzen und mit oszillierenden Prozessen zu tun.
17 »Historical inquiries frequently undertake to explain why it is that a given subject of study has certain characteristics, by describing how the subject has evolved out of some earlier one. Such explanations are commonly called ›genetic‹, and they have been given for animate as well as for inanimate things, for traits of an individual as well as for characteristics of a group« (Nagel 1961: 25).

die Wirkung von in der Vergangenheit liegenden Zuständen oder Faktoren, zum Beispiel früher einmal beschlossenen Gesetzen, eingelebten Praktiken oder Ereignissen, auf die weitere Entwicklung bis zur Gegenwart. Diese Wirkung kann restriktiv sein, sie kann (wie bei der Technikentwicklung) einen Korridor möglicher späterer Zustände bestimmen oder sie kann bis in die Gegenwart hinein Verhaltensdispositionen prägen. Pfadabhängigkeit kann aber auch heißen, dass die Reihenfolge bestimmter Schritte, zum Beispiel in einem Reformprozess, sich auf das Ergebnis auswirkt.

Unabhängig davon, ob es um diachrone oder um synchrone Zusammenhänge geht – ein wesentliches Merkmal (wahrscheinlich nicht nur) der sozialen Welt ist die Tatsache, dass es selten deterministische, das heißt notwendige und zugleich hinreichende Kausalzusammenhänge sind (A führt allein und notwendig immer zu B, und nur zu B, und B folgt immer nur aus A). In der Regel sind kausale Abhängigkeiten von Multikausalität geprägt, das heißt, die als Explananda fungierenden Phänomene sind gewöhnlich das Ergebnis einer ganzen Reihe von Faktoren. Jeder wiederholt auftretende Zusammenhang zwischen einer Wirkung und *einer* Ursache gilt nur *ceteris paribus*. In der analytischen Wissenschaftstheorie wird das zwar grundsätzlich anerkannt, man hat sich aber nicht um die Auflösung der *Ceteris-paribus*-Klausel und die systematische Unterscheidung verschiedener Kausalstrukturen bemüht. Genau hier liegt jedoch bei empirischen Analysen gewöhnlich eine zentrale Herausforderung.

Berücksichtigt man, dass in einem Wirkungszusammenhang jeder einzelne Faktor notwendig (aber nicht ausreichend) oder ausreichend (aber nicht notwendig) sein kann, dass das Auftreten dieser Faktoren wieder von anderen (vielleicht lediglich ausreichenden) Faktoren abhängen kann, und dass es schließlich nicht nur Unterschiede in der Stärke einzelner (als Variable vorstellbare) Faktoren gibt, sondern auch Interaktionseffekte zwischen ihnen, dann ergibt sich eine bald unübersehbare Vielfalt möglicher Kausalstrukturen. Einfach ist noch die Konstellation, in der ein Faktor X zwar notwendig, aber nicht ausreichend ist, um die Wirkung zu erzeugen, sodass Y erst resultiert, wenn einer oder mehrere weitere Faktoren zusätzlich (X & (A & B & C) → Y) oder alternativ (X & (A v B v C) → Y) gegeben sind.[18] Ohne das Phänomen Multikausalität explizit anzusprechen, erörtern Mahoney (2008) und Mahoney, Kimball und Koivu (2009) im Anschluss an Mackie außer hinreichenden (aber nicht notwendigen), und notwendigen (aber nicht hinreichenden) Ursachen unter den Akronymen INUS und SUIN zwei weitere Ursachenkonstellationen. Die INUS genannte Ursache ist der eben genannte, in Korrelationsanalysen typische Fall des Zusammenkommens einer notwendigen, aber nicht hinreichenden Ursache mit weiteren,

---

18 Das &-Zeichen steht hier für »und«, v (vel) für »oder«.

je für sich nicht notwendigen, aber zusammen mit X hinreichenden Ursachen. Bei der SUIN genannten Konstellation können zwei notwendige, aber je für sich nicht hinreichende Faktoren zusammen die Wirkung erzeugen, wobei einer dieser Faktoren die Folge von zwei verschiedenen, hinreichenden, aber nicht notwendigen Ursachen ist (formal ausgedrückt: X & Z (A v B) → Y); das von Mahoney zur Illustration benutzte Beispiel bezieht sich auf den Zusammenhang zwischen einer (aus einem von zwei verschiedenen Gründen) politisch unterlegenen Aristokratie und einer starken Mittelklasse als Ursachen einer Entwicklung zur Demokratie (Mahoney 2008: 419). Damit sind die möglichen kausalen Konstellationen aber nicht erschöpft; Multikausalität kann zum Beispiel auch bedeuten, dass mehrere nicht notwendige, aber je für sich ausreichende Faktoren, beziehungsweise mehrere alternative Faktorenbündel Y bewirken können: (A v B v C) → Y oder (A & B) v (C & D) v (E & F & G) → Y. Diese Form der Multikausalität ist unter der Bezeichnung Äquifunktionalität diskutiert worden. In der empirischen Forschung geht es in der Regel darum, eine bestimmte Kausalstruktur zu identifizieren, nicht jedoch darum, sie analytisch in einer Typologie unterschiedlicher Verursachungsmuster zu verorten. Die Folge ist, dass keine theoretische Diskussion über die relative Bedeutsamkeit verschiedener Formen der Multikausalität stattfindet, womit auch die Frage nicht gestellt werden kann, ob sich die Inzidenz verschiedener Kausalitätsstrukturen etwa mit dem historischen Wandel von »Gesellschaft« verändert.

Die Tatsache der Multikausalität wird in qualitativen Fallstudien ebenso wie in quantitativen Korrelationsanalysen anerkannt. In qualitativen Analysen werden die Kausalstrukturen in der Regel nur diskursiv erfasst. Dabei wäre es in vielen Fällen nützlich, die formale Struktur der angenommenen und empirisch plausibilisierten Kausalzusammenhänge herauszuarbeiten, um auf mögliche Zusatzfaktoren, Interaktionseffekte und alternative Erklärungen aufmerksam zu werden. In der quantitativen Forschung, die mit größeren Populationen arbeitet, erlauben fortgeschrittene statistische Methoden, den Beitrag einzelner Faktoren zur Erklärung der Gesamtvarianz zu errechnen und auch komplexe Faktorenkonstellationen in Grenzen zu reproduzieren. Mahoney, Kimball und Koivu (2009) zeigen außerdem, dass es möglich ist, die relative Bedeutung verschiedener Faktoren in derartigen Konstellationen zu unterscheiden.

Multikausalität ist einer der Gründe für die höchst eingeschränkte Prognosefähigkeit der Sozialwissenschaften. Da korrekte Vorhersagen als entscheidender Test für die Gültigkeit theoretischer Annahmen gelten, wird den Sozialwissenschaften aufgrund ihrer eingeschränkten Prognosefähigkeit manchmal die wissenschaftliche Reife abgesprochen, ein Vorwurf, der die unvermeidliche Selektivität aller wissenschaftlichen Erkenntnis schlicht ignoriert. Der erste, entscheidende Grund für die mangelnde Prognosefähigkeit der Sozialwissenschaften liegt in der Tatsache, dass nur ein Teil dessen, was »der Fall ist«, überhaupt in ihr Gesichtsfeld gerät. Was tatsächlich geschieht, ist jedoch von zahlreichen Faktoren – biografischen, klimatischen, genetischen, physiologischen usw. – mitbestimmt, die der Sozialwissenschaftler unvermeidlich ausblenden muss. Es kommt hinzu, dass infolge der Selektivität eines nicht auf möglichst detaillierte Beschreibung gerichteten sozialwissenschaftlichen Erkenntnisinteresses auch zahlreiche soziale Faktoren, die bei Multikausalität für das Eintreten, aber auch für die Blockierung einer Wirkung entscheidend sein können, in der Black Box der *Ceteris-paribus*-Klausel verschwinden. Auch andere Besonderheiten des sozialwissenschaftliche Erkenntnisgegenstandes tragen dazu bei, dass historische Ereignisse uns immer wieder überraschen (Mayntz 1997: Kapitel 14), so die Nichtlinearität und Rekursivität vieler sozialer Prozesse. Nichtlineare und rekursive, sich selbst verstärkende oder inhibierende Prozesse folgen zwar einer abstrakt formulierbaren Logik, im konkreten Fall hängt der Verlauf solcher Prozesse aber von zu vielen Umständen ab, um praktisch vorhersehbar zu sein. Wenn es noch eine Bestätigung dafür brauchte, dann hat die offen zugegebene Unfähigkeit der versammelten sozialwissenschaftlichen und ökonomischen Intelligenz, den Verlauf der sich schon 2007 abzeichnenden und 2008 akut gewordenen Finanz- und Wirtschaftskrise vorherzusehen, sie geliefert. Die eingeschränkte Prognosefähigkeit bedeutet jedoch nicht, dass wir im Bereich historisch geprägter Makrophänomene keine verallgemeinernden Aussagen machen können.

Panta rhei – alles fließt. Das gilt auch für die Welt des Sozialen: Selbst was sich in einer Zeitspanne nicht verändert, bleibt aufgrund beständig ablaufender Prozesse stabil. Historizität impliziert schon logisch Prozessualität, aber auch synchron betrachtete Kausalzusammenhänge haben prozessualen Charakter. Soziale »Strukturen« sind wie fotografische Schnappschüsse von etwas Bewegtem: Man hält etwas betrachtend still, um charakteristische Merkmale zu beschreiben. Der prozessuale Charakter alles Sozialen hat vom Beginn der empirischen Sozialforschung an ein berühmt-berüchtigtes Problem aufgeworfen, nämlich wie sich Wirkungszusammenhänge, die ihrer Natur nach prozessualen Charakter haben, besser erfassen und darstellen lassen, quantitativ oder qualitativ. Quantitative Verfahren, die mit großen Fallzahlen (Populationen vergleichbarer Elemente) operieren, erlauben in den weitgehend nichtexperimentellen Sozialwissenschaften statistische Experimente; sie können aber Kausalzusammenhänge nur hypothetisch konstatieren und solange nicht plausibel erklären, wie die ihnen zugrunde liegenden Prozesse nicht nachvollziehbar sind. Das hat zu massiver Kritik und der Entwicklung alternativer (qualitativer) Verfahren geführt, die Kausalzusammenhänge nicht lediglich, wie statistische Verfahren, behaupten, sondern in ihrem Zustandekommen schrittweise zu erklären versuchen. Das Vorgehen bei der kausalen Rekonstruktion, dem schrittweisen erklärenden Nachzeichnen von

Vorgängen, die von einem Ausgangspunkt zu einem bestimmten Ergebnis führen, wird in Kapitel 5 in diesem Band angesprochen (vgl. ausführlicher Mayntz 2002: 14–37). Das von Hall (2003, 2008) beschriebene Verfahren der »systematic process analysis« oder die von Mahoney (2008) bei der Analyse komplexer Kausalstrukturen in historischen Fallstudien benutzte »sequence elaboration« folgen dem gleichen Prinzip. Auch wenn eine Korrelation keine kausale Erklärung ist, ist es jedoch falsch, zwischen quantitativen und qualitativen Verfahren einen Gegensatz zu konstruieren. King, Keohane und Verba (1994) haben gezeigt, wie Standards statistischer Verfahren sich auch auf die mit geringen Fallzahlen operierende vergleichende politikwissenschaftliche Forschung anwenden lassen; Brady und Collier (2004) bemühen sich, die relativen Vorzüge der beiden Vorgehensweisen in Abhängigkeit von dem jeweiligen Untersuchungsgegenstand und damit vom jeweiligen Erkenntnisinteresse herauszuarbeiten. Quantitative und qualitative Verfahren können kombiniert werden und ergänzen sich, wenn beobachtete statistische Zusammenhänge dazu anregen, die ihnen zugrunde liegenden Prozesse mittels kausaler Rekonstruktion zu erklären.

Auch für Untersuchungen mit kleiner Fallzahl gibt es multivariate Verfahren. Der Vorzug qualitativer Prozessanalysen liegt in solchen Fällen in ihrer größeren Tiefenschärfe, die es erlaubt, Kausalzusammenhänge zu identifizieren und sogar, zumindest in Hypothesenform, zu verallgemeinern. Aussagen über verallgemeinerungsfähige, schrittweise ablaufende Prozesse, die das Zustandekommen sozialer Makrophänomene, ihre Merkmale und ihren Wandel erklären, werden häufig Mechanismen genannt; diesem Thema widmet sich Kapitel 6 in diesem Band. Soziale Mechanismen werden dort als wiederkehrende Prozesse definiert, die bestimmte Anfangsbedingungen mit bestimmten Ergebnissen oder Wirkungen verknüpfen. Die Verknüpfung geschieht durch Akte oder Zustandsveränderungen sozialer Entitäten, hat eine der Kausalstrukturen, von denen oben die Rede war, und kann linear oder nichtlinear sein. Mechanismen wirken im Zeitablauf, aber erklären auch statisch betrachtete (synchrone) Kausalzusammenhänge. Die ontologische Voraussetzung »mechanismischer« Verallgemeinerungen sind, wenngleich begrenzte und auf bestimmte Faktoren(kombinationen) und Wirkungen beschränkte Regelmäßigkeiten. Mechanismen lassen sich auf verschiedenen Ebenen der Abstraktion formulieren. Je weiter man von den Besonderheiten abstrahiert, die die Anfangsbedingungen und die zu erklärende Wirkung in spezifischen Einzelfällen kennzeichnen, umso allgemeiner lässt sich ein Mechanismus formulieren. So gibt es nur relativ wenige Fälle von pfadabhängigen technischen Innovationsprozessen, wie es die Durchsetzung einer (nicht unbedingt optimalen) Schreibmaschinentastatur einer war, aber eine große Zahl von sozialen Prozessen, die – wie dieser Fall – durch positive Rückkopplung gekennzeichnet sind. So könnte man auch fragen, auf welche anderen sozialen

Prozesse sich zum Beispiel die am Fall des Lottospielens herausgearbeiteten Mechanismen anwenden und damit verallgemeinern ließen (Beckert/Lutter 2007).

5 Prozesse und Modelle des Sozialen

Alle im vorigen Abschnitt durch ihren Bezug auf verschiedene formale Merkmale des sozialen Ganzen unterschiedenen Arten von Aussagen implizieren seine prozessuale Natur. Richtet man jetzt den Blick auf die spezifische interaktive Dynamik, die *Art* der Prozesse, die beim Entstehen sozialer Makrophänomene wirksam werden, sind weitere Unterscheidungen möglich. Wie in Kapitel 7 ausgeführt, sind die meisten der uns erklärungsbedürftig erscheinenden Makrophänomene das Ergebnis des Zusammenwirkens verschiedener Prozesse – von Prozessen der Selbstorganisation (im naturwissenschaftlichen Sinn der Erzeugung von Aggregateffekten durch das interdependente, aber nicht koordinierte Verhalten einer Vielzahl von Elementen), der gegenseitigen Anpassung, des strategischen Handelns und der absichtsvollen Intervention (Steuerung) verschiedener Akteure.[19] Die Art dieses Zusammenspiels und welche Prozesse unter welchen Umständen dominant werden, lässt sich in manchen Studien im Rahmen des historischen Institutionalismus nachzeichnen, wird aber selten grundsätzlich diskutiert.

Einen gewissen Einfluss darauf, welchen Prozessen das Erkenntnisinteresse vordringlich gilt, übt das Bild aus, das man sich von der Struktur des sozialen Ganzen macht. Zwar haben wir es hier nicht mit grundsätzlichen ontologischen Annahmen über die Natur des Sozialen, aber doch mit Annahmen über seine charakteristische Struktur zu tun. In grober Vereinfachung lassen sich zwei Bilder von der Struktur des sozialen Ganzen unterscheiden, bei denen es sich faktisch um ontologische Verallgemeinerungen zweier historischer Gesellschaftsformen handelt: Im »Schichtungsmodell« erscheint die Welt des Sozialen als stufenartig aufgebaut und die entscheidenden Prozesse spielen sich zwischen den Ebenen ab, im »Systemmodell« erscheint sie als intern funktional differenziert und eher horizontal als vertikal koordiniert. Die beiden Sichtweisen schließen einander nicht aus und werden in der Forschung oft kombiniert, lenken das Erkenntnisinteresse aber auf verschiedene Zusammenhänge und werfen verschiedene theoretische Fragen auf. Im ersten Fall beziehen diese Fragen sich auf die soge-

---

19 Die hier unterschiedenen Prozessarten hängen erkennbar mit den verschiedenen Formen sozialer Handlungskoordination zusammen; vgl. Scharpf (1997).

nannte Mikro-Makro-Relation, im zweiten Fall auf Fragen systemischer Interdependenz, wie sie auch in der Komplexitätstheorie behandelt werden.

In der explizit methodologischen Diskussion steht die Mikro-Makro-Relation beziehungsweise die Erklärung von Makrophänomenen durch kausale Reduktion im Vordergrund (Esser 1993; Greve/Schnabel/Schützeichel 2008). Die Unterscheidung von Mikro-, Meso- und Makroebene ist eine analytische; sie behauptet nicht einen *substanziellen* Unterschied zwischen den Phänomenen auf den verschiedenen Ebenen,[20] ist aber gleichwohl von Bedeutung, weil sie die Frage der Emergenz beziehungsweise der kausalen Reduktion von Makrophänomenen auf das Verhalten der Elemente auf der Meso- und Mikroebene und speziell auf individuelles Handeln aufwirft. Die philosophische Problematik der kausalen Reduktion wird in Kapitel 8 dargestellt. Im Kontext der Diskussion um die Mikro-Makro-Relation haben vor allem Prozesse der Selbstorganisation die Aufmerksamkeit auf sich gezogen.

Die Dynamik von Prozessen der Selbstorganisation lässt sich, ebenso wie das Ergebnis strategischer Interaktion in verschiedenen Konstellationen (»Spielen«), theoretisch leichter modellieren als systemische Interdependenzen, die in den verschiedenen Varianten der soziologischen Systemtheorie im Vordergrund stehen. Verschiedene Systemkomponenten oder Prozesse sind kausal miteinander verflochten, aber sowohl der Grad wie die Art dieser Verflechtung variiert. Die Differenzierung von Gesellschaften in verschiedene Funktionssysteme oder Institutionenkomplexe wirft die Frage nach Beziehungen wechselseitiger Abhängigkeit und Beeinflussung auf, wie sie unter anderem in Untersuchungen zu den Varieties of Capitalism und nationalen Innovationssystemen zur Sprache kommen. Verschiedene Systemkomponenten können parametrisch miteinander verknüpft sein, das heißt, sie verändern lediglich wechselseitig wichtige Randbedingungen füreinander; sie können aber auch interaktiv verflochten sein. Hier stellt sich zum einen die Frage nach den Nahtstellen (Interfaces), den Grenzbeziehungen zwischen verschiedenen Teilsystemen – zum Beispiel zwischen Firmen als Elementen der produzierenden Wirtschaft und den nichtökonomischen Institutionen, die die Rahmenbedingungen für ihr Operieren schaffen, aber auch zwischen legalen und illegalen Handlungssystemen wie terroristischen Organi-

---

20 Die Vorstellung von substanziell verschiedenen »Seinsebenen« spielt in der philosophischen Diskussion um Emergenz eine zentrale Rolle. Heute sieht man die ontologisch definierten Ebenen, mit denen die philosophische Diskussion über Emergenz arbeitet – das Anorganische, das Organische (einschließlich des Sozialen) und das Mentale – zunehmend als eng miteinander verwoben an. Wie in Kapitel 3 argumentiert wird, gibt es nach einer heute verbreiteten Auffassung keinen *ontologischen* Bruch zwischen den Prozessen, die die Hirnforschung, die Biologie (Genetik und Epigenetik) untersucht, und den Prozessen, die Psychologen und Sozialwissenschaftler untersuchen.

sationen oder schwarzen Märkten. Zum anderen stellt sich die Frage nach der Systemkohärenz, nach Grad[21] und Grundlage des Zusammenhangs zwischen verschiedenen Systemteilen (vgl. hierzu auch Mayntz 2006). Man kann den Zusammenhang mit Luhmann als wechselseitige Irritation reflexiv geschlossener Teilsysteme sehen, mit der Kontingenztheorie der Organisation als durch Anpassungsdruck erzeugte Kongruenz (»Fit«), oder, wie in Teilen der Literatur zu den Varieties of Capitalism, als durch funktionelle Komplementarität zwischen verschiedenen Institutionen gestiftet. Die hier angedeuteten Fragen, die zu den derzeit größten theoretischen Herausforderungen gehören, werden aufgeworfen, wenn man Gesellschaften aus der Perspektive systemischer Interdependenz, und nicht aus der Perspektive von Mikro-Makro-Beziehungen betrachtet.[22]

6 Erkenntnisinteresse: Woher kommen die Fragen?

Erkenntnisinteressen bestimmen, was wir aus der Vielzahl prinzipiell beantwortbarer Fragen auswählen. Nicht alle formulierbaren Fragen sind gleich wichtig. Für Max Weber wurde das kulturwissenschaftliche Erkenntnisinteresse von der »Kulturbedeutung« geleitet, die mögliche Erkenntnisgegenstände in einem bestimmten historischen Kontext besitzen.[23] Die Kriterien relativer Bedeutsamkeit variieren mit dem Erkenntniszweck. Gewöhnlich wird grob zwischen theoretischen, normativen und praktischen Erkenntnisinteressen unterschieden; auf die Sozialwissenschaften angewandt entspricht das einem Interesse am Erklären, am Aufklären (Kritisieren) und am Verändern (Emanzipation). In Kapitel 9

---

21 Grad oder Intensität des Zusammenhangs ist zwar eine Variable, doch macht die gegenwärtige ökonomische Krise am Beispiel der Beziehung zwischen Finanzmärkten und Produktmärkten auf die Möglichkeit der *Kombination* von Entkopplung und Abhängigkeit zwischen Teilsystemen aufmerksam.

22 Es gibt zwei verschiedene Weisen der Darstellung und Analyse systemischer Interdependenz. Während in der einen Perspektive Systeme aus konkreten sozialen Elementen und ihren Handlungen bestehen und Relations- und Interaktionsstrukturen im Vordergrund stehen, wird in der anderen Perspektive, die in Kapitel 8 unter dem Stichwort Emergenz in komplexen Systemen behandelt wird, mit abstrahierten Variablen operiert, die Systemmerkmale darstellen. Diese Sichtweise ist in der Wirtschaftswissenschaft, speziell der Ökonometrie verbreiteter als in den Sozialwissenschaften, findet sich aber zum Beispiel in Form verschiedener Weltmodelle auch dort. Auch hier geht es nicht um unterschiedliche ontologische Annahmen, sondern um unterschiedliche analytische Perspektiven.

23 Der Begriff der »Kulturbedeutung« spielt insbesondere in dem berühmten Aufsatz über »Die Objektivität sozialwissenschaftlicher und sozialpolitischer Erkenntnis« eine zentrale Rolle (Weber 1968a: 146–214); dabei schließt »Kultur« auch wirtschaftliche und gesellschaftliche Tatbestände ein.

dieses Bandes kommen verschiedene Faktoren zur Sprache, die *theoretische* Erkenntnisinteressen prägen: der durch die Disziplin definierte kognitive Rahmen, Veränderungen in der beobachteten Wirklichkeit und der spezifische historische Kontext, in dem der einzelne Wissenschaftler steht.

Wie vor allem von und unter Bezugnahme auf Kuhn (1967) erörtert wurde, bilden aktuelle disziplinspezifische Paradigmen den Rahmen für die kognitiv bestimmte wissenschaftliche Entwicklung. Existente Paradigmen werden entweder schrittweise elaboriert, indem Lücken gefüllt und Widersprüche beseitigt werden,[24] oder sie werden von außen kritisch infrage gestellt und unter Umständen von einem neuen Paradigma abgelöst. Beides, Elaborieren und Infragestellen, betreiben Wissenschaftler nicht immer nur im Interesse der wissenschaftlichen »Wahrheit«, sondern auch oder gar primär, um theoretische Definitionsmacht, Ressourcen und persönliche Reputation zu gewinnen. Zumal wenn es nur um die Verteidigung eines Paradigmas geht, endet die von derartigen praktischen Interessen angetriebene kognitive Dynamik leicht in steriler Selbstreferentialität; die lockere Beziehung sozialwissenschaftlicher Begriffe zu ihren Referenzobjekten erleichtert eine solche Verselbstständigung.

Sowohl die Weiterentwicklung wie die Infragestellung einer geltenden Theorie wird – gleichzeitig mit oder alternativ zu der internen kognitiven Dynamik – durch äußere Ereignisse beziehungsweise unerwartet eintretende Veränderungen im Untersuchungsbereich vorangetrieben. Erscheint die Erklärungskraft einer bislang geltenden Theorie unzureichend, kann das nicht nur zu ihrer Modifikation, sondern auch zu ihrer Ablösung führen; die Wissenschaftsgeschichte ist voll mit möglichen Beispielen. Sozialwissenschaftler haben von Anfang an auf historische Situationen reagiert, die sie zur Erklärung ihres Zustandekommens, ihrer Besonderheiten und Folgen herausforderten. Das galt für die deutsche Politikwissenschaft in der nach 1945 etablierten westdeutschen Demokratie, es galt für Soziologie und Politikwissenschaft nach dem Zusammenbruch der ehemals sozialistischen Staaten und gilt heute für deren Transformation, und es wird vermutlich wieder für die gegenwärtige Finanz- und Wirtschaftskrise gelten. Dass schließlich auch die eigene »soziale Lage« des Sozialwissenschaftlers sein theoretisches Erkenntnisinteresse und die spezielle Selektivität seiner Perspektive auf den Untersuchungsgegenstand beeinflussen, ist in der Geschichte der Sozialwissenschaften vielfach belegt, ob es sich dabei um individuelle Statusunsicherheit, Grenzerfahrungen wie Emigration und Exil (Söllner 2008) oder, wie in Kapitel 9 dargelegt, um den nationalen oder regionalen Kontext handelt, aus dessen Blickwinkel jemand Weltpolitik erlebt.

---

24 Diese interne kognitive Dynamik lässt sich gut am Beispiel der Steuerungstheorie illustrieren; vgl. Mayntz (2009: Kapitel 1).

Zwischen theoretischen, aufklärerischen und praktischen Erkenntnisinteressen besteht keine klare Trennung. Jede Wissenschaft ist »Aufklärung«, wenn sie irrtümliche Meinungen korrigiert; auch Kepler, Galilei und Darwin waren Aufklärer. Selbst wenn politische Steuerung aus einem als rein theoretisch empfundenen Interesse untersucht wird, ist die Darlegung der empirischen Voraussetzungen von erfolgreicher Steuerung und der Gründe für ihr Scheitern praxisrelevant – ob jemand sich das Wissen zunutze macht oder nicht. Zu der Zeit, als die Soziologie sich von der Sozialphilosophie zu trennen begann, scheuten die Väter unserer Disziplin sich nicht, normativ zu argumentieren. Saint Simon hat offen Gesellschaftskritik geübt und ein normatives Konzept der herrschaftsfreien, nur noch verwalteten industriellen Gesellschaft entworfen. Auch Comtes positive Gesellschaft, die friedliche Wirtschaftsgesellschaft der frühen englischen Soziologen und Spencers Sozialdarwinismus waren auf ihre Weise normativ. Als Kind der Aufklärung wollte die Soziologie zwar zeigen, wie die soziale Welt tatsächlich beschaffen ist, aber dieses Wissen war kein Selbstzweck, sondern enthüllte die Wirklichkeit in kritischer Absicht und wollte damit auch die Rechtfertigungsideologien zerstören, die moralisch fragwürdige soziale Verhältnisse stützten. Das galt auch für Marx und später für die Frankfurter Schule.

Selbst der nur von theoretischer Wissensbegierde getriebene und um größtmögliche Objektivität bemühte Sozialwissenschaftler kann sich jedoch in seinen Analysen kaum jeglicher Normativität enthalten. Der Bezug auf (historisch relative) Wertideen verleiht unseren Erkenntnisgegenständen nicht nur Bedeutung und lenkt damit die Themenwahl, sondern er färbt auch unsere Aussagen wertend ein. Schon die Alltagssprache, in der wir unsere Fragen stellen und Antworten geben, ist, anders als die Sprache der Mathematik, nicht wertungsfrei. Es gibt nur relativ wenige sozialwissenschaftliche Kernbegriffe ohne jegliche wertende Akzentuierung. Wer bezweifelt, dass Gemeinschaft, Partizipation, Solidarität und Modernisierung »gut«, Anomie, Oligarchie in demokratisch verfassten Organisationen und Kriminalität »schlecht« sind? Sogar die quantitativ ermittelten Quoten von Aufwärtsmobilität in der Generationenfolge sind kein wertungsneutrales Ergebnis. Allerdings gibt es Unterschiede in der Offensichtlichkeit der Wertung; »Sozialschichtung« zum Beispiel ist weniger wertend als »Ungleichheitsstruktur«, obwohl die empirische Referenz dieselbe ist. Auch die wertende Akzentuierung von Begriffen ist, wie die mit ihnen verbundenen Erkenntnisinteressen, standortabhängig, sie variiert zwischen Disziplinen und ist historischem Wandel unterworfen.

Wenn man die Tatsache der Wertbezogenheit sozialwissenschaftlicher Themenwahl und Begriffe akzeptiert, stellt sich die Frage, ob die Gültigkeit von Aussagen dadurch beeinträchtigt wird. In den Naturwissenschaften wird unterstellt, dass man gültige – sachlich zutreffende – Aussagen über eindeutig positiv oder negativ bewertete Phänomene machen kann. Aussagen über die Ursache von AIDS werden in ihrer Gültigkeit nicht dadurch beeinträchtigt, dass es ein negativ bewertetes Phänomen ist. Aber selbst wenn sozialwissenschaftliche Aussagen auch dann sachlich zutreffend sind, wenn die Themenwahl Wertungen impliziert, kann die Selektivität in der Wahl und begrifflichen Fassung eines Untersuchungsgegenstandes dazu führen, dass Wirklichkeit verzeichnet wird. Das hat man in letzter Zeit unter anderem dem Begriff und der Forschung über Netzwerke und über Governance vorgeworfen. Jede Art der Selektivität von Erkenntnisinteresse vernachlässigt – und leugnet damit unausgesprochen – die Existenz dessen, was im Schatten bleibt; das gilt nicht zuletzt für das überaus geringe sozialwissenschaftliche Interesse für illegale Phänomene, ob das Handlungen, Organisationen oder Märkte sind.

7 Streitfragen

In diesem letzten Abschnitt des Kapitels sollen zwei Streitfragen angesprochen werden, die in den Aufsätzen des Bandes zwar berührt werden, aber nicht zentral sind. Bei der einen Streitfrage geht es um die wesentlichen Triebkräfte sozialen Handelns – Interessen, Werte oder Kognitionen, bei der anderen um die Frage, ob Strukturen oder Handeln (Agency) das soziale Geschehen bestimmen. Dabei soll hier nicht für oder gegen eine der gegensätzlichen Auffassungen argumentiert werden; es geht vielmehr darum zu zeigen, dass nicht nur bei der Begriffsbildung und der Formulierung von Fragen, sondern auch bei diesen aktuellen Streitfragen unterschiedliche Annahmen über die grundsätzliche Beschaffenheit der sozialen Wirklichkeit eine zentrale Rolle spielen. Die im Wortsinn »welt-anschauliche« Verankerung der gegensätzlichen Positionen verleiht den Auseinandersetzungen leicht eine an Religionskriege erinnernde Heftigkeit und eine Tendenz zur dogmatischen Vertretung der eigenen Auffassung.

Der Streit um die Triebkräfte sozialen Handelns wird in zwei nur locker verbundenen Auseinandersetzungen ausgetragen: zum einen in der Debatte um den Gegensatz zwischen Interessen (Zweckrationalität, instrumentellem Verhalten) und Werten beziehungsweise Normen (Wertrationalität, angemessenem Verhalten), zum anderen in der Debatte um die verhaltensbestimmende Bedeutung von Interpretationen (Weltbildern, Situationsdefinitionen).

Bei der Debatte um die verhaltensprägende Bedeutung von Interessen oder Werten und Normen kristallisiert sich der Gegensatz in der Gegenüberstellung von Homo oeconomicus und Homo sociologicus und wird zu einem Streit über die grundlegende Natur des Menschen. Bei den verwandten Debatten um Ökonomie versus Politik, Markt versus Staat sowie Liberalismus (im Sinne eines ökonomisch akzentuierten Individualismus) versus Republikanismus beziehungsweise Kommunitarismus[25] geht es nicht um Triebkräfte individuellen Handelns, sondern um den Primat verschiedener Ordnungsprinzipien. Dabei werden Markt, Ökonomie und Liberalismus mit der Verfolgung von Eigeninteressen oder, in Parsons' Terminologie, mit *self-orientation* identifiziert, während Staat, Politik und Republikanismus als Träger des gemeinsamen Interesses der *res publica* und mithin auf *collectivity orientation*[26] gegründet erscheinen.

Der Primat der dritten wesentlichen Triebkraft sozialen Handelns, der subjektiven Wahrnehmung und Interpretation von Situationen, wurde in der Mikrosoziologie vom symbolischen Interaktionismus und wird in der Wissenschaftssoziologie ebenso wie in den Internationalen Beziehungen vom Ansatz des Konstruktivismus behauptet. Konstruktivistische (oder interpretative) Ansätze setzen sich explizit besonders von Rational-Choice-Konzepten ab, stehen jedoch auch in Gegensatz zum Konzept normativ bestimmten Verhaltens. Interpretationen (von Situationen), so wird angenommen, finden zwar im Lichte von Interessen und normativen Überzeugungen statt, sind jedoch die unmittelbar handlungsbestimmenden Faktoren. Mit dieser Weltsicht ist auch die große Bedeutung verbunden, die Faktoren wie Erwartungssicherheit und Vertrauen zugeschrieben wird, was heute nicht zuletzt die soziologische Analyse ökonomischer Vorgänge prägt.

Die Auseinandersetzung um den Primat der verschiedenen Triebkräfte beziehungsweise Ordnungsprinzipien wird grundsätzlich und nicht als empirisch zu beantwortende Frage geführt. In empirischer Sicht käme es darauf an, die Umstände zu identifizieren, unter denen die eine oder die andere Bestimmung des Handelns Vorrang hat; in der empirischen Entscheidungsforschung gibt es dazu bereits Hinweise. Die grundsätzliche Natur der Debatte um den Gegensatz von Interessen/Ökonomie/Markt/Liberalismus auf der einen und Werten oder Normen/Politik/Staat/Republikanismus auf der anderen Seite hängt mit unterschiedlichen Wertungen zusammen, die mit diesen Konzepten verbunden sind und die sich zwischen Wirtschafts- und Sozialwissenschaften charakteristisch unterscheiden. Während Politik und Staat bei Sozialwissenschaftlern (und speziell Politikwissenschaftlern) eher positiv akzentuierte Begriffe sind, sehen Wirtschaftswissenschaftler sie tendenziell negativ als Marktkräfte einschränkend.

---

25 Diese Debatte wurde und wird vor allem in den USA geführt, wobei die auch für politische Parteien stehenden Bezeichnungen im Lauf der Zeit ihre Bedeutung fast umgekehrt haben, sodass heute die *Republicans* den ökonomischen Liberalismus vertreten, während die *Democrats* als politische *Liberals* wohlfahrtsstaatliche Ziele verfolgen.

26 Die Unterscheidung findet sich in Parsons' Handlungstheorie; vgl. Parsons (1951: 60).

Während bei den Ökonomen der Markt Ordnung stiftet, sind es in der Soziologie und speziell bei Parsons kulturelle Werte und internalisierte Normen, die angesichts der disruptiven Folgen utilitaristischen Verhaltens soziale Ordnung schaffen. Die unterschiedlichen Wertungen finden sich auch beim Gegensatz zwischen Liberalismus und Republikanismus beziehungsweise Kommunitarismus. Eine negative Wertung eigeninteressierten Verhaltens prägt schließlich auch die sozialwissenschaftliche Auseinandersetzung mit dem Konzept von Rational Choice, bei der es vordergründig um seine Realitätsnähe geht. Je deutlicher die mit einer bestimmten Weltsicht verbundene Wertung ist, umso mehr gewinnt die Auseinandersetzung aufklärerische und normative Züge.

Die unterschiedlichen Wertungen verleihen auch dem Wettstreit um die Definitionsmacht der verschiedenen Disziplinen besondere Intensität. Die Sozialwissenschaften sehen sich dabei zum Abwehrkampf sowohl gegen einen praktischen wie gegen einen theoretischen ökonomischen Imperialismus genötigt. Im Eröffnungsvortrag des Vorsitzenden der Deutschen Gesellschaft für Soziologie auf dem 34. Soziologiekongress 2008 kam das kürzlich wieder klar zum Ausdruck (Soeffner 2009). Die mit den gegensätzlichen Positionen verbundenen Wertungen sind jedoch nicht immun gegen historischen Wandel. Früher wurde zum Beispiel auch die Meinung vertreten, Interessen würden zerstörerische Leidenschaften disziplinieren, weshalb sie als eine positiv bewertete Triebkraft galten (Hirschman 1977). Zurzeit scheinen die Begriffe »Markt« und »(Neo)Liberalismus« in der öffentlichen Diskussion einer Umwertung unterworfen zu sein. Das weist darauf hin, dass die – wechselnde – Bewertung unterschiedlicher Ordnungsprinzipien mit konkret erfahrenen Folgen ihres Wirkens zusammenhängt.

Wie bei der Debatte um primäre Triebkräfte des Handelns beziehungsweise soziale Ordnungsprinzipien geht es auch bei der zweiten hier anzusprechenden Streitfrage, dem Primat von Struktur oder Agency in der Bestimmung des sozialen Geschehens, um unterschiedliche Annahmen über den fundamentalen Charakter des Sozialen. Auch diese Debatte wird besonders in der Soziologie sehr grundsätzlich geführt, obwohl unterschiedliche Wertungen in diesem Fall kaum eine Rolle spielen. Der Primat von Agency wird von der radikal reduktionistischen Variante des methodologischen Individualismus behauptet, der soziale Phänomene auf individuelles Handeln zurückführt und sich damit von strukturalistischen Erklärungen absetzt;[27] vor allem in Kapitel 6 und 8 wird darauf ausführlicher eingegangen. Der Gegensatz spiegelt sich aber auch in der Organisationssoziologie im Streit zwischen der Kontingenztheorie und Vertre-

---

27 Die Bedeutung von »Agency« kann mit der zugrunde gelegten Handlungstheorie variieren: Bei Betonung menschlicher Kreativität ergibt sich ein stärker voluntaristisches Konzept als bei der Betonung der handlungsbestimmenden Kraft der Situation.

tern von Strategic Choice, oder in den International Relations in der Auseinandersetzung um die Bestimmung der weltpolitischen Lage durch die objektive Machtverteilung zwischen Staaten oder durch das von Werthaltungen und selbst gesetzten Zielen bestimmte Handeln von Regierungen. Während in diesen Fällen »Struktur« etwas ganz Bestimmtes meint, leidet jede grundsätzliche Debatte über Agency und Struktur unter der Vieldeutigkeit des Strukturbegriffs und seiner zum Prozesscharakter der Wirklichkeit in Widerspruch stehenden Betonung von Merkmalen wie »festgefügt« und »beständig«. Konkret können Institutionen (in Form sanktionsbewehrter, zumal rechtlicher Normen), Verteilungsstrukturen (Verteilung der Verfügung über Ressourcen einschließlich technischer Mittel zwischen den Akteuren in einem sozialen Ganzen) und Interaktions- oder Beziehungsstrukturen unter den Begriff fallen.

Es gibt verschiedene Ansätze zur Überwindung des Gegensatzes zwischen Agency und Struktur. Außer in der Strukturationstheorie von Giddens, die die wechselseitige Bedingtheit von Struktur und Agency betont und Handeln als fortlaufend bestimmt sieht durch das, was dem Handelnden als Struktur gegenübertritt und von ihm zugleich fortlaufend reproduziert oder verändert wird, sind Handeln und Struktur auch in der berühmten »Badewanne« des Coleman'schen Makro-Mikro-Makro-Modells miteinander verbunden. Was in diesem Modell als Sequenz von Prozessen erscheint, beinhaltet zwei verschiedenartige Formen des Zusammenwirkens von individuellem Handeln und Strukturelementen, nämlich einmal in der Bestimmung individuellen Handelns und zum anderen in der Genese von Makrophänomenen. Aus *handlungstheoretischer* Perspektive, wie sie im Übrigen auch dem akteurzentrierten Institutionalismus zugrunde liegt, bilden Elemente von »Struktur« die Handlungssituation beziehungsweise den Kontext, der die praktisch gegebenen Handlungsmöglichkeiten für einzelne Akteure festlegt und (positive und negative) Anreize setzt, auf die sie, gelenkt von ihren Präferenzen und Wahrnehmungen, handelnd reagieren. Ein von Gier, hoher Risikobereitschaft oder Empathie angetriebenes Handeln fällt ganz unterschiedlich aus, je nachdem, welche Handlungsmöglichkeiten einem gegebenen Akteur oder einer bestimmten Gruppe von Akteuren zur Verfügung stehen. In einer *gesellschafts- oder makrotheoretischen* Perspektive geht es nicht um den Einfluss von Struktur auf Handeln (und umgekehrt), sondern darum, wie aus dem Handeln vieler verschiedener Akteure im Kontext einer bestimmten Struktur Makrophänomene wie eine Regimetransformation, die Veränderung einer Verteilungsstruktur oder eine globale Finanz- und Wirtschaftskrise entstehen. Dabei wirken grundsätzlich die gleichen Arten von Strukturelementen, nur dass sie jetzt nicht als Kontext für individuelles Handeln betrachtet werden, sondern als Elemente der Systemstruktur, die systemische Prozesse bestimmen. So geht es jetzt um sanktionsbewehrte Normen (Gesetze), die nicht nur für individuelles

Handeln relevant sind, sondern Prozesse steuern wollen – wie ein Wahlgesetz, das Individuen ein Wahlrecht zuteilt oder verweigert, aber zugleich die Transformation der in einer Wahl abgegebenen Stimmen in die Sitzverteilung im neuen Parlament und die Bildung einer neuen Regierung bestimmt. Oder es geht um sozioökonomische Verteilungsstrukturen, in denen Individuen nicht nur eine bestimmte »Lage« haben, um den von Max Weber geschätzten Begriff zu benutzen, sondern von denen auch gesellschaftliche Konfliktlinien abhängen.

Eine Einkommensverteilung oder ein Wahlgesetz sind sehr einfache Strukturelemente; fragt man dagegen nach den Strukturen, die *gemeinsam* dazu geführt haben, dass aus ganz bestimmten, auf die jeweils gegebenen individuellen Handlungssituationen reagierenden Handlungsweisen von Bankern, Bankangestellten, Anlegern und Konsumenten eine weltweite Finanzkrise und aus dieser wieder eine Wirtschaftskrise entsteht, dann ist man mit schwer überschaubaren, komplexen Interdependenzen zwischen den Wirkungen einer Vielfalt von Strukturelementen konfrontiert. Zu diesen Elementen gehören unter anderem das Vorhandensein von formalen Organisationen mit bestimmten Aufgabenprofilen, Vergütungsregeln für Manager und Angestellte in solchen Organisationen, Gesetze, die bestimmte Transaktionen unter Strafe stellen und andere erlauben, die in diesem Rahmen erfolgten und informationstechnisch unterstützten Transaktionsinnovationen sowie die Existenz einer breiten Schicht potenzieller Anleger. In solchen komplexen Strukturen können Selbstorganisationsprozesse nach dem Muster von *self-fulfilling prophecies* ablaufen, das strategische Handeln korporativer Akteure kann in einer Blockade enden und politische Steuerungsversuche können bei gegebener problemerzeugender Struktur ins Leere laufen. Die Sozialwissenschaften versuchen selten, die komplexen Interdependenzen der in solchen Makrostrukturen ablaufenden Prozesse zu rekonstruieren; Ansätze dazu finden sich etwa in der Analyse funktioneller Abhängigkeiten zwischen den Institutionen in den Varieties of Capitalism.

Je mehr Faktoren und Zusammenhänge eine Analyse im Interesse der Erklärung eines Systemmerkmals wie Wachstum oder eines Ereignisses wie einer Wirtschaftskrise einbezieht, umso deutlicher stößt sie an zwischen Disziplinen gezogene Wissensgrenzen, die es übrigens nicht nur zwischen Rechts-, Wirtschafts- und Sozialwissenschaften, sondern auch zwischen diesen und verschiedenen Natur- und Technikwissenschaften gibt. Die Tatsache solcher Wissensgrenzen verweist eindringlich auf die unvermeidliche Beschränktheit disziplinärer Erkenntnismöglichkeiten. Damit wird am Ende noch einmal das Anliegen dieses Kapitels unterstrichen: Sozialwissenschaftler für die Annahmen zu sensibilisieren, die der sozialwissenschaftlichen Forschung und Theoriebildung zugrunde liegen, und sie skeptisch gegenüber den scheinbaren Selbstverständlichkeiten unseres Denkens bleiben zu lassen.

Literatur

Beckert, Jens/Mark Lutter, 2007: Wer spielt, hat schon verloren? Zur Erklärung des Nachfrageverhaltens auf dem Lottomarkt. In: *Kölner Zeitschrift für Soziologie und Sozialpsychologie* 59(2), 240–270.
Bendix, Reinhard/Bennett Berger, 1959: Images of Society and Problems of Concept Formation in Sociology. In: Llewellyn Gross (Hg.), *Symposium on Sociological Theory*. Evanston: Row Peterson.
Box-Steffensmeier, Janet M./Henry E. Brady/David Collier (Hg.), 2008: *The Oxford Handbook of Political Methodology*. Oxford: Oxford University Press.
Brady, Henry E./David Collier (Hg.), 2004: *Rethinking Social Inquiry. Diverse Tools, Shared Standards*. Lanham: Rowman & Littlefield.
Cassirer, Ernst, 1923: *Substanzbegriff und Funktionsbegriff. Untersuchungen über die Grundlagen der Erkenntniskritik*. 2. Auflage. Berlin: Verlag Bruno Cassirer.
Esser, Hartmut, 1993: *Soziologie. Allgemeine Grundlagen*. Frankfurt a.M.: Campus.
Esser, Hartmut/Klaus Klenovits/Helmut Zehnpfennig, 1977: *Wissenschaftstheorie*. 2 Bde. Stuttgart: Teubner Studienskripten.
Giesen, Bernhard/Michael Schmid, 1976: *Basale Soziologie. Wissenschaftstheorie*. München: Wilhelm Goldmann Verlag.
Greve, Jens/Annette Schnabel/Rainer Schützeichel (Hg.), 2008: *Das Mikro-Makro-Modell der soziologischen Erklärung*. Wiesbaden: VS-Verlag für Sozialwissenschaften.
Habermas, Jürgen, 1985: *Zur Logik der Sozialwissenschaften*. Frankfurt a.M.: Suhrkamp.
Hall, Peter A., 2003: Aligning Ontology and Methodology in Comparative Research. In: James Mahoney/Dietrich Rueschemeyer (Hg.), *Comparative Historical Analysis in the Social Sciences*. New York: Cambridge University Press, 373–406.
——, 2008: Systematic Process Analysis. When and How to Use It. In: *European Political Science* 7, 304–317.
Hayek, Friedrich A., 1979[1952]: *The Counter-Revolution of Science*. Indianapolis: Liberty Press.
Hempel, Carl G., 1952: *Science, Language and Human Rights*. Philadelphia: University of Pennsylvania Press.
Hirschman, Albert O., 1977: *The Passions and the Interests*. Princeton: Princeton University Press.
King, Gary/Robert O. Keohane/Sidney Verba, 1994: *Designing Social Inquiry. Scientific Inference in Qualitative Research*. Princeton: Princeton University Press.
Kuhn, Thomas S., 1967: *Die Struktur wissenschaftlicher Revolutionen*. Frankfurt a.M.: Suhrkamp.
Lenk, Hans, 1995: Interpretationskonstrukte. Zur Methodologie der Sozialwissenschaften. In: *Soziologie* 24(1–2), 71–87.
Mahoney, James, 2008: Toward a Unified Theory of Causality. In: *Comparative Political Studies* 41(4/5), 412–436.
Mahoney, James/Erin Kimball/Kendra L. Koivu, 2009: The Logic of Historical Explanation in the Social Sciences. In: *Comparative Political Studies* 42(1), 114–146.
Marx, Leo, 2008: The Idea of Nature in America. In: *Daedalus* Spring 2008 137(2), 8–21.
Mayntz, Renate, 1997: *Soziale Dynamik und politische Steuerung. Theoretische und methodologische Überlegungen*. Frankfurt a.M.: Campus.

Mayntz, Renate, 2002: Zur Theoriefähigkeit makro-sozialer Analysen. In: Renate Mayntz (Hg.), *Akteure – Mechanismen – Modelle. Zur Theoriefähigkeit makro-sozialer Analysen.* Frankfurt a.M.: Campus, 7–43.

——, 2006: Systemkohärenz, institutionelle Komplementarität und institutioneller Wandel. In: Jens Beckert et al. (Hg.), *Transformationen des Kapitalismus.* Frankfurt a.M.: Campus, 381–397.

——, 2009: Global Structures: Markets, Organizations, Networks – and Communities? In: Sigrid Quack/Marie-Laure Djelic (Hg.), *Transnational Communities,* im Erscheinen.

Mayntz, Renate/Kurt Holm/Peter Hübner, 1969: *Einführung in die Methoden der empirischen Soziologie.* Köln: Westdeutscher Verlag.

Nagel, Ernest, 1961: *The Structure of Science. Problems in the Logic of Scientific Explanation.* London: Routledge & Kegan Paul.

Parsons, Talcott, 1951: *The Social System.* Glencoe: Free Press.

Rheinberger, Hans-Jörg, 2006: *Epistemologie des Konkreten. Studien zur Geschichte der modernen Biologie.* Frankfurt a.M.: Suhrkamp.

Scharpf, Fritz W., 1997: *Games Real Actors Play. Actor-Centered Institutionalism in Policy Research.* Boulder: Westview Press.

Schütz, Alfred, 1954: Concept and Theory Formation in the Social Sciences. In: *The Journal of Philosophy* LI(9), 257–267.

Simmel, Georg, 1958: *Soziologie. Untersuchungen über die Formen der Vergesellschaftung.* 4. Auflage. Berlin: Duncker & Humblot.

Soeffner, Hans-Georg, 2009: Die Kritik der soziologischen Vernunft. Eröffnungsvortrag auf dem 34. Soziologentag der DGS. In: *Soziologie* 38(1), 60–71.

Söllner, Alfons, 2008: Zwischen Europa und Amerika – Hannah Arendts Wanderungen durch die politische Ideengeschichte. In: *Leviathan* 36(2), 292–310.

Stichweh, Rudolf, 1984: *Zur Entstehung des modernen Systems wissenschaftlicher Disziplinen.* Frankfurt a.M.: Suhrkamp.

Streeck, Wolfgang/Martin Höpner (Hg.), 2003: *Alle Macht dem Markt? Fallstudien zur Abwicklung der Deutschland AG.* Frankfurt a.M.: Campus.

Streeck, Wolfgang/Kathleen Thelen (Hg.), 2005: *Beyond Continuity. Institutional Change in Advanced Political Economies.* Oxford: Oxford University Press.

Weber, Max, 1968a[1922]: *Gesammelte Aufsätze zur Wissenschaftslehre.* 3. Auflage. Tübingen: Mohr.

——, 1968b: *Methodologische Schriften.* Frankfurt a.M.: S. Fischer.

Welskopp, Thomas, 2002: Die Theoriefähigkeit der Geschichtswissenschaft. In: Renate Mayntz (Hg.), *Akteure – Mechanismen – Modelle. Zur Theoriefähigkeit makro-sozialer Analysen.* Frankfurt a.M.: Campus, 61–90.

2 Forschungsmethoden und Erkenntnispotenzial: Natur- und Sozialwissenschaften im Vergleich (2005)

Wenn man als Sozialwissenschaftler, etwa durch die regelmäßige Lektüre von Zeitschriften wie *Nature,* die jeweils neuesten Entwicklungen in den verschiedenen Naturwissenschaften verfolgt, kann man sich des Eindrucks nicht erwehren, dass es in Wissenschaften wie Genetik, Festkörperphysik, Astronomie und Molekularbiologie alle paar Jahre einen deutlich erkennbaren Wissensfortschritt gibt, während in den Sozialwissenschaften alle paar Jahre die Themen und die Interpretationen wechseln. Natürlich gibt es auch in der Soziologie, der Politikwissenschaft und der Wirtschaftswissenschaft Wissensfortschritte, aber im Großen und Ganzen scheint es, dass die wissenschaftliche Entwicklung in den Naturwissenschaften kumulativ, in den Sozialwissenschaften dagegen eher additiv ist. Zugleich kann man feststellen, dass der Wissensfortschritt in Naturwissenschaften wie den eben genannten eng mit der Entwicklung neuer Forschungstechnik – von Instrumenten, Apparaten und Verfahren – zusammenhängt, während forschungstechnische Innovationen in den Sozialwissenschaften keine nennenswerte Rolle zu spielen scheinen. Diesen Eindruck vermittelt unter anderem das Heft *Forschungsperspektiven der Max-Planck-Gesellschaft 2005* (Max-Planck-Gesellschaft 2005). In den Abschnitten, in denen naturwissenschaftliche Forschungslinien dargestellt werden, wird ständig ganz ausdrücklich vom Erkenntnisgewinn durch neue Forschungstechnik gesprochen – durch noch auflösungsstärkere Elektronenmikroskope, neue Detektoren, neue katalytische Verfahren oder den Forschungsreaktor ITER. Dagegen werden forschungstechnische Innovationen bei der Darstellung von Forschungsperspektiven, an denen vor allem sozialwissenschaftliche Institute beteiligt sind, kein einziges Mal erwähnt. Gibt es zwischen diesen beiden Beobachtungen einen Zusammenhang? Oder anders gefragt: Wie ist der Zusammenhang zwischen Wissensfortschritt und forschungstechnischer Entwicklung? Kann es sein, dass Technik in den Naturwissenschaften, aber *nur* in den Naturwissenschaften eine zentrale Rolle bei der kognitiven Innovation spielt?

Um dieser Frage nachzugehen, muss man zunächst zwischen Forschungs*technik* und Forschungs*logik* unterscheiden. Unter Forschungstechnik verstehe ich materielle Artefakte, mit deren Hilfe wir Gegenstände unserer wissenschaftlichen Neugier erfassen, das heißt, direkt oder indirekt beobachten und messen, und gegebenenfalls experimentell manipulieren. Forschungslogik bezeichnet dagegen den bei der Ermittlung wissenschaftlichen Wissens benutzten methodischen Ansatz, der es erlauben soll, gültige (»wahre«) – und nachprüfbare – Aussagen über Wirklichkeit zu machen. Die empirischen Sozialwissenschaften haben sich am Modell der Naturwissenschaften orientiert und damit auch die Forschungslogik der Naturwissenschaften übernommen. Sie suchten damit in einer Zeit, in der Physik mehr galt als Metaphysik, den Status von *Wissenschaften* zu reklamieren – was ihnen im englischen Sprachbereich, wo *the sciences* die Naturwissenschaften meint, semantisch bis heute nicht ganz geglückt ist. Gewiss ist der Königsweg der wissenschaftlichen Methode, das Experiment, für die Sozialwissenschaften nur in engen Grenzen begehbar. Sozialwissenschaftliche Laborstudien, wie sie unter anderem im Max-Planck-Institut zur Erforschung von Wirtschaftssystemen durchgeführt werden (Jahresbericht 2004: 4–6), gibt es allenfalls im Bereich individuellen Verhaltens, insbesondere von Entscheidungsverhalten, und der Kleingruppendynamik. Aber auch die Naturwissenschaften sind nicht alle Laborwissenschaften, sondern zum Teil sogenannte »Feldwissenschaften«, die ihre Objekte – Eisberge etwa, Ozonlöcher, Neutronensterne oder Vulkanausbrüche – nicht zu Versuchszwecken manipulieren können. Auf jeden Fall wollen die empirischen Sozialwissenschaften ebenso wie die Naturwissenschaften ihre Gegenstände durch direkte Beobachtung oder indirekt über Indikatoren erfassen, und für beide besteht wissenschaftlicher Fortschritt zum einen darin, bislang unbekannte Phänomene zu entdecken beziehungsweise bekannte genauer zu beschreiben, zum anderen aber in der Feststellung bislang nicht bekannter beziehungsweise der Korrektur bislang falsch interpretierter kausaler, genetischer und funktionaler Zusammenhänge. Dabei kann man grob die Phase der Datenerhebung von der Phase der Datenanalyse und Interpretation unterscheiden. Praktisch sind beide Phasen oft eng verbunden, zumal wenn die Datenerhebung bereits von der Suche nach Zusammenhängen gesteuert wird.[1]

Wenn sich Natur- und Sozialwissenschaften in ihrer Forschungslogik nicht unterscheiden, wie steht es dann mit dem Gebrauch technischer Hilfsmittel? Forschungstechnik hilft uns zu »sehen«, was für uns nicht sichtbar ist, hilft Frequenzen, Strahlen und Partikel zu erfassen, die unsere Sinne nicht registrieren können, und sie hilft zu manipulieren, was für unsere Hände zu klein ist. In

---

1 Das ist allerdings nicht immer der Fall. In der Entwicklung der Radioastronomie zum Beispiel galt alle Aufmerksamkeit zunächst der technischen *Erfassung* kosmischer Strahlung von diskreten Quellen; die Frage nach ihrem Ursprung und nach ihrer kosmologischen Bedeutung wurde erst später gestellt (Edge/Mulkay 1976).

den Naturwissenschaften wird Forschungstechnik in Form von Instrumenten, Apparaten und technisch basierten Verfahren dementsprechend beim *Erfassen* von Gegenständen und bei ihrer experimentellen Manipulation genutzt. Es war die Forschungstechnik, die es uns erlaubt hat, immer tiefer in die direkter menschlicher Wahrnehmung unzugänglichen Bereiche des ganz Kleinen und des ganz Großen einzudringen. Schon am Beginn der kognitiven Neurowissenschaften in der zweiten Hälfte des 19. Jahrhunderts spielte ein Apparat, das zum Präzisionsinstrument zur Zeiterfassung entwickelte Chronoskop eine wichtige Rolle (Rötger 2004). Damit konnte man aber lediglich menschliche Reaktionsgeschwindigkeiten messen. Heute erlauben es Positronenemissionstomografie und Magnetresonanztomografie, Vorgänge im lebenden Gehirn anhand messbarer Indikatoren (zum Beispiel Stoffwechsel) zu beobachten. In der Astrophysik haben die neuen Teleskope, Raumsonden und Forschungssatelliten die rasante Entwicklung der letzten Jahrzehnte ermöglicht, während die neue Fluoreszenz-Mikroskopie es im Nanobereich erlaubt, durch nichtinvasive Verfahren noch unverstandene Prozesse in der Physiologie der Zelle aufzuklären.[2] In den Laborwissenschaften basieren auch Fortschritte in der experimentellen Manipulation auf moderner Forschungstechnik; die Genforschung ist hierfür ein geläufiges Beispiel. Selbst bei der Erforschung von Vergangenem, das sich allenfalls aufgrund von Spuren untersuchen lässt, die es hinterlassen hat und die wir erfassen können, spielt moderne Technik eine entscheidende Rolle. Erst Satellitenaufnahmen von einer Raumfähre aus erlaubten es, den Krater zu lokalisieren, der an der Wende zwischen Kreidezeit und Tertiär durch den Einschlag eines circa 10 Kilometer großen Himmelskörpers entstand und unter anderem das lange Zeit rätselhaft gebliebene Aussterben der Dinosaurier verursachte (Lausch 2004). Und es brauchte moderne Bohrtechnik und chemische Analysetechnik, ehe es gelang, durch die Analyse meterlanger Eisbohrkerne längst vergangenes Klima zu rekonstruieren.

In allen diesen Fällen sind technische und theoretische Entwicklung in einer Art von Ko-Evolution miteinander verbunden. Zwar scheint sich die Entwicklung von Forschungstechnik, je voraussetzungsvoller sie wird, vom substanziellen Forschungsprozess zu lösen und sich zu verselbstständigen, so bei der Entwicklung von Teilchenbeschleunigern, Detektoren, Tomographen oder hochempfindlichen Sensorchips, wie im Münchener Halbleiterlabor der Max-Planck-Gesellschaft (Röhlein 2004). Aber als es zum Beispiel darum ging,

---

2 Dafür hat Stefan Hell vom Max-Planck-Institut für biophysikalische Chemie einen Preis der Berlin-Brandenburgischen Akademie der Wissenschaften bekommen (Berlin-Brandenburgische Akademie der Wissenschaften 2004).

die komplexe Struktur von Eiweißmolekülen mit den Methoden der Röntgen-Kristallographie zu bestimmen, wussten die Forscher, was sie sehen und tun können müssten, um ihre Fragen beantworten zu können; dieses Wissen stimulierte dann die Entwicklung spezieller Apparate und Verfahren (Law 1976). Die verfügbare Forschungstechnik bestimmt, was untersucht werden kann, aber es sind die offenen Fragen der Wissenschaftler, die umgekehrt die Entwicklung von Forschungstechnik anregen.

Ohne Zweifel wurde also die naturwissenschaftliche Entwicklung der Neuzeit ganz wesentlich von der Verfügung über immer leistungsfähigere Instrumente zur Beobachtung, Messung und experimentellen Manipulation in Bereichen bestimmt, die dem Forscher nicht unmittelbar zugänglich sind. Die empirischen Sozialwissenschaften brauchen dagegen keine technischen Krücken, um sich ihrem Gegenstand zu nähern. Ihre Gegenstände sind menschlicher Erfahrung direkt zugänglich. Menschen erfahren unmittelbar nicht nur das Tun und Lassen anderer Menschen, sondern auch Ereignisse wie die Wiedervereinigung und soziale Gebilde wie das Unternehmen Siemens oder den deutschen Staat. Dennoch haben die Sozialwissenschaften beim Erfassen ihrer Gegenstände, beim Beobachten, Messen und experimentellen Manipulieren Probleme. Die Gründe dafür sind oft erörtert worden.

Da ist zum einen die Tatsache der Historizität sozialer Phänomene. Traditionen, Familienformen, Produktionsweisen und Staaten haben sich ständig verändert; sie sind gewissermaßen »moving targets«, und die sind notorisch schwer zu erfassen. Aber auch HIV-Viren sind ein »moving target«, und auch die Erde und die Gattung Homo sapiens haben Geschichte. Historische Wandelbarkeit ist insofern keine prinzipielle Grenze der Erfassbarkeit. Sie zwingt allerdings dazu, eher nach Wandlungsprozessen und ihren Ursachen als nach zeitlos gültigen Eigenschaften von Phänomenen zu fragen.

Dann ist da zweitens die große Rolle schwer erfassbarer immaterieller Faktoren, von Ideen, Glaubensinhalten und Werten für soziales Verhalten und soziales Geschehen. Auch dies ist jedoch keine unüberwindbare Grenze; Ideologien, Werthaltungen oder kulturelle Leitbilder lassen sich empirisch durchaus ermitteln. Wo aber liegt dann das Problem? Das zentrale Problem ist der Konstruktcharakter sozialer Makrophänomene. Das Verhalten von Individuen und die Vorgänge in Kleingruppen wie Schulklassen oder Familien lassen sich grundsätzlich direkt erfassen, auch wenn der Zugang etwa bei kriminellem Verhalten oder zu den Zellen von Al Qaeda praktisch eingeschränkt ist. Die Sozialwissenschaften haben sogar eine Zugangsmöglichkeit, die den Naturwissenschaften fehlt: Sie können mit ihrem Gegenstand, mit Menschen sprechen. Der großen Bedeutung sprachlicher Kommunikation bei der Datenerhebung entsprechend ist vor allem das Befragen in den Sozialwissenschaften zu einer ausgefeilten Methodik entwickelt worden.³ Technische Artefakte spielen dabei abgesehen von Aufnahmegeräten keine Rolle. Soziale Makrophänomene jedoch, soziale Gebilde wie Märkte oder Parteiensysteme existieren nicht als wahrnehmbare Ganze; sie haben keine physische Realität. Moleküle, Mikroben und ferne Galaxien sind prinzipiell sichtbar, auch wenn wir sie mit unbewaffnetem Auge nicht sehen können. Aber das deutsche Parteiensystem, der Staat oder das Unternehmen Siemens existieren nur als Strom von Aktionen, Interaktionen und Transaktionen; sie sind nur greifbar in ihren Elementen und Produkten. Unternehmen, so Gabel und Bruner (2003, X, 28–33), existieren weniger im geographischen Raum als innerhalb von Märkten; aber auch ein Markt ist nichts weiter als ein Strom von Transaktionen, die zwischen Zulieferern, Herstellern, Verkäufern und Abnehmern stattfinden.

Nun hat uns schon Max Weber eingeschärft, dass »Verband« oder »Staat« theoretische Konstrukte sind. Das gilt allerdings auch für manche naturwissenschaftlichen Kategorien etwa in der theoretischen Physik: Das »Atom« und der »Urknall« sind ebenfalls theoretische Konstrukte. Phänomene wie Verbände und Staaten (und wohl auch das Atom) sind aber, ontologisch gesprochen, auch reale Konstrukte. Soziale Makrophänomene wie das Internet, die Deutsche Bank oder die SPD jedenfalls sind in einem sehr direkten Sinn *tatsächlich konstruiert*, das heißt, von realen Menschen handelnd erzeugt. Diese sozialen Konstrukte lassen sich wissenschaftlich erfassen, indem man ihre Elemente, das Handeln von Menschen, und ihre individuellen und kollektiven Hervorbringungen (zum Beispiel Gesetze, Entscheidungen) erfasst. Dabei hilft es, dass Menschen nicht nur über ihr eigenes Tun und Denken, sondern auch über Ereignisse Auskunft geben können, die sie miterlebt haben oder an denen sie aktiv beteiligt waren. Menschliche Tätigkeiten hinterlassen außerdem vielfältige schriftliche Spuren; derartige prozessproduzierte Daten – Akten, Pläne, Berichte – erlauben es uns, viele Arten von Transaktionen zu registrieren und zu zählen; zumal wo Geld involviert ist, hinterlassen Transaktionen messbare Spuren. Gespräche und schriftlich Festgehaltenes sind die wichtigsten sozialwissenschaftlichen Datenquellen, auch für die Untersuchung von Makrophänomenen.⁴

---

3 Im Unterschied zu Anweisungen für die Handhabung technischer Artefakte handelt es sich bei diesen sozialwissenschaftlichen Erhebungsmethoden um Regeln für die sprachliche Kommunikation.

4 Dieser wissenschaftliche Zugang ist eine Besonderheit aller Disziplinen, die es unmittelbar mit dem Menschen und seinen Hervorbringungen zu tun haben. Es ist die Sprache, die menschliche Gemeinschaften von allen anderen Bereichen der Natur unterscheidet: Ohne gesprochene und schriftlich fixierte Sprache gäbe es unseren Gegenstand nicht, gäbe es keine komplexen sozialen Gebilde – eine Tatsache, die bei den meisten Sozialwissenschaftlern zu den nicht mehr bewusst wahrgenommenen Selbstverständlichkeiten ihres Fachs gehört.

Es bleibt jedoch dem Forscher überlassen, die vielfältigen Informationen zu einem Bild des Ganzen zusammenzufügen, und es gibt keine Technik, die uns auf ähnliche Weise zusammengesetzte soziale Phänomene sichtbar machen könnte, wie das für viele der empirisch messbaren naturwissenschaftlichen Gegenstände gilt. So können wir mit technischer Hilfe nicht nur Zellen, sondern auch Organismen, nicht nur einzelne Sterne, sondern auch Galaxien »sehen«. Der Sozialwissenschaftler bleibt auf die theoretisch interpretierende Rekonstruktion sozialer Makrophänomene angewiesen. Die Notwendigkeit, reale soziale Prozesse der Emergenz von Makrophänomenen gedanklich nachzuvollziehen, ist der entscheidende Grund für die große Bedeutung des sogenannten Mikro-Makro-Problems in der Soziologie. Dabei gibt es natürlich immer verschiedene Möglichkeiten der Re-Konstruktion – was dazu führt, dass es in den Sozialwissenschaften viele unterschiedliche Theorien zum Beispiel über Institutionenwandel, gesellschaftliche Integration und das Funktionieren von Märkten gibt.

Im Unterschied zu den Naturwissenschaften spielt also Forschungstechnik, spielen technische Apparate beim *Erfassen* sozialwissenschaftlicher Erkenntnisobjekte keine nennenswerte Rolle. Ganz anders bei der *Auswertung* erhobener Daten. Schon immer ist Statistik in den Sozialwissenschaften benutzt worden. Die Erhebung von Massendaten basiert auf der statistischen Stichprobentheorie, und ihre Auswertung bedient sich vielfältiger statistischer Methoden. Die Statistik erlaubt sogar ein quasi-experimentelles Vorgehen bei der Auswertung, indem Versuchs- und Kontrollgruppen statistisch nachgebildet werden. Dabei handelt es sich aber keineswegs um eine Übernahme aus den Naturwissenschaften. Vielmehr haben Natur- und Sozialwissenschaften unabhängig voneinander bei der Datenanalyse auf statistische und andere mathematische Verfahren zurückgegriffen. Die Entwicklung der aus der Moralstatistik hervorgehenden Disziplin der Statistik hing ursprünglich sehr viel stärker mit sozialpolitischen Bemühungen als mit naturwissenschaftlicher Forschung zusammen. Ganz ähnlich wurde die Entwicklung mathematischer Modelle von Diffusionsprozessen, die spieltheoretische Modellierung strategischer Interdependenz oder die Versuche sozialwissenschaftlicher Anwendungen von Katastrophentheorie und Chaostheorie von der Verfügbarkeit der betreffenden analytischen Methoden und nicht durch bestimmte naturwissenschaftliche Theorien angeregt (Mayntz 1992).

Jede Anwendung statistischer und mathematischer Methoden bei der Datenanalyse verlangt einen gewissen Rechenaufwand, und an diesem Punkt wurde Forschungstechnik auch für die Sozialwissenschaften bedeutsam – in Gestalt der modernen Rechentechnik. Den Anfang machte die Hollerith- oder Fachzählsortiermaschine. Inzwischen haben wir die modernen Rechner und Tischcomputer. Die große Rechenkapazität des Computers erlaubt nicht nur die Verarbeitung von Massendaten zum Beispiel für die Darstellung der demographischen Struktur einer Bevölkerung oder von Import-/Exportbilanzen. Anspruchsvolle Methoden wie die Regressionsanalyse, die »pooled time-series cross-section analysis« (Beck/Katz 1995) oder die auf Boole'scher Algebra basierende Analysetechnik von Ragin (1987) erlauben auch Rückschlüsse auf kausale Zusammenhänge.

Die Bedeutung der modernen Rechentechnik für die Auswertung von Daten ist natürlich kein Spezifikum der Sozialwissenschaften. Auch in den von Anfang an mathematisierten Naturwissenschaften ist der Computer zu einem unentbehrlichen forschungstechnischen Artefakt geworden. Bei der Erforschung der Struktur von komplexen Eiweißmolekülen zum Beispiel, so berichtet John Law (1976), waren zwei Arten technischer Probleme zu lösen: die Erfassung der reflektierten Röntgenstrahlen und die Verarbeitung der massenhaft anfallenden Messdaten, wozu nur der Computer in der Lage war. Ähnliches gilt heute für die astrophysikalische Forschung und für die im CERN betriebene Kernforschung, die nicht nur einen Teilchenbeschleuniger, sondern auch eine riesige Rechenkapazität zur Verarbeitung der anfallenden Daten verlangt. Die moderne Rechentechnik ist die Grundlage für die heute beobachtete Mathematisierung nicht nur »der Natur«, wie es in der Vorlesungsreihe der Berlin-Brandenburgischen Akademie der Wissenschaften im Sommer 2005 heißt, sondern in *allen* empirischen Wissenschaften.

Der Computer bietet verschiedene interessante Möglichkeiten für die Datenauswertung – die mathematische Modellierung, die Visualisierung und die Simulation.

Mathematische Modelle bilden empirische Zusammenhänge in einem Satz von Gleichungen ab und leiten daraus abstrakte Funktionen, Maxima, Minima und Gleichgewichtsbedingungen ab. Mathematische Modellierung ist zumal in den Naturwissenschaften nichts Neues. Schon zu Beginn des 17. Jahrhunderts meinte Francis Bacon, dass wir viele Bereiche der Natur ohne die Unterstützung der Mathematik nicht mit ausreichender Schärfe beobachten könnten (Rötger 2005: 37). Der Computer hat die mathematische Modellierung enorm erleichtert; sie wird heute nicht nur in den Naturwissenschaften, sondern zunehmend auch in den Sozialwissenschaften benutzt. Dabei können die mathematisch formulierten Zusammenhänge beobachtete sein, sie können aber auch axiomatisch gesetzt werden. Derartige Modelle werden nicht nur in der Wirtschaftswissenschaft vielfach entwickelt. Auch das überraschende Auftreten von Revolutionen ist mit einem aus bestimmten theoretischen Prämissen abgeleiteten mathematischen Modell erklärt worden (Kuran 1989); das Modell zeigt, bei welchem Verhältnis von negativen privaten zu öffentlich erklärten Meinungen stiller Protest in öffentlichen Protest umschlägt.

Bildgebende Verfahren haben in den Naturwissenschaften spätestens seit Erfindung der Fotografie eine wichtige Rolle gespielt. Inzwischen haben sich die technischen Möglichkeiten der Visualisierung durch die Digitalisierung und den Computer enorm vergrößert. Computergestützte Visualisierung wird heute unter anderem in der Hirnforschung, der Strukturchemie, der Nanotechnologie und der Astronomie benutzt (Heßler 2004). Die visuelle Reproduktion von Messdaten bildet nicht nur Gegenstände wie ein komplexes Eiweißmolekül ab; sie erlaubt auch Veränderungen wie die Aktivierung bestimmter Hirnareale oder versteckte Muster zu erkennen, die sich auch der technisch unterstützten direkten Wahrnehmung entziehen. Ein schönes naturwissenschaftliches Beispiel dafür sind Arbeiten von Gregor Morfill im Max-Planck-Institut für extraterrestrische Physik. Morfill wollte ein Verfahren entwickeln, um Muster erkennen zu können, die sich möglicherweise in dem bei allen astrophysikalischen Messungen auftretenden Rauschen verbergen. Messdaten aus der Weltraumforschung werden dazu in mehrdimensionale Zustandsräume auf dem Computer eingetragen und sichtbar gemacht, sodass man eventuell vorhandene Muster optisch erkennen kann (Morfill/Bunk 2000). Auch die mittels MRT erzeugten farblichen Darstellungen der (über Veränderungen im Blutfluss indirekt gemessenen) neuronalen Aktivität im Gehirn sind das Ergebnis statistischer Computerberechnungen mit willkürlich festgelegten Schwellenwerten (Korte 2004: 27).

In den Sozialwissenschaften lassen sich unter anderem die ökonomischen Austauschbeziehungen zwischen Ländern oder die finanziellen Abhängigkeitsbeziehungen zwischen den Töchtern eines Konzerns mit Hilfe des Computers eindrucksvoll veranschaulichen (Krempel 2005). Während jedoch die mit Hilfe des Computers visualisierten biologischen oder geologischen Strukturen trotz künstlicher Farbkodierung physische Realität besitzen, sind die in der Soziologie aus Befragungsdaten beziehungsweise Messdaten ermittelten Netzwerkstrukturen Konstrukte, abgeleitete Beschreibungen von Transaktionen über einen Zeitraum.

Die dritte der oben genannten Möglichkeiten der Computernutzung, die Simulation, ist vermutlich die spannendste und könnte die theoretisch fruchtbarste sein. Hier werden komplexe, nichtlineare Systeme *dynamisch* modelliert. Gerade für die Sozialwissenschaften war die Komplexität ihrer Gegenstände schon immer ein Hindernis bei der Suche nach theoretischen Verallgemeinerungen. Dessen war sich offenbar auch Einstein bewusst. John Maynard Keynes, der berühmte Ökonom, berichtet, dass

Professor Planck, of Berlin, the famous originator of the Quantum Theory, once remarked to me that in early life he had thought of studying economics, but had found it too difficult. Professor Planck could easily master the whole corpus of mathematical economics in a few days. He did not mean that. But the amalgam of logic and intuition and the wide knowledge of facts, most of which are not precise, which is required for economic interpretation in its highest form, is, quite truly, overwhelmingly difficult for those whose gift mainly consists in the power to imagine and pursue to their furthest points the implications and prior conditions of comparatively simple facts which are known with a high degree of precision. (Keynes 1951: 158n)

Im Unterschied zur statischen Repräsentation von Interdependenzen in mathematischen Gleichungssystemen erlaubt es die Computersimulation, *Abläufe* in komplexen Systemen modellartig nachzubilden. Mit solchen Modellen lässt sich auch experimentieren, indem man Parameter und postulierte Zusammenhänge verändert und die Auswirkungen auf das Verhalten des Systems prüft. Der Computer wird damit zum regelrechten Labor. Computersimulation wird heute in allen Wissenschaften benutzt, die sich für das Verhalten komplexer Systeme im Zeitablauf interessieren. So haben zum Beispiel Forscher des Max-Planck-Instituts für Gravitationsphysik die Kollision und Verschmelzung Binärer Schwarzer Löcher mit Neutronensternen im Computer simuliert, während Forscher am Institut für theoretische Biologie an der Berliner Humboldt-Universität Signalkaskaden in Zellen mit normalem und mit mutiertem RAS-Molekül simulieren, um das Entstehen von Krebs zu verstehen (Beispiele aus Gramelsberger 2004). Geläufig sind die in der Klimaforschung und der Meteorologie benutzten, überaus komplexen Simulationsmodelle. Eine der frühesten sozialwissenschaftlichen Anwendungen der Computersimulation war das »Urban Dynamics«-Modell von Jay W. Forrester (1969); bekannter ist wohl des Weltmodell des Club of Rome. Ein anderes sozialwissenschaftliches Anwendungsbeispiel ist die Computersimulation des Zusammenhangs von politischer Legitimität, internationalem Konflikt und imperialistischer Expansion unter marktwirtschaftlichen Bedingungen (Hanneman/Collins/Mordt 1995).

Die eben genannten wie überhaupt die meisten Simulationsmodelle operieren mit abstrahierten Variablen. Daneben gibt es die sogenannten Agentenmodelle, die das Verhalten einer Vielzahl individueller Agenten nachbilden.[5] So kann man etwa die spontanen Bewegungen von hunderten oder tausenden von Menschen bei der – hypothetischen – Evakuierung des Dortmunder Westfalenstadions simulieren (Schröder 2004: 82). In einem anderen Agentenmodell wurde das Entstehen von Innovationsnetzwerken in verschiedenen Branchen (Biotechnologie, Mobiltelefonie) auf der Basis des Handelns von Forschung treibenden Firmen, Universitätslabors und Investoren/Geldgebern simuliert (Gilbert/Pyka/Ahrweiler 2001). Die »Agenten« müssen aber keine Menschen oder soziale Einheiten sein. Forscher des Max-Planck-Instituts für die Physik komplexer Systeme haben zum Beispiel das Verhalten hunderttausender Myxobakterien-Zellen bei

---

5 Dieser Methode wurde kürzlich eine ganze Nummer des *American Journal of Sociology* (Band 110, Nr. 4, 2005) gewidmet.

Nahrungsarmut im Computer simuliert (Wengenmayr 2003: 49–50), während im Forschungszentrum Jülich neue Höchstleistungscomputer eingesetzt werden, um sämtliche Wechselwirkungen zwischen mehreren Millionen einzelner Elektronen und Ionen für den Fall berechnen zu lassen, dass hochintensives Laserlicht sich in einen Festkörper bohrt (Sterling 2005: 87).

Kehren wir zur Ausgangsfrage zurück. Welche Rolle spielt Forschungstechnik beim wissenschaftlichen Fortschritt in den Naturwissenschaften und in den Sozialwissenschaften? In vielen naturwissenschaftlichen Forschungsgebieten ist der heutige Kenntnisstand dem ständigen Fortschritt in der verfügbaren Mess- und Beobachtungstechnik zu verdanken. In den Sozialwissenschaften hat es dagegen nur vergleichsweise geringe technisch bedingte Fortschritte beim Erfassen, Messen und experimentellen Manipulieren gegeben. Der Grund dafür liegt in der Beschaffenheit der sozialwissenschaftlichen Erkenntnisobjekte, die in ihren Elementen, menschlichem Handeln, dem Forscher direkt zugänglich sind, als komplexe Makrophänomene aber keine physische Realität besitzen und auch mit technischer Hilfe nicht als Ganze sichtbar zu machen sind. Wo Wissensfortschritt von Fortschritten beim beschreibenden Erfassen von Phänomenen abhängt, können technische Apparate den Sozialwissenschaften nicht helfen; hier findet Wissensfortschritt deshalb weniger beim immer tiefenschärferen Beobachten und genaueren Messen als im Bereich der Datenauswertung und der theoretischen Interpretation statt. Dabei spielt moderne Forschungstechnik in Gestalt des Computers eine wichtige Rolle. Wo Erkenntnisfortschritt auf der Manipulation und Interpretation bereits erhobener Daten basiert, erlaubt es die Rechenkapazität des Computers, Muster und Zusammenhänge aufzuspüren, die anders nicht erkennbar wären. Da der Computer auch in den Naturwissenschaften schwergewichtig bei der Auswertung empirischer Daten eingesetzt wird, hat diese Form der Forschungstechnik heute für den Erkenntnisfortschritt in Natur- und Sozialwissenschaften eine vergleichbar große Bedeutung. Die Forschungstechnik baut hier eine Brücke zwischen Natur- und Sozialwissenschaften. Hinter dieser Annäherung steht eine theoretische Erkenntnis, die Einsicht nämlich, dass wir es sowohl in der natürlichen wie in der sozialen Welt oft mit komplexen dynamischen Systemen zu tun haben, deren Analyse forschungspraktisch nur mit dem Computer zu bewältigen ist.

Das forschungstechnisch ermöglichte, ständig tiefere Eindringen in Bereiche des Großen und Kleinen vermittelt in den Naturwissenschaften den Eindruck kumulativen Wissensgewinns. Der Eindruck, dass die wissenschaftliche Entwicklung in den Sozialwissenschaften weniger kumulativ verläuft, hängt aber nicht nur mit der eingeschränkten Beobachtbarkeit insbesondere ihrer komplex zusammengesetzten Gegenstände zusammen, sondern auch mit deren vergleichsweise hohen Wandelbarkeit. Damit kumulativer Wissensfortschritt im

Sinne immer detaillierterer Aussagen über ein gegebenes Phänomen praktisch möglich ist, muss das Erkenntnisobjekt eine gewisse Dauerhaftigkeit besitzen; es muss sozusagen »stillhalten«, um immer genauer analysiert zu werden. Diese Voraussetzung ist in den Sozialwissenschaften und hier wieder speziell im Bereich sozialer Makrophänomene nicht gegeben. John Dryzek und Stephen Leonard (1988) zufolge zwingt die fortwährende Veränderung politikwissenschaftlicher Gegenstände die Disziplin, ständig neue Themen aufzugreifen, was einem kumulativen Wissensfortschritt entgegensteht.

Hier gilt es allerdings, mit Mahoney (2003) zwischen der Kumulation deskriptiven und kausalen Wissens zu unterscheiden. In allen, auch den naturwissenschaftlichen Disziplinen, die es mit relativ stark wandelbaren Phänomenen zu tun haben, bedeutet schon das genaue Erfassen der empirischen Varianz, der wechselnden Formen von Kapitalismus, von politischen Regimen oder auch von HIV-Mutanten (deskriptive) Wissenskumulation. Generalisierte Kausalzusammenhänge, ob als Wirkprinzipien, Mechanismen oder soziale Gesetzmäßigkeiten formuliert, können sich in verschiedenen Kontexten manifestieren und besitzen insofern eine größere »Dauerhaftigkeit«. Auch auf dieser Ebene gibt es, wie nicht nur Mahoney betont,[6] in den Sozialwissenschaften eine (kausale) Wissenskumulation, zum Beispiel über das Entstehen von Revolutionen oder die Voraussetzungen einer stabilen Demokratie. Diese – auf der vergleichenden Analyse deskriptiv erfasster Fälle basierende – Wissenskumulation ist rein theoretischer Natur. Die so gewonnenen Verallgemeinerungen lassen sich, anders als etwa bei Kausalbeziehungen in der Zellbiologie oder der Festkörperphysik, nicht experimentell belegen und mit technischer Hilfe beobachtbar machen – was sie unsicherer und anfechtbarer erscheinen lässt als experimentell demonstrierbare Zusammenhänge.[7] Deutlich spürbar wird das nicht zuletzt bei der Erforschung von Prozessen der Emergenz in verschiedenen Wissenschaften. Wenn es mit Hilfe von Forschungstechnik gelingt, Beschaffenheit und Funktionsweise von Zellen oder von Atomen schrittweise auf ihre Elemente und deren Verhalten zurückzuführen, dann lässt sich damit auch die Emergenz von »Makro« aus »Mikro« unmittelbar als physische Realität erfassen. In den mit Makrophänomenen wie Märkten, politischen Regimen oder großen Unternehmen befassten Sozialwissenschaften ist die Mikro-Makro-Transformation nur theoretisch nachvollziehbar. Genau deshalb ist die Transformation von Mikroprozessen zu Makrophänomenen in den Sozialwissenschaften eine bislang nur unvollkommen bewältigte theoretische Herausforderung.

---

6 In dem Buch von Mahoney und Rueschemeyer (2003) schildern neben Mahoney selbst auch Goldstone und Amenta in eigenen Kapiteln die Wissenskumulation in speziellen Themenfeldern.

7 Das gilt auch für einige naturwissenschaftliche Bereiche wie zum Beispiel die Kosmologie.

Literatur

Beck, Nathaniel/Jonathan Katz, 1995: What to Do (and not to Do) with Time-Series Cross-Section Data. In: *American Political Science Review* 89, 634–647.

Berlin-Brandenburgische Akademie der Wissenschaften, 2004: *Medaillen, Preise und Stipendien 2004.* Berlin: Berlin-Brandenburgische Akademie der Wissenschaften.

Dryzek, John S./Stephen T. Leonard, 1988: History and Discipline in Political Science. In: *American Political Science Review* 82(4), 1245–1260.

Edge, David O./Michael J. Mulkay, 1976: *Astronomy Transformed: The Emergence of Radio Astronomy in Britain.* New York: Wiley.

Forrester, Jay W., 1969: *Urban Dynamics.* Cambridge, MA: MIT Press.

Gabel, Medard/Henry Bruner, 2003: *Global Inc.: An Atlas of the Multinational Corporation.* New York: The New Press.

Gilbert, Nigel/Andreas Pyka/Petra Ahrweiler, 2001: Innovation Networks: A Simulation Approach. In: *Journal of Artificial Societies and Social Simulation* 4(3). <www.soc.surrey.ac.uk/JASS/4/3/8.html>

Gramelsberger, Gabriele, 2004: *Computersimulation in den Wissenschaften.* Explorationsstudie im Rahmen der BMBF-Förderinitiative »Wissen für Entscheidungsprozesse«. Berlin: Freie Universität Berlin.

Hanneman, Robert A./Randall Collins/Gabriele Mordt, 1995: Discovering Theory Dynamics by Computer Simulation: Experiments on State Legitimacy and Imperialist Capitalism. In: *Sociological Methodology* 25, 1–46.

Heßler, Martina, 2004: *Visualisierungen in der Wissenskommunikation.* Explorationsstudie im Rahmen der BMBF-Förderinitiative »Wissen für Entscheidungsprozesse«. Aachen: RWTH.

Keynes, John Maynard, 1951 [1924]: Alfred Marshall: 1842–1924. In: *Essays in Biography.* London: Rupert Hart-Davis, 161–231.

Korte, Martin, 2004: Tag- und Nachtgeschichten. In: *Gegenworte* 13, 24–29.

Krempel, Lothar, 2005: *Visualisierung komplexer Strukturen: Grundlagen der Darstellung mehrdimensionaler Netzwerke.* Frankfurt a.M.: Campus.

Kuran, Timur, 1989: Sparks and Prairie Fires: A Theory of Unanticipated Political Revolution. In: *Public Choice* 61, 41–74.

Lausch, Erwin, 2004: Streit um das Ende der Dinosaurier. In: *Spektrum der Wissenschaft*, August 2004, 62–69.

Law, John, 1976: The Development of Specialties in Science: The Case of X-ray Protein Crystallography. In: Gerard Lemaine et al. (Hg.), *Perspectives on the Emergence of Scientific Disciplines.* Chicago: Aldine Publishing, 123–152.

Mahoney, James, 2003: Knowledge Accumulation in Comparative Historical Research: The Case of Democracy and Authoritarianism. In: James Mahoney/Dietrich Rueschemeyer (Hg.), *Comparative Historical Analysis in the Social Sciences.* Cambridge: Cambridge University Press, 131–174.

Max-Planck-Gesellschaft, 2005: *Forschungsperspektiven der Max-Planck-Gesellschaft 2005.* München: Max-Planck-Gesellschaft.

Mayntz, Renate, 1992: The Influence of Natural Science Theories on Contemporary Social Science. In: Meinolf Dierkes/Bernd Biervert (Hg.), *European Social Science in Transition: Assessment and Outlook.* Frankfurt a.M.: Campus, 27–79.

Morfill, Greg/Wolfram Bunk, 2000: New Designs on Complex Patterns. In: *Physics World*, April 2000, 41–45.

Ragin, Charles C., 1987: *The Comparative Method: Moving Beyond Qualitative and Quantitative Strategies*. Stanford: University of California Press.

Röhlein, Brigitte, 2004: Sensoren für das Unsichtbare. In: *MaxPlanckForschung* 4/2004, 30–34.

Rötger, Antonia, 2004: Chronos und Psyche: Vom Zeitmaß des Denkens. In: *MaxPlanckForschung* 1/2004, 36–41.

——, 2005: Zahlenstrahl zündet Geistesblitze. In: *MaxPlanckForschung* 1/2005, 33–37.

Schröder, Tim, 2004: Stau im Stadion. In: *Spektrum der Wissenschaft*, Juni 2004, 82–83.

Sterling, Thomas, 2005: Supercomputer: Die jüngsten Entwicklungen. In: *Spektrum der Wissenschaft*, März 2005, 85–89.

Wengenmayr, Roland, 2003: Wie Zellen Wellen schlagen. In: *MaxPlanckForschung* 1/2003, 48–52.

3 Einladung zum Schattenboxen: Die Soziologie und die moderne Biologie (2008)

Auf dem 25. Deutschen Soziologentag im Jahr 1990 hielt ich einen Vortrag über die Bedeutung der damals vieldiskutierten naturwissenschaftlichen Modelle für die Soziologie (Mayntz 1991). Sie kamen vorwiegend – wenn auch nicht nur – aus Physik und Chemie. In den späten Achtzigerjahren des vorigen Jahrhunderts schien es fast so, als ob ein Soziologe, um zur intellektuellen Avantgarde seines Faches gerechnet zu werden, von Synergetik, Selbstorganisation, Autopoiese und deterministischem Chaos reden und sich demonstrativ mit den Werken von Prigogine, Haken, von Foerster, Maturana und Thom vertraut zeigen musste. Die scheinbar heterogenen mathematisch-naturwissenschaftlichen Konzepte dieser Autoren gehörten zu einer sich herausbildenden naturwissenschaftlichen Theorie dynamischen Systemverhaltens. Besonders vielversprechend schien die Übernahme dieser naturwissenschaftlichen Konzepte für die makrosoziologische Theoriebildung und für die mathematische Modellierung sozialer Makroprozesse.

Retrospektiv betrachtet haben diese Konzepte außer in Niklas Luhmanns Theorie der Autopoiesis kaum Spuren in der Soziologie hinterlassen. Natürlich beschäftigt auch die Soziologie sich mit nichtlinearen Prozessen und mit Prozessen der Selbstorganisation im naturwissenschaftlichen Sinne, das heißt mit den ungeplanten Aggregatfolgen des Verhaltens einer großen Zahl sich gegenseitig beeinflussender Elemente. Aber genau so, wie die Soziologie ihre mathematischen Methoden nicht auf dem Umweg über Physik und Chemie, sondern höchst eigenständig zuerst aus der Moralstatistik entwickelt hat und heute aus der Informatik und Computertechnik entnimmt, haben wir unsere Theorien emergenter Mikro-Makro-Prozesse ohne Rückgriff auf physikalisch-chemische Modelle entwickelt – man denke nur an die umfangreiche Literatur über kollektives Verhalten und soziale Mechanismen.

Das Interesse für nichtlineare Prozesse in physischen und chemischen Systemen fern vom Gleichgewicht war Teil der damals als Wende im naturwissenschaftlichen Denken apostrophierten Abkehr vom Weltbild der Newton'schen Mechanik. In der Soziologie hatte es zwar auch Versuche gegeben, eine soziale Physik oder Mechanik zu begründen, aber biologische Konzepte haben für die Soziologie immer eine größere Rolle gespielt – man denke nur an Herbert Spencer und die auf ihm fußenden Theorieentwicklungen. Auch Emile Durkheim, der soziale Tatsachen als Dinge betrachten wollte, war inhaltlich eher von organismischen Konzepten geleitet, die später auch in systemtheoretischen Vorstellungen von Gleichgewicht und Homöostasis zu finden sind. Wenn die Thematik dieses Kongresses ein valider Indikator ist, dann wendet sich die Soziologie nach dem physikalisch-chemischen Intermezzo der Achtzigerjahre jetzt wieder intensiv der Biologie zu.

Dabei gibt es allerdings einen wichtigen Unterschied zur Diskussion in den Achtzigerjahren. Während sich Soziologen damals naturwissenschaftlichen Theorien in der Hoffnung zuwandten, daraus für die eigene Theoriebildung zu lernen, erscheint die moderne Biologie, und hier speziell die Genetik und die Neurobiologie, als Herausforderung, als Angriff eher denn als Chance. Nun wird kein regelmäßiger Leser unserer überregionalen Tageszeitungen bestreiten können, dass, neben dem Klimawandel, die Ergebnisse von Genetik und Neurobiologie und ihre Implikationen für unser künftiges Leben zu den besonders intensiv diskutierten Themen gehören. Tatsächlich könnte sich auch die Soziologie von diesen Ergebnissen herausgefordert fühlen, denn Genetik und Hirnforschung beziehen sich unmittelbar auf den handelnden Menschen, die handlungstheoretische Basis der Soziologie. Widerlegen etwa, so muss man fragen, die neuesten Ergebnisse von Genetik und Neurobiologie Axiome, deren Fortfall das soziologische Theoriegebäude einstürzen ließe?

Die fraglichen Axiome beziehen sich auf unser Menschenbild. Diesem Menschenbild zufolge hat der im Prozess primärer und sekundärer Sozialisation geprägte Akteur soziokulturell geformte Präferenzen, die sein Handeln leiten, er ist offen für seine Umwelt und reproduziert in seinem Handeln kulturell vorgegebene Muster. Dieses Menschenbild ist einem doppelten Angriff ausgesetzt: Die moderne Genetik scheint das Verhältnis zwischen Natur und Umwelt, *nature and nurture,* in der Bestimmung des menschlichen Handelns zugunsten der Natur zu verschieben, während die Neurobiologie Bewusstsein zum Epiphänomen organisch-neurologischer Prozesse macht und die Realität menschlicher Handlungsfreiheit infrage stellt. Muss die Soziologie also ihre theoretisch relevanten Annahmen über menschliches Verhalten ändern, und wenn ja, wird ihr Ansatz damit infrage gestellt oder wird er im Gegenteil fruchtbar erweitert?

Wenden wir uns zunächst der Herausforderung durch die Genetik zu. Die soziokulturelle Prägung menschlichen Denkens und Tuns ist die ontologische Voraussetzung für die Existenz der Soziologie als Disziplin. Ob das Genom selbst, Darwin folgend, durch Mutation und Selektion, oder Lamarck folgend, durch vererbbare Anpassungen an Umweltveränderungen bestimmt wird, ist für die Frage, *wieweit* menschliches Denken und Tun genetisch determiniert ist, irrelevant. Für die soziologische Analyse menschlichen Handelns ist nur der Phänotyp von Interesse. In dem Maß jedoch, in dem das beobachtbare Verhalten von Menschen genetisch determiniert[1] ist, mutiert Soziologie zur Soziobiologie und verschwindet als eigenständige Disziplin. Die moderne Genetik scheint den genetischen Determinismus zu stärken, indem sie Gene identifiziert, die für bestimmte phänotypische Merkmale verantwortlich sind. Bisher wurden vor allem Gene identifiziert, deren Veränderung für bestimmte Krankheiten verantwortlich sind, doch sucht man auch nach Genen, die Aggressivität, Kriminalität, Homosexualität oder Altruismus bestimmen. Damit könnte die moderne Genetik Dahrendorfs Homo sociologicus, den durch Sozialisation, Rollenerwartungen und kulturelle Werte in seinem Verhalten bestimmten Akteur als Illusion, als Ausdruck menschlicher Hybris enthüllen.

Die Frage nach der soziokulturellen Formbarkeit menschlichen Verhaltens ist nicht neu. Schon die durch Sir Francis Galton im 19. Jahrhundert begründete erbpsychologische Forschung wollte die relativen Anteile von Erbe und Umwelt in der Prägung des menschlichen Phänotyps abschätzen. Die wichtigste Datenquelle dafür war, und ist noch heute, die Zwillingsforschung. Die Zwillingsforschung nimmt den Phänotyp als abhängige Variable und will entweder das Genom konstant halten und die Umwelt variieren, indem sie eineiige Zwillinge untersucht, die in verschiedenen Familien aufwachsen, oder die Umwelt konstant halten und das Genom variieren, indem sie gemeinsam aufwachsende zweieiige Zwillinge studiert. Dieses quasi-experimentelle Design ist allerdings schwer realisierbar, und so hält denn auch der Psychologe Franz Weinert den Versuch der Zwillingsforschung, die Anteile von Erbe und Umwelt an der Prägung menschlichen Verhaltens zu quantifizieren, für letztlich gescheitert. Grob abschätzend könne man als Ergebnis zahlreicher Zwillingsstudien allenfalls sagen, dass etwa die Hälfte der Varianz messbarer kognitiver Leistungen genetischen Differenzen zuzuschreiben ist (Weinert et al. 1994). Aber was sagt das schon über das genaue Maß genetischer Determination menschlichen Handelns?

Die empirische Unbestimmbarkeit der Anteile, die Genom und Umwelt an menschlichem Verhalten haben, hat eine Reihe von Gründen. Am unwichtigsten mag noch die Tatsache sein, dass man nicht weiß, was genau man konstant hält beziehungsweise variiert, wenn man genetisch identische eineiige mit genetisch verschiedenen zweieiigen Zwillingen vergleicht. Außerdem ist die kausale Zurechnung auf Genom oder Umwelt problematisch, denn Genotyp und Umwelt variieren nicht unabhängig voneinander. Selbst Säuglinge beeinflussen mit ihrem Verhalten das Verhalten ihrer – familiären – Umwelt. Später suchen schon Kinder und erst recht Jugendliche und Erwachsene sich (in Grenzen) ihre

---

[1] Genetisch determiniert heißt, dass ein phänotypisches Merkmal sich nach einem fest vorprogrammierten biologischen Gesetz allein aufgrund der DNA des befruchteten Eies entwickelt.

eigene Umwelt, die dann auf sie einwirkt: Genotyp und Umwelt kovariieren. Der kategoriale Gegensatz Natur/Kultur ist also auch hier, und nicht nur bezogen auf Natur- und Kulturwissenschaften falsch; auch hier wieder zwingt uns die Erfahrung, eine vermeintlich ontologische Dichotomie als Ausdruck einer (möglicherweise biologisch verankerten?) Neigung zum Denken in Gegensatzpaaren zu erkennen, durch die wir Ordnung in der verwirrenden Vielfalt der Phänomene schaffen wollen.[2]

Es kommt hinzu, dass sich *grundsätzlich* nicht sagen lässt, wieweit »der« Genotyp »den« Phänotyp bestimmt, weil die genetische Bedingtheit stark zwischen Merkmalen/Fähigkeiten variiert. Ob Zwillinge eineiig sind, muss man nicht durch einen genetischen Test feststellen, man »sieht« es. Das macht augenfällig, dass der prägende Einfluss des Genoms für anatomische und organische Merkmale besonders stark ist. Nicht zuletzt die Zwillingsforschung hat nachgewiesen, dass der genetische Einfluss auf die vitale Grundbefindlichkeit eines Menschen stärker ist als auf seine Werte und Einstellungen, und dass er formale Merkmale des Denkens stärker prägt als die Inhalte des Wissens und was aus ihnen an Fähigkeiten folgt. Das aber heißt, dass gerade die soziologisch relevanten Merkmale von Individuen wesentlich stärker soziokulturell formbar sind als die medizinisch relevanten.

Der Hauptgrund, weshalb der Versuch scheitern muss, die Anteile quantitativ exakt zu erfassen, die Natur (in Form der DNA) und Umwelt an der Bestimmung menschlichen Denkens und Tuns haben, liegt jedoch an der einfachen Tatsache, dass Natur »pur« jenseits des Embryonalstadiums nicht zu haben ist. Die phänotypischen Merkmale von Kindern, Jugendlichen und Erwachsenen, die Gegenstand der Zwillingsforschung sind, sind immer schon in einer sozialen Umgebung entwickelt worden. Unser Sprachvermögen ist genetisch als Möglichkeit angelegt, indem das menschliche Genom – unter anderem – die Entwicklung anatomischer Merkmale erlaubt, die für eine differenzierte Lautbildung nötig sind. Aber ein Neugeborenes lernt nur in einer Umgebung sprechender Menschen sprechen. Unser Gedächtnis ist genetisch angelegt, aber seine Inhalte sind von externen Inputs bestimmt. Selbst genetisch angelegte Emotionen wie Liebe, Angst, Freude, Trauer oder Scham werden durch Kultur »modelliert« und werden entsprechend unterschiedlich empfunden, wie die von einem Hirnforscher geleitete interdisziplinäre Arbeitsgruppe »Emotionen als biokulturelle Prozesse« am Zentrum für interdisziplinäre Forschung (ZiF) in Bielefeld feststellt (Spross

---

2 Wie David Inglis und John Bone (2006) argumentieren, steht der Gegensatz von Natur und Kultur heute nicht zuletzt unter dem Eindruck ökologischer Globalisierung verbreitet zur Diskussion.

2006).³ Das Genom vom Homo sapiens erlaubt dem Individuum ein Auto zu fahren, die Dampfmaschine und das Telefon zu erfinden, und am Ende, Höhepunkt der Reflexivität, das Genom selbst zu sequenzieren und zu manipulieren. Aber ob konkrete Individuen diese Fertigkeiten tatsächlich besitzen, das heißt ob, wieweit und wie das genetische Potenzial *realisiert* wird, hängt ganz von der soziokulturellen Umwelt ab. In den Worten des Psychologen Wolfgang Prinz: »Das, was Individuen können, ist ein Produkt historischer und gesellschaftlicher Konstruktionsprozesse.« (nach Schneider 2006: 15). Um das zu wissen, braucht man nicht auf den legendären Fall des Kaspar Hauser zu verweisen, es genügt ein einfaches Gedankenexperiment: Man denke sich einfach alles weg, was man selbst im Laufe des eigenen Aufwachsens und Erwachsenwerdens kennen und handhaben gelernt hat, und frage sich, was bleibt. Ein solches Experiment »Vergessen« hat Gabriel García Márquez literarisch wunderschön in jener Episode in *Hundert Jahre Einsamkeit* beschrieben, in der die sich epidemisch ausbreitende Schlaflosigkeit zum schrittweisen Vergessen aller Worte, alles Gelernten und schließlich aller Erinnerung führt.

Der handelnde Mensch, der Mensch der Soziologie mit seinen Einstellungen, Weltbildern und Fertigkeiten ist nicht nur zu 50 Prozent ein Produkt der Gesellschaft. Das Genom bestimmt lediglich die Grenze des menschlich Möglichen. Abgesehen von genetisch bedingter geistiger Behinderung wie dem Down-Syndrom ist die mittels IQ gemessene Intelligenzverteilung in einer Bevölkerung nicht genetisch determiniert, sondern Ergebnis des Zusammenspiels vieler Erbanlagen und Umweltfaktoren. Deshalb sucht die Genforschung in jüngster Zeit auch nicht mehr nach einem »Intelligenzgen«, sondern konzentriert sich auf monogenetische Erbkrankheiten (Roper 2006: 53).

Natürlich unterscheiden sich die genetischen Potenziale der Individuen einer Gattung, und sie sind längerfristig durch Zuchtwahl oder natürliche Auslese modifizierbar. Doch braucht ein solcher Prozess zumindest bei Säugern Jahrhunderte oder Jahrtausende; die langsame Entwicklung vom Wolf zum Haushund gibt davon eine Idee. Die zu einem gegebenen Zeitpunkt der Evolution innerhalb der genetisch bestimmten Grenze liegenden Potenziale lassen sich unterschiedlich weit und in unterschiedliche Richtungen entwickeln. So ist das artspezifisch gute Riechvermögen von Hunden ein genetisches Potenzial, das es erlaubt, aus ihnen je nachdem auf Drogen, auf Leichen oder auch auf Sprengstoff spezialisierte Spürhunde zu machen. Beim Homo sapiens ist die genetisch bestimmte Grenze, wie wir aus Geschichte und Ethnologie wissen, enorm weit gezogen, und alles, was innerhalb dieses Möglichkeitsraumes geschieht, ist so-

---

3 Hubert Knoblauch (2008) berichtet über eine ähnliche kulturelle Überformung am Beispiel der neurologisch basierten Nahtoderfahrung.

ziokulturell geprägt – durch eine historisch gewachsene, spezifische Makrokultur und durch die in ihr präsenten unterschiedlichen Mikromilieus. Die Eigenart und die Prägewirkung dieser soziokulturellen Milieus sind der legitime Gegenstand der Soziologie.

Der erste Waffengang in der Auseinandersetzung mit einem wie beim chinesischen Schattenboxen physisch nicht präsenten Gegner scheint damit für die Soziologie erfolgreich ausgegangen. Das mag anders sein, wenn wir uns jetzt der Hirnforschung zuwenden. Die Hirnforschung hat jüngst ermittelt, dass Sekundenbruchteile bevor ein Mensch sich bewusst entscheidet, etwas Bestimmtes zu tun, schon die dafür nötigen neuronalen Impulse nachweisbar sind (Libet 1985). Diese nicht nur in der Berlin-Brandenburgischen Akademie der Wissenschaften (2004, 2006), sondern auch in den Printmedien und jüngst sogar im Fernsehen[4] verbreitete Tatsache stellt den autonomen Akteur infrage: Die bewusste Entscheidung wird zum Epiphänomen. Von dem metaphysischen Bauchgrimmen, das diese Vorstellung hervorruft, legt eine interdisziplinäre Arbeitsgruppe der Berlin-Brandenburgischen Akademie der Wissenschaften beredt Zeugnis ab.[5] Diese unter der Bezeichnung »Humanprojekt – Zur Stellung des Menschen in der Natur« laufende Arbeitsgruppe geht davon aus, dass die Menschen durch die neuesten biowissenschaftlichen Erkenntnisse in ihrem Selbstverständnis ebenso verunsichert werden wie seinerzeit durch die heliozentrische Kosmologie und später durch Darwins Evolutionstheorie. Was heute infrage steht, ist die Existenz eines freien Willens, die Möglichkeit, das eigene Handeln bewusst und selbstverantwortlich zu bestimmen. Zwischen erlebter Entscheidungsfreiheit und erlebtem Bewusstsein einerseits und den physiologischen, elektrischen und chemischen Vorgängen im Gehirn scheint eine unüberbrückbare Lücke zu klaffen. Nach Meinung der Initiatoren des »Humanprojekts« irritiert diese eng mit einer dualistischen Weltsicht zusammenhängende Lücke den Menschen in seinem Selbstverständnis.[6] Irritiert sie auch die Soziologie?

Die Fragwürdigkeit des freien Willens ist uns introspektiv jederzeit verfügbar. Jeder Mensch, der sich selbst einigermaßen genau beobachtet, weiß, dass man oft etwas tut, wozu man sich nicht bewusst entschieden hat, und das nicht nur, wenn wir im Sinne von Luhmanns Konditionalprogramm in Fleisch und Blut (!) übergegangenen Routinen folgen, sondern auch, wenn wir spontan handelnd gegen unsere eigenen Vorsätze verstoßen. Albert Einstein, der nicht nur

---

4 Sendung »Der Sitz des Bösen« in 3sat am 2.10.2006, 21.15–22.00 Uhr.
5 Beschluss zur Einrichtung einer Interdisziplinären AG »Humanprojekt – Zur Stellung des Menschen in der Natur« vom 8.12.2005.
6 Wolfgang Prinz (2008) argumentiert überzeugend, dass die »Freiheitsintuition«, das subjektiv erfahrene Selbst, wiewohl neurologisch verankert, in einem sozialen Prozess ausgebildet wird und insofern keine »Täuschung« darstellt.

klug, sondern auch weise war, hat einmal gesagt: »Ich glaube nicht an die Freiheit des Willens. Schopenhauers Wort, ›der Mensch kann wohl thun was er will, aber er kann nicht wollen, was er will‹, begleitet mich in allen Lebenslagen« (Einstein 1930). Die Diskrepanz zwischen Wollen und Tun war fast 2.000 Jahre früher auch dem Apostel Paulus bekannt. In seinem Brief an die Römer schrieb er: »Ich tue nicht das, was ich will, sondern das, was ich hasse. [...] Denn ich tue nicht das Gute, das ich will, sondern das Böse, das ich nicht will.« Paulus fand eine einfache, religionsgeschichtlich folgenreiche Erklärung für die unbewusst im Verborgenen wirkenden Triebkräfte seines Handelns: »Wenn ich aber das tue, was ich nicht will, dann bin nicht mehr ich es, der so handelt, sondern die in mir wohnende Sünde.«[7] Spätere Zeiten hielten es eher mit Sigmund Freud. Heute sind unbewusste Prozesse ein zentrales Thema der neuropsychologischen Forschung.[8] Mit raffinierten Tests und Kernspintomographen ist sie in den letzten 20 Jahren dem unbewussten Verhalten immer besser auf die Spur gekommen.[9] Das messbare Verhalten des Gehirns verändert sich in Reaktion auf Reize (zum Beispiel sexuelle Reize), die gar nicht bewusst wahrgenommen werden. Experimentell erwiesen ist auch, dass man unbewusst lernt, und zwar auch Fakten. Wie Werbepsychologen sehr gut wissen, wird nur ein Bruchteil dessen, was wir an Informationen aufnehmen, bewusst wahrgenommen. Man »sieht« sogar unbewusst und nimmt unbewusst Gefahren wahr. So gibt es zum Beispiel messbare somatische Anzeichen dafür, dass Versuchspersonen den günstigen oder bedrohlichen Charakter einer Situation früher erkennen, als ihnen bewusst wird (vgl. Damasio 1999). In der Großhirnrinde laufen ständig viele Verarbeitungsprozesse ab, die verhaltensrelevant sind, aber unbewusst bleiben (Singer 2006: 44).[10] Und so hat Georg Christoph Lichtenberg durchaus Recht, wenn er das *cogito* im berühmten *Cogito, ergo sum* nicht mit »ich denke« übersetzen will: »*Es denkt,* sollte man sagen, so wie man sagt *es blitzt.*«[11]

Dem haben auch Sozialwissenschaftler wie Vilfredo Pareto (1916) nicht widersprochen. Pareto zufolge wird menschliches Handeln von unbeobachtbaren biopsychischen Zuständen angetrieben, den sogenannten »Sentimenten«, die sich gleichzeitig in den »Residuen« manifestieren, die dem Handelnden als Mo-

---

7 Römerbrief, Kapitel 7, Verse 15–20.
8 Zu neueren Ergebnissen der Bewusstseinsforschung vgl. Edelman (2004).
9 So ähnlich auch der Untertitel der Titelgeschichte »Stimme aus dem Nichts« im *Spiegel,* Nr. 15 vom 10.4.2006, S. 158–167, der eine gut leserliche Zusammenfassung einschlägiger Forschungsergebnisse bringt.
10 »Als gesichert gilt, dass Erregungsmuster nur dann Zugang zum Bewusstsein haben, wenn sie Bereiche der Großhirnrinde mit einschließen« (Singer 2006: 44).
11 Lichtenberg (1991: 412, Sudelbücher II, Heft K, Nr. 76), zitiert nach Günther Ortmann (2004: 18).

tive bewusst werden – zum Beispiel der Neigung zur Neuerung, zur Bewahrung, zur Nachahmung oder auch zur Selbstaufopferung. Schon Pareto folgte damit der Einsicht der Neurobiologen, dass wir nicht tun, was wir wollen, sondern wollen, was wir tun. Die »Ableitungen« (Derivate) sind dann die verbalen Begründungen, die einer tief verwurzelten menschlichen Neigung folgend post hoc gegeben werden und das Tun lediglich rechtfertigen. Damit stellen sich Einstein, Lichtenberg und Pareto auf die Seite der nichtdualistischen Philosophie der auf Spinoza zurückgreifenden amerikanischen Pragmatisten (Connolly 2006), auf die sich wiederum moderne Neurobiologen wie Antonio Damasio (1994, 2003) berufen. Aber selbst wenn uns die Genese unserer Entscheidungen nicht bewusst ist – jede, fast jede menschliche Handlung stellt objektiv gesehen eine Auswahl unter verschiedenen Möglichkeiten dar. Nur dass es kein körperlos freischwebendes »Ich« ist, das die Auswahl trifft, sondern unser ganzes Körper-Ich, zu dem auch unser Gehirn mit allen darin verankerten Reaktionstendenzen gehört. Die Implikation dieser kausalen Zurechnung für das strafrechtliche Konzept der Schuldfähigkeit ist evident – aber hier nicht das Thema. Für die Soziologie ist der freie Wille niemals notwendiges handlungstheoretisches Axiom gewesen. Auch der Homo oeconomicus wählt nicht frei, sondern wird in seinem Tun von einem axiomatisch gesetzten Nützlichkeitskalkül gesteuert. Wo im Sinne von Rational Choice rational gehandelt oder wie bei Max Weber mit dem Handeln ein »subjektiv gemeinter Sinn« verbunden wird, ist wohl Bewusstsein impliziert, aber es wird kein freier Wille in der Wahl von Handlungsalternativen postuliert. Willensfreiheit setzt Bewusstsein, aber Bewusstsein nicht ungekehrt einen freien Willen voraus. Max Weber hat sich vielmehr ausdrücklich für die aus der soziokulturellen Umwelt heraus auf den Menschen einwirkenden Faktoren interessiert, zu denen auch Ideen, Konventionen und Herrschaftsstrukturen gehören. Soweit die Soziologie handlungstheoretisch basiert ist, sieht sie das Handeln bestimmt von internalisierten sozialen Normen, kulturell vermitteltem Wissen und Glauben, und situativ definierten Interessen. Das gilt für so verschiedene Autoren wie Uwe Schimank (2006) und Hartmut Esser, der »Handeln als Anpassung an Situationen« versteht (Esser 1993: 143). Die Tatsache, dass uns oft nicht bewusst ist, warum wir etwas tun, zwingt die Soziologie nicht zur Revision ihres Konzepts des Akteurs. Auch Max Weber hat gewusst, dass Menschen nicht immer im Sinne seiner anspruchsvollen Definition »handeln«, und in empirischen Analysen von kollektivem Verhalten, zum Beispiel von Protestverhalten, Diffusions- oder Mobilisierungsprozessen wird allenfalls von Rational-Choice-Vertretern als notwendig unterstellt, dass die Menschen *bewusst* zwischen verschiedenen Verhaltensweisen wählen. Welche psychischen Prozesse von Bewusstsein begleitet werden, interessiert die Neuropsychologie. Dem Soziologen kann es gleichgültig sein, dass die für das soziale Verhalten so wichtige Fähigkeit zur Empathie auf der Existenz sogenannter Spiegelneuronen in unserem Gehirn beruht, die »feuern«, wenn wir beobachten, was andere Menschen tun oder erleiden (Rizzolatti et al. 1999), und es ändert nichts an der Bedeutung von Präferenzen für menschliches Handeln, wenn wir wissen, dass sie durch die unbewusste gefühlsmäßige »Bewertung« von Alternativen durch die Ausschüttung von Dopamin zustande kommen (Damasio 1994). Nicht ob Menschen *bewusst* handeln, sondern nach welchen – bewussten oder unbewussten – *Regeln* sie es tun, ist soziologisch relevant.[12]

Hier könnte aber am Ende doch eine Herausforderung der modernen Hirnforschung für die Soziologie liegen. Wenn die fest ins menschliche Gehirn einprogrammierten Reaktionstendenzen genetisch determiniert wären, und nicht in Interaktion mit der Umwelt »gelernt« oder dadurch zumindest verstärkt oder umgekehrt gehemmt, hätten wir es mit einem genetischen Determinismus zweiter Ordnung zu tun. Das allerdings hat die Hirnforschung selbst widerlegt. Das Gehirn ist kein fest verdrahteter Computer (Roper 2006: 54). Das Gehirn, stellt der Neurobiologe Gerald Edelman fest, operiert zwar innerhalb genetisch bestimmter Grenzen, aber die Verschaltung der Nervenzellen, das Zustandekommen von Vernetzungen im Gehirn ist nicht genetisch, sondern epigenetisch von Signalen aus der Umwelt und dem eigenen Körper bestimmt (Edelman 1992). Vererbungs- und Entwicklungsprozesse, meint auch der mit dem Nobelpreis ausgezeichnete Neurowissenschaftler Eric Kandel (2006: 224), geben im Gehirn »die Möglichkeiten für viele Verhaltensweisen« vor, »[d]och Umwelt und Lernen verändern die Wirksamkeit vorgegebener Bahnen und führen dadurch zum Ausdruck neuer Verhaltensmuster«. Damit gilt für die Neurologie dasselbe wie für die Genetik: Sie identifiziert Potenziale, die in Interaktion mit der Umwelt entwickelt werden müssen. Gewiss lässt sich oft nicht sagen, wieweit eine erwiesenermaßen neurophysiologisch verankerte Reaktionstendenz tatsächlich »gelernt« ist, denn einschlägige Experimente mit Menschen werden in der Regel mit erwachsenen Versuchspersonen durchgeführt. Wir wissen heute aus Tierexperimenten, dass nicht nur Läsionen, sondern offenbar auch frühe Erfahrungen die Reaktionsmuster des Gehirns auf bestimmte äußere Reize verändern können;[13] aber wir wissen (noch) nicht, wie und wieweit im menschlichen Gehirn in der Sozialisation gelernte Verhaltensweisen, ähnlich wie die Inhalte unseres Gedächtnisses, neurophysiologisch verankert werden. Diese Frage bleibt auch im Hinblick auf die jüngsten Ergebnisse der neurobiologischen Forschung offen, denen zufolge das Kooperieren mit anderen Menschen ebenso wie das

---

12 Wichtig wäre es, wenn sich zeigte, dass bewusstes Handeln anderen Regeln folgt als unbewusst angetriebenes. Bewiesen ist das meines Wissens nicht, und sicher auch schwer zu beweisen.
13 Ein solches Experiment wurde auch in der bereits erwähnten Fernsehsendung gezeigt.

Bestrafen von Abweichlern im Gehirn eine mit der Ausschüttung von Dopamin verbundene, unbewusst bleibende Belohnungsreaktion auslöst (Rilling et al. 2002; Fehr/Fischbacher/Kosfeld 2005). Die Tatsache, dass diese Belohnungsreaktion etwa im Fall des Bestrafens unbewusst antizipiert wird, das scheinbar spontane Verhalten also einem unbewussten Nutzenkalkül folgt, interpretiert die junge Neuroökonomie als Beleg dafür, dass der Homo oeconomicus fest im menschlichen Gehirn verankert ist. Das mag bei erwachsenen europäischen Versuchspersonen so sein, doch lässt sich immer noch nicht sagen, wieweit diese mit Hilfe von Gehirnstrommessungen festgestellte Reaktionstendenz genetisch determiniert oder Ergebnis einer umweltbestimmten neurologischen Programmierung ist. Es ist sicher eine spannende Frage, ob mit dem von Norbert Elias geschilderten historischen »Prozess der Zivilisation« oder mit Max Webers historischem Prozess der Rationalisierung neurophysiologische Veränderungen im erwachsenen Gehirn verbunden sind. Aber selbst wenn sich das nachweisen ließe, würde es das soziologische Menschenbild nicht erschüttern; für den Soziologen ist wichtig, *dass* Menschen auf die in und mit ihrer Umwelt gemachten Erfahrungen reagieren, wie auch immer das so Gelernte im Gehirn verankert sein mag.

Wenn die nachgewiesene Plastizität des Gehirns die Gefahr des neurologischen Determinismus bannt, dann ist damit eine andere Frage noch nicht erledigt, nämlich ob die neu entdeckten, neurophysiologisch verankerten Reaktionstendenzen die von Soziologen benutzte Handlungstheorie inhaltlich invalidieren. Sollten die neurologisch basierten psychischen Mechanismen, ob gelernt oder nicht, dem soziologischen Menschenbild manifest widersprechen, wäre dies durchaus eine ernste Herausforderung. Hier wird eine Grundsatzfrage berührt: Wie realistisch muss unser Menschenbild überhaupt sein? Früher fragte man, wie viel Psychologie die Soziologie braucht.[14] Heute stellt man die gleiche Frage hinsichtlich der Neurobiologie. Die meisten Soziologen würden wohl der Antwort zustimmen, die Hartmut Esser auf diese Frage gegeben hat. Esser lässt zunächst Revue passieren, was Biologie und Anthropologie zur »Natur des Menschen« zu sagen haben, und schließt dann, dass es für soziologische Erklärungen nicht erforderlich ist, »alle Einzelheiten und Besonderheiten menschlicher Organismen« zu berücksichtigen. Die Soziologie, so Esser (1993: 219), braucht lediglich eine »vereinfachende Typisierung von Merkmalen der menschlichen Akteure, ein stilisiertes Modell des Menschen«.

---

14 Diese Frage ist angesichts der von der experimentellen Psychologie ermittelten kognitiven Heuristiken zum Beispiel bei der Einschätzung der Wahrscheinlichkeit von künftigen Gewinnen oder von bestimmten Risiken weiterhin aktuell (vgl. hierzu Kahnemann/Slovic/Tversky 1982; Gigerenzer et al. 1989).

Gemessen am biologischen und psychologischen Detailwissen ist der Homo sociologicus in der Tat ein höchst selektives Konstrukt – ebenso wie seine Verwandten, der Homo oeconomicus, der Homo faber und der Homo ludens. Keines dieser Konstrukte beansprucht, eine umfassende Beschreibung des Menschen zu geben, und auch eine Handlungstheorie, die auf dem Menschenbild des Homo sociologicus fußt, beansprucht nicht, den »ganzen Menschen« zu erfassen, der mit seinen je individuellen Eigenschaften in der Tat sehr viel stärker biologisch bestimmt ist. Die Relativierung der Bedeutung, die die neuen Erkenntnisse von Genetik und Hirnforschung haben, gilt denn auch nur für die Soziologie; für Medizin, Psychiatrie, Psychologie und Pädagogik sind sie wesentlich bedeutsamer. Die soziologische Handlungstheorie ist eine *Handlungs*theorie, keine auf das »Sein« des Menschen bezogene Theorie – um eine alte Gegenüberstellung von Talcott Parsons zu benutzen. Was die Soziologie für ihre speziellen Fragestellungen braucht, ist eine Theorie der soziokulturellen Prägung menschlichen Handelns, sei es situativ oder durch soziales Lernen, wobei sie – ganz im Gegensatz zu Medizin, Psychiatrie, Psychologie und Pädagogik – die genetisch und hirnphysiologisch basierten Unterschiede zwischen Menschen vernachlässigt. Der Homo sociologicus ist eine modale, nur mit wenigen biologischen Eigenschaften wie Alter und Geschlecht ausgestattete Person, und seine Einstellungen, sein Meinen und Tun wird nicht durch variierende genetische oder neurophysiologische Merkmale, sondern durch soziokulturelle Faktoren bestimmt. Nichts was die Neurobiologie feststellt, muss dieses Konstrukt grundsätzlich verändern, solange ihre Ergebnisse nicht seiner Kernannahme widersprechen. Die Kernannahme des soziologischen Menschenbildes ist die Plastizität des Phänotyps, die Lernfähigkeit des Menschen – und dass der Mensch lernfähig ist, hat die moderne Biologie, haben Genetik und Hirnforschung nicht widerlegt, sondern bestätigt.

Allerdings besteht unter Soziologen keine Einigkeit im Hinblick auf die Einzelheiten einer soziologischen Handlungstheorie. Zur Diskussion stehen vor allem die primären Triebkräfte des Handelns – Identität oder Interesse, die Logik der Angemessenheit oder die instrumentelle Logik der Handlungsfolgen, oder was immer die geläufigen Gegensätze sind. Da Rational Choice die am besten ausgearbeitete, am weitesten« formalisierte und mathematisch eleganteste Sozialtheorie ist, entzündet sich die Diskussion heute vor allem am augenscheinlichen Widerspruch zwischen dem auch in der Soziologie benutzten Modell des rationalen Akteurs und den dieses Modell infrage stellenden Ergebnissen der kognitiven Psychologie, der experimentellen Spieltheorie und der experimentellen Wirtschaftsforschung. Einerseits wird behauptet, dass die experimentellen Ergebnisse das Modell des rationalen Akteurs empirisch widerlegen und damit unbrauchbar machen (zum Beispiel Fröhlich/Oppenheimer 2006); dem wird entgegengehalten, dass diese experimentellen Ergebnisse zwar eine Herausforderung für die formale Modellierung darstellen, den Kern des Modells des rationalen Akteurs aber nicht antasten (zum Beispiel Gintis 2005). Der Punkt, an dem mangelnde Wirklichkeitsnähe die Fruchtbarkeit eines theoretischen Modells beeinträchtigt, ist schwer zu bestimmen; er hängt mit einer methodologischen Grundsatzentscheidung zusammen, der Wahl zwischen einem eher empirisch-induktiven oder eher axiomatisch-deduktiven Vorgehen. Wenn wir theoretische Modelle durchspielen wollen, sind wirklichkeitsnahe Verhaltensannahmen nicht zentral. Auch wenn empirisch längst bewiesen ist, dass der Homo sapiens kein Homo oeconomicus ist, bleibt Rational Choice eine Theorie, die sich in empirischen Untersuchungen als erklärungskräftig erweisen kann – wie Robert Bates et al. (1998) für ein spieltheoretisches Modell gezeigt haben. Fruchtbarer als die – die philosophische Anthropologie berührende – Debatte über das beste Akteursmodell scheint es mir, mit Max Weber von der Existenz unterschiedlicher Handlungsorientierungen auszugehen und zu fragen, welche Umstände diese oder jene Handlungsorientierung dominant werden lassen.[15]

Was also ist das Ergebnis des intellektuellen Schattenboxens, dieser Auseinandersetzung mit der Herausforderung der Soziologie durch die moderne Biologie? Nur wenn die moderne Biologie beweisen würde, dass menschliches Verhalten genetisch voll determiniert ist, würde sie der Soziologie ihre axiomatische Basis entziehen. Tatsächlich stellen jedoch Genetik und Hirnforschung das soziologische Menschenbild nicht infrage, ja sie liefern dafür in gewisser Weise sogar eine naturwissenschaftliche Bestätigung. Auch die auf dem soziologischen Menschenbild basierende(n) Handlungstheorie(n) werden von Genetik und Hirnforschung nicht widerlegt. Dies allerdings nicht, weil Menschen sich wirklich so verhielten wie der von der Soziologie für ihre eigenen Zwecke konstruierte Homo sociologicus, sondern weil dieses Konstrukt selektiv ist und genetische und neurologische Details ausspart. Der Erklärungsanspruch, den die Soziologie erheben kann, ist entsprechend begrenzt – eine Einschränkung, die selten explizit gemacht wird; die Selektivität der soziologischen Perspektive auf Wirklichkeit wird eher mit dem Vorwurf des »Kulturalismus« bedacht. Besser hat es Durkheim mit seiner Forderung getroffen, Soziales durch Soziales zu erklären, denn diese Forderung schränkt den Erklärungsanspruch der Soziologie in doppelter Hinsicht ein: *Nur* Soziales ist der Erklärungsgegenstand

---

15 Einen solchen Ansatz wählt zum Beispiel Birger Priddat (2005), für den Kontextmerkmale in der aktuellen Entscheidungssituation in einem mehrstufigen Prozess dem Akteur nicht notwendig bewusste Präferenzen aktivieren. Die Kontextfaktoren besitzen damit den Status eigenständiger Ursachen. Autoren wie Michael Schmid (2006), der, an Hartmut Esser anschließend, die Basis jeder soziologischen Erklärung in einer Handlungstheorie sieht, gestehen den jeweiligen situativen Randbedingungen dagegen keine eigene Kausalwirkung zu.

der Soziologie, und dieses kann sie auch nur erklären, soweit es durch *soziale* Faktoren bestimmt wird. Das kann immer nur ein Teil der Erklärung beobachtbaren Verhaltens sein, das eben *auch* genetisch und entwicklungspsychologisch geprägt ist. So werden, um nur ein Beispiel zu nehmen, Wahlergebnisse nicht nur durch die von der Wahlforschung (zu Recht) in den Mittelpunkt gestellten, sozial bestimmten Präferenzen für diese oder jene Partei beziehungsweise ihr Programm bestimmt, sondern zugleich durch Unterschiede in kognitiven Fähigkeiten, emotionaler Labilität und der Neigung zu expressivem Verhalten. Da aber soziale Makrophänomene durch das *faktische* Handeln von Menschen erzeugt werden, ist der soziologische Erklärungsanspruch auch im Hinblick auf die Folgen menschlichen Handelns eingeschränkt. Ob es eine genetisch angelegte menschliche Neigung zu aggressivem oder kooperativem Handeln gibt, ist für den Verlauf sozialer Prozesse nicht gleichgültig. Die Soziologie könnte zur Entwicklung einer substanziellen Handlungstheorie beitragen, die nach der Art von sozial relevanten Reaktionstendenzen und nach den Umständen fragt, unter denen Menschen von ihnen gelenkt werden oder die ihren Ausdruck hemmen.

Allerdings muss an dieser Stelle gefragt werden, wie viel Handlungstheorie die Soziologie denn überhaupt braucht. Der methodologische Individualismus sieht in ihr die conditio sine qua non jeder soziologischen Erklärung. Vielfach, vielleicht sogar überwiegend wird jedoch in empirischen soziologischen Studien lediglich ad hoc auf plausible Verhaltensannahmen zurückgegriffen. Das mag, wie bei Robert Michels' (1957) Analyse oligarchischer Tendenzen in demokratischen Organisationen, explizit geschehen. Dabei werden die fallspezifisch gemachten Verhaltensannahmen post hoc, im Rahmen der kausalen Rekonstruktion eines beobachteten Phänomens und nicht als theoretische Prämissen eingeführt. Wenn es dagegen zum Beispiel um den Zusammenhang zwischen Bevölkerungswachstum, Tertiarisierung und Wirtschaftswachstum (vgl. Nollmann 2008), um Institutionenwandel oder funktionelle Komplementarität geht, wird kaum explizit auf handlungstheoretische Annahmen zurückgegriffen – selbst wenn handelnde Individuen auch hier implizit als Scharnier in der Kausalkette fungieren. Eine Handlungstheorie ist soziologisch relevant, wenn Makrophänomene Aggregatfolgen des sich gegenseitig beeinflussenden, aber unkoordinierten Handelns zahlreicher Individuen sind. Je mehr wir von der Mikrosoziologie zur Makrosoziologie übergehen, umso geringer wird die Notwendigkeit einer Handlungstheorie, die sich mit den Ergebnissen der modernen Biologie auseinandersetzen müsste. Analysen komplexer Makroprozesse, in denen strategisch handelnde korporative Akteure eine zentrale Rolle spielen, rekurrieren nur selten auf eine beim Individuum ansetzende Handlungstheorie. Obwohl formale Organisationen aus Mitgliedern bestehen und Menschen das sie prägende »Rohmaterial« sind, lässt sich das Tun und Lassen korporativer Akteure mit Hilfe weniger, axiomatisch gesetzter – und damit gegen eine Widerlegung durch genetische und hirnphysiologische Erkenntnisse immuner – Standardinteressen erklären, wie dem Interesse an Autonomie, Ressourcenverfügung und einer gesicherten Domäne.[16] Nur unter bestimmten Umständen ist es für die Erklärung der Strategiewahl korporativer Akteure erforderlich, auch die Handlungsorientierungen der in und für die Organisation handelnden Individuen explizit zu berücksichtigen (Mayntz/Scharpf 1995: 51, 54–55).

Wenn wir die Biologie allerdings nicht auf das biologische Substrat sozialer Systeme, den Menschen, sondern auf Makrostrukturen und Makroprozesse beziehen, könnten wir vielleicht etwas von ihr lernen. Im Unterschied zu Physik und Chemie geht die Biologie mit komplexen Systemen wie Organismen oder dem Gehirn um, nicht mit Populationen gleichartiger Elemente. Diese biologischen Gegenstände sind der Eigentümlichkeit komplexer sozialer Gegenstände ähnlicher als physikalische oder chemische Systeme. Wie in arbeitsteiligen Sozialsystemen, ist in der Genetik die Vernetzung von Genen die Basis von Funktionen. Auch im Gehirn beruhen viele Funktionen auf komplexen Zusammenschaltungen. Ebenso wie diese komplexen biologischen zeichnen sich komplexe soziale Systeme durch die Interdependenz von Teilen und Teilprozessen, durch Multikausalität, Redundanz und Rekursivität aus. Ob diese Analogie jenseits metaphorischer Übernahmen theoretisch fruchtbar gemacht werden kann, ist bislang nicht erwiesen. Zu sehr wird unser Interesse noch durch die Furcht vor einem Rückfall in den naiven Biologismus früherer Zeit gehemmt. Vielleicht regt der 33. Kongress der Deutschen Gesellschaft für Soziologie dazu an, uns, ähnlich wie zuvor bei Physik und Chemie, nun genauer mit den Erkenntnissen der modernen Genetik und Hirnforschung zu beschäftigen und zu fragen, ob wir von ihnen etwas für die Analyse komplexer sozialer Systeme lernen können.

Literatur

Bates, Robert H., et al., 1998: *Analytic Narratives*. Princeton: Princeton University Press.
Berlin-Brandenburgische Akademie der Wissenschaften, 2004: *Zur Freiheit des Willens*. Reihe Debatte, Heft 1. Berlin: BBAW.
——, 2006: *Zur Freiheit des Willens II*. Reihe Debatte, Heft 3. Berlin: BBAW.
Connolly, William E., 2006: Experience & Experiment. In: *Daedalus* 135(3), 67–75.
Damasio, Antonio, 1994: *Descartes' Error: Emotion, Reason, and the Human Brain*. New York: Putnam.

---

16 Uwe Schimank (2006: 178–182) spricht hier von »reflexiven« Interessen, die er von den situativ mitbestimmten substanziellen Interessen unterscheidet.

Damasio, Antonio, 1999: *The Feeling of What Happens.* New York: Harcourt.
—, 2003: *Looking for Spinoza.* New York: Harcourt,
Edelman, Gerald M., 1992: *Bright Air, Brilliant Fire: On the Matter of the Mind.* New York:
—, 2004: *Wider than the Sky: The Phenomenal Gift of Consciousness.* New Haven, CT: Yale University Press.
Einstein, Albert, 1930 [2003]: Rede vom 10.11.1930 für die Deutsche Liga für Menschenrechte, zuerst veröffentlicht Herbst 1932, wiedergegeben auf der CD und im Begleittext der CD »Albert Einstein, Verehrte An- und Abwesende! Originaltonaufnahmen 1921–1951«, hg. von Klaus Sander. Köln: supposé.
Esser, Hartmut, 1993: *Soziologie: Allgemeine Grundlagen.* Frankfurt a.M.: Campus.
Fehr, Ernst/Urs Fischbacher/Michael Kosfeld, 2005: Neuroeconomic Foundations of Trust and Social Preferences. In: *American Economic Review* 95(2), 346–351.
Fröhlich, Norman/Joe Oppenheimer, 2006: Skating on Thin Ice: Cracks in the Public Choice Foundation. In: *Journal of Theoretical Politics* 18(3), 235–266.
Gigerenzer, Gerd, et al., 1989: *The Empire of Chance: How Probability Changed Science and Everyday Life.* Cambridge: Cambridge University Press.
Gintis, Herbert, 2005: Behavioral Game Theory and Contemporary Economic Theory. In: *Analyse & Kritik* 27(1), 48–72.
Inglis, David/John Bone, 2006: Boundary Maintenance, Border Crossing and the Nature/Culture Divide. In: *European Journal of Social Theory* 9(2), 272–287.
Kahnemann, Daniel/Paul Slovic/Amos Tversky (Hg.), 1982: *Judgment under Uncertainty: Heuristics and Biases.* Cambridge: Cambridge University Press.
Kandel, Eric, 2006: *Auf der Suche nach dem Gedächtnis.* München: Siedler.
Knoblauch, Hubert, 2008: Zwischen Natur und Kultur: Das Subjekt der Nahtoderfahrung und die Grenzen der Konstruktion. In: Karl-Siegbert Rehberg (Hg.), *Die Natur der Gesellschaft.* Verhandlungen des 33. Kongresses der Deutschen Gesellschaft für Soziologie in Kassel 2006. Frankfurt a.M.: Campus, 671–684.
Libet, Benjamin, 1985: Unconscious Cerebral Initiative and the Role of Conscious Will in Voluntary Action. In: *The Behavioral and Brain Sciences* 8(4), 529–539.
Mayntz, Renate, 1991: Naturwissenschaftliche Modelle, soziologische Theorie und das Mikro-Makro-Problem. In: Wolfgang Zapf (Hg.), *Die Modernisierung moderner Gesellschaften.* Frankfurt a.M.: Campus, 55–68.
Mayntz, Renate/Fritz W. Scharpf, 1995: Der Ansatz des akteurzentrierten Institutionalismus. In: Renate Mayntz/Fritz W. Scharpf (Hg), *Gesellschaftliche Selbstregelung und politische Steuerung.* Frankfurt a.M.: Campus, 39–72.
Michels, Robert, 1957 [1925]: *Zur Soziologie des Parteiwesens in der modernen Demokratie.* Stuttgart: Kröner.
Nollmann, Gerd, 2008: Grenzen des Wachstums? In: Karl-Siegbert Rehberg (Hg.), *Die Natur der Gesellschaft.* Verhandlungen des 33. Kongresses der Deutschen Gesellschaft für Soziologie in Kassel 2006. Frankfurt a.M.: Campus, 365–384.
Ortmann, Günther, 2004: *Als Ob: Fiktionen und Organisationen.* Wiesbaden: VS-Verlag für Sozialwissenschaften.
Pareto, Vilfredo, 1916: *Trattato di Sociologia Generale.* Firenze: Barbèra.
Priddat, Birger P., 2005: *Unvollständige Akteure: Komplexer werdende Ökonomie.* Wiesbaden: VS-Verlag für Sozialwissenschaften.

Prinz, Wolfgang, 2008: Der Wille als Artefakt. In: Karl-Siegbert Rehberg (Hg.), *Die Natur der Gesellschaft*. Verhandlungen des 33. Kongresses der Deutschen Gesellschaft für Soziologie in Kassel 2006. Frankfurt a.M.: Campus, 642–655.

Rilling, James K., et al., 2002: A Neural Basis for Social Cooperation. In: *Neuron* 35, 395–405.

Rizzolatti, Giacomo, et al., 1999: Resonance Behaviors and Mirror Neurons. In: *Archives Italiennes de Biologie* 137, 85–100.

Roper, Hans-Hilger, 2006: Wenn Gene fehl am Platz sind. In: *MaxPlanckForschung* 2/2006, 52–57.

Schimank, Uwe, 2006: *Teilsystemische Autonomie und politische Gesellschaftssteuerung*. Beiträge zur akteurzentrierten Differenzierungstheorie 2. Wiesbaden: VS-Verlag für Sozialwissenschaften.

Schmid, Michael, 2006: *Die Logik mechanismischer Erklärung*. Wiesbaden: VS-Verlag für Sozialwissenschaften.

Schneider, Kerstin, 2006: Comeback des Unbewussten. In: *Handelsblatt,* 3. Mai 2006, 15.

Singer, Wolf, 2006: Freud, Heine und die Wirklichkeit. In: *Die Zeit,* 4. Mai 2006, 44–45.

Spross, Katja, 2006: Was ist eigentlich Liebe. In: *Junge Akademie Magazin* 3, 20–21.

Weinert, Franz E., et al., 1994: Aufgaben, Ergebnisse und Probleme der Zwillingsforschung. In: *Zeitschrift für Pädagogik* 40(2), 265–288.

4 Rationalität in sozialwissenschaftlicher Perspektive (1999)

1 Zur Einführung: Homo oeconomicus versus Homo sociologicus

Die Wirtschaftswissenschaften werden aufgrund ihres Erkenntnisgegenstandes, der Wirtschaft und wirtschaftlichem Handeln, vielfach zu den Sozialwissenschaften gezählt. In der DDR, wo man nicht von Sozial- sondern von Gesellschaftswissenschaften sprach, gab es an dieser Zugehörigkeit keinerlei Zweifel. Die Gesellschaftswissenschaften allerdings waren eine sehr umfassende Kategorie; auch das, was anderswo als Geisteswissenschaften firmiert, wurde dazugerechnet. Wenn ich heute von Rationalität in sozialwissenschaftlicher Perspektive spreche, dann gehe ich von einem wesentlich engeren Begriff von Sozialwissenschaft aus, der vor allem die Soziologie, die politische Wissenschaft und die Sozial- und Kulturanthropologie umfasst. Diese Wissenschaften, vor allem aber die Soziologie, stehen trotz teilweise gemeinsamer Wurzeln seit einiger Zeit in einer nicht immer fruchtbaren Spannung zu den Wirtschaftswissenschaften. Diese Spannung manifestiert sich nicht zuletzt in einer Kontroverse, in deren Mittelpunkt der Begriff der Rationalität und die in den beiden Disziplinen gemachten Annahmen über die Bestimmungsgründe menschlichen Handelns stehen.

Die gegensätzlichen Positionen werden gern verdeutlicht, indem man den Homo oeconomicus, der zwecks Mehrung des eigenen Nutzens rational zwischen verschiedenen Handlungsalternativen auswählt, dem Homo sociologicus gegenüberstellt, der sein Handeln an sozialen Normen orientiert und dem es vor allem um Wertschätzung und Anerkennung durch andere Menschen zu tun ist (zum Beispiel Dahrendorf 1960). Natürlich ist diese Gegenüberstellung überzeichnet. Nicht nur sind sowohl der Homo oeconomicus wie der Homo sociologicus bloße Karikaturen real existierender Menschen; Peter Weise nannte sie sogar einmal die »Schreckensmänner« der Sozialwissenschaften (Weise 1989). Aber in wissenschaftlichen (wie übrigens auch in außerwissenschaftlichen) Auseinandersetzungen stellt man die Position, von der man sich absetzen will, gern in grober – und verfälschender – Vereinfachung dar. Dies soll hier nicht geschehen. In den Wirtschaftswissenschaften wird die Existenz sozialer Normen nicht geleugnet, und in den Sozialwissenschaften nicht die Bedeutung handfester materieller Interessen. Ganz im Gegenteil: Es gibt in Soziologie und Politikwissenschaft sogar Ansätze, die dem ökonomischen Modell rationalen Verhaltens verpflichtet sind; beispielhaft sei hier auf die Arbeiten der Soziologen Hartmut Esser (1993) und James Coleman (1990), auf die ökonomische Theorie der Politik (Downs 1957; Kirsch 1974) und die spieltheoretischen Ansätze im Bereich der internationalen Beziehungen (zum Beispiel Zürn 1992) hingewiesen. Ich will hier jedoch keinen Überblick über die Vielfalt der in den Sozialwissenschaften und in den Wirtschaftswissenschaften vertretenen Meinungen geben, sondern ich will verschiedene theoretische Positionen darstellen, die für den Mainstream der beiden Disziplinen kennzeichnend sind – was ausdrücklich nicht heißt, dass alle Sozialwissenschaftler beziehungsweise alle Ökonomen sie vertreten.

Ich werde im Folgenden zuerst kurz auf die Kritik eingehen, die an den Annahmen der ökonomischen Theorie rationalen Entscheidens geübt wurde; in einer stärker generalisierten Form läuft diese Theorie heute auch unter der Bezeichnung Rational Choice. Anschließend werde ich kurz erläutern, wie Vertreter der ökonomischen Theorie rationalen Entscheidens auf die Kritik reagiert haben, und zeigen, warum diese Reaktionen aus sozialwissenschaftlicher Perspektive unzureichend sind. Schließlich werde ich, und dies ausführlicher, die sozialwissenschaftliche Gegenposition darstellen und zeigen, welche Rolle das Konzept rationalen Handelns im Rahmen sozialwissenschaftlicher Theoriebildung spielt.

2 Theorie rationalen Handelns, zentrale Annahmen und Kritik

Die strenge oder, wie Jon Elster (1983) sie nennt, die »dünne« *(thin)* Theorie rationalen Handelns geht davon aus, dass der Einzelne, der Akteur, konsistent und kalkulierend handelt, indem er unter den ihm jeweils verfügbaren Handlungsalternativen diejenige auswählt, die ihm selbst den größten Nutzen bringt. Was die Art dieses Nutzens angeht, denken Ökonomen vor allem an materielle Interessen; für sie ist Nutzen entsprechend in Geldeinheiten messbar. Allerdings hat schon Adam Smith ein generelles Interesse nicht nur an physischem Wohlergehen, sondern auch an sozialer Anerkennung postuliert; ihm folgend rückt bei manchen (vor allem den soziologischen!) Vertretern der strengen Theorie rationalen Handelns das eigennützige Streben nach sozialem Ansehen an die Stelle materieller Interessen. Auf jeden Fall wird in der strengen Form des Modells unterstellt, dass der Akteur über die existierenden Handlungsalternativen und ihren Ertrag informiert ist. Seine Wünsche – oder Präferenzen – gelten als gegeben und in einer festen Hierarchie geordnet, womit sie situationsunabhängig sind. Die dem Nutzenkalkül zugrunde liegenden Präferenzen bleiben der Theorie extern: Sie sind keine Variable, die im Rahmen der Theorie erklärt wird, und ob ein Handeln als rational gilt, ist völlig unabhängig von ihrem Inhalt.

Das Rationalitätskonzept der modernen ökonomischen Theorie steht in einer Denktradition, die sich zu Descartes und sogar bis zu Platon zurückverfolgen lässt, und ist damit eingebettet in die wichtigsten Strömungen der westlichen Philosophiegeschichte. Zum klassischen Konzept der Ratio, der menschlichen Vernunft, gehört die noch heute im Modell von Rational Choice erkennbare Vorstellung, dass die den Menschen zur Erkenntnis befähigende Vernunft sich der logischen Ableitung aus klaren Prämissen bedient, um Schlussfolgerungen zu ziehen. Diese Vorstellung war bereits Bestandteil der Lehren von John Locke, von Jean Jacques Rousseau und anderen Denkern der französischen Aufklärung, und findet sich selbst bei Theoretikern der amerikanischen Revolution (Smelser 1992: 381; Etzioni 1988: 136–139). Das klassische Rationalitätskonzept war ausgesprochen positiv akzentuiert. Das gilt sogar noch für die auf egoistische Interessenverfolgung reduzierte Rationalitätsvorstellung des Utilitarismus, für den, wie Albert Hirschman so schön in seinem Buch »Leidenschaften und Interessen« herausgearbeitet hat, die lange Zeit als Sünde denunzierte Verfolgung materieller Interessen zu der Kraft wurde, die die aufsässigen und zerstörerischen Leidenschaften des Menschen im Zaume hält (Hirschman 1980).

Heute ist der nutzenmaximierende Homo oeconomicus zumindest außerhalb der Wirtschaftswissenschaften eher negativ besetzt, und die Rational-Choice-Theorie erscheint manchen gar als »theoretische Apotheose der Ellbogenmentalität« (Miller 1994). Lässt man solche Wertungen beiseite und fragt ganz einfach, wie gut die ökonomische Theorie rationalen Handelns die Wirklichkeit abbildet (was natürlich eine typisch sozialwissenschaftliche Frage ist!), dann stellt sich schnell heraus, dass die Annahmen dieser Theorie, verstanden als empirische Theorie über menschliches Verhalten, unrealistisch und lebensfremd sind. Menschen verfolgen offensichtlich nicht nur eigennützige Interessen, ihre Handlungsziele sind kulturell geprägt und interpersonell variabel und bilden meist auch keine klare Rangordnung. Ein kalkulierender Nutzenvergleich verschiedener Handlungsalternativen scheitert außerdem gewöhnlich an fehlendem Wissen über die erwartbaren Handlungsfolgen. Auf diese Kritik haben Vertreter der ökonomischen Theorie rationalen Entscheidens auf zwei verschiedene Weisen reagiert. Auf der einen Seite hat man versucht, die Theorie an die Wirklichkeit anzunähern, indem man ihre zentralen Annahmen abschwächte. Auf der anderen Seite hielt man ganz im Gegenteil an den unrealistischen Annahmen fest, betonte aber zugleich ausdrücklich den bloßen Modellcharakter der Theorie (vgl. auch Smelser 1992: 391–395).

Kurz zur ersten dieser beiden Reaktionen, der versuchten Anpassung an die Wirklichkeit. Ein erster wichtiger Anpassungsschritt war die Aufgabe des offenbar unrealistischen Postulats vollständiger Information über verfügbare Handlungsalternativen und ihr Nutzenpotenzial, das heißt ihre erwartbaren Folgen für die Befriedigung der eigenen Wünsche. Gibt man diese Annahme auf, dann führt das zu der von Herbert Simon entwickelten Vorstellung der »bounded rationality«, der begrenzten Rationalität. Hier verfügt der Akteur nicht über alle Informationen, die er für ein genaues Nutzenkalkül braucht, und dementsprechend kann er seinen Nutzen auch nicht mehr maximieren, sondern er strebt lediglich ein »brauchbares« Ergebnis an (»satisficing«; Simon 1986). Ein zweiter wichtiger Anpassungsschritt betrifft die Modellannahmen hinsichtlich der verfolgten Handlungsziele (Präferenzen). Die Kritik bezog sich hier zum einen auf die ausschließliche Berücksichtigung egoistischer Interessen, zum anderen auf die postulierte Fixiertheit und widerspruchsfreie Ordnung der individuellen Präferenzen. Um dieser Kritik zu begegnen, ohne das Modell und seinen Universalitätsanspruch grundsätzlich aufzugeben, wurde die Kategorie des Nutzens so erweitert, dass sie alle möglichen Ziele absichtsvollen Handelns einschließt. Der »economic man«, dessen Präferenzen egoistisch, vollständig und transitiv geordnet sind, mutiert so zu dem weiter gefassten »rational man«, bei dem lediglich vorausgesetzt wird, dass er Mittel konsistent im Sinne stabiler Präferenzen einsetzt (Elster 1983: 10). Was den Inhalt dieser Präferenzen angeht, wurden neben der Verfolgung von Eigeninteressen auch altruistische Motive und die Maximierung eines Gruppennutzens – oder Gemeinwohls – berücksichtigt; außerdem wurde die Befolgung sozialer Normen wie schließlich sogar das Ausleben von Gefühlen wie Hass und Liebe als mögliche Varianten angestrebten Nutzens ins Modell rationalen Handelns aufgenommen.

Derartige Anpassungen beziehungsweise Erweiterungen der strengen Theorie rationalen Handelns berauben sie eines wichtigen Vorteils, nämlich der mathematischen Formulierbarkeit (Simon 1986). Noch gravierender ist allerdings ein anderer Einwand. Wenn jedwedes menschliche Handeln nachträglich als Ausdruck rationalen Entscheidens *interpretiert* wird, sodass im Extremfall der Opfertod für andere ebenso wie hasserfülltes Morden als Ergebnis kalkulierender Alternativenwahl zwecks Nutzenmaximierung erscheinen, dann haben wir es nicht mehr mit einer empirischen Theorie zu tun. Die Anpassung an die Wirklichkeit durch Subsumtion jeglichen Handelns unter das Rationalitätsmodell ergibt keine realistischere Verhaltenstheorie, sondern eine axiomatische Weltsicht, ist also Metaphysik – oder Ideologie.

Weigert man sich angesichts derartiger Probleme, das ursprüngliche Rationalitätsmodell zum Zwecke der Wirklichkeitsanpassung zu verwässern, dann geschieht das in der Regel mit dem Hinweis auf den heuristischen Wert vereinfachender Modellannahmen. Ein solches Modell kann dann zwar nicht alles erklären, aber in den Fällen, in denen die Wirklichkeit seinen Voraussagen entspricht, liefert es eine schlüssige Erklärung. Abweichungen zwischen Modell und Wirklichkeit verweisen dann auf die Notwendigkeit, nach anderen Erklärungsfaktoren zu suchen. Ganz in diesem Sinne wollte auch Max Weber seine Idealtypen, zum Beispiel den Idealtypus der Bürokratie verstanden wissen (Weber 1968). Aber die Sache hat einen Haken, und das ist der geringe Erklärungswert des Modells. Zunächst einmal muss zugegeben werden, dass es Handlungsorientierungen gibt, auf die die strenge Theorie rationalen Handelns nicht anwendbar ist, das heißt, der Anspruch muss fallengelassen werden, dass sie eine allgemeine Handlungstheorie bietet. So ist zum Beispiel argumentiert worden, dass der Homo oeconomicus lediglich eine »skeptische Fiktion« ist, eine in sozialen Kontakten mit bislang Unbekannten dem anderen zur eigenen Sicherheit vor Enttäuschung unterstellte Handlungsorientierung (Schüßler 1988).

Aber damit nicht genug. Selbst dort nämlich, wo das Postulat der kalkulierenden Alternativenwahl *zutrifft,* wird Handeln vom Rationalitätsmodell nicht hinreichend erklärt – ein Mangel der von ihm sogenannten »dünnen« Rationalitätstheorie, auf den auch Jon Elster (1983) hingewiesen hat. Hat man postuliert, dass der Akteur nutzenkalkulierend zwischen Alternativen wählt, und kennt man die vorhandenen Alternativen und ihre Erträge, dann lässt sich vorhersagen und zugleich erklären, wie der rationale Akteur handelt. Das reicht jedoch nicht, um rationales Handeln in einer bestimmten Situation zu erklären. Dazu müsste man unter anderem wissen, warum der Akteur ein bestimmtes Ziel verfolgt, wo er vermutlich auch andere Ziele hätte verfolgen können – warum zum Beispiel ein Unternehmer in einer bestimmten Situation den Umsatz kurzfristig steigern will, anstatt nach Unternehmensvergrößerung, einem größeren Marktanteil oder einem möglichst hohen Gewinn zu streben. Man müsste außerdem wissen, warum der Akteur in der konkreten Handlungssituation diese und keine anderen Alternativen hat, wie er sie wahrnimmt, und was seine Annahmen über die verschiedenen Handlungsfolgen sind. Präferenzen, verfügbare Handlungsalternativen und die *cognitive maps,* die Theorien der Akteure, sind im Einzelfall kontingent und daher erklärungsbedürftig. Für die Theorie rationalen Handelns (und hierzu ist auch die Spieltheorie zu rechnen) sind dagegen Präferenzen, Alternativen und die »pay-offs« der Alternativen extern bestimmte Größen, deren jeweilige Beschaffenheit sie nicht erklären kann.

Eine in sich geschlossene Theorie, die die kulturelle, soziale und situative Prägung von Präferenzen behandelt, die weiterhin die Mechanismen klärt, die der Produktion und Verteilung handlungsrelevanter Informationen zugrunde liegen, und die schließlich auch die Beschaffenheit von Machtstrukturen und institutionellen Regelungen einbezieht, die die Handlungsalternativen individueller Akteure bestimmen, gibt es nicht, und kann es auch nicht geben. Gewiss gibt es Teiltheorien zu den einzelnen handlungsbestimmenden Faktoren, aber sie operieren mit ganz verschiedenen Grundbegriffen und liegen zum Teil sogar auf verschiedenen analytischen Ebenen. Die Frage kann also nur sein, welchem der verschiedenen Faktoren man jeweils besondere Aufmerksamkeit schenken will, und da kann es durchaus sein, dass die empirische Ermittlung der tatsächlich handlungsbestimmenden Präferenzen und Kognitionen einen besonders großen Erklärungswert hat.

3 Sozialwissenschaftliche Perspektiven auf Rationalität

Die im vorigen Abschnitt referierte Kritik an der strengen ebenso wie an einer stark erweiterten Theorie rationalen Handelns bedeutet keineswegs, dass das Rationalitätskonzept von Sozialwissenschaftlern mehrheitlich für unbrauchbar erklärt und links liegen gelassen würde. Das Gegenteil ist der Fall, wobei es jedoch recht verschiedene Strategien des sozialwissenschaftlichen Umgangs mit dem Rationalitätskonzept gibt. Drei dieser Strategien will ich hier behandeln: die Strategie der Begriffserweiterung, die Strategie der Gegenüberstellung und die Strategie der Differenzierung.

Die erste Strategie setzt beim Rationalitätsbegriff an und will ihn erweitern, indem nicht nur die nutzenorientiert kalkulierende Alternativenwahl als »rational« bezeichnet wird. Max Weber etwa nannte zwei der vier von ihm unterschiedenen Typen sozialen Handelns »rational«. Der eine Typus, das zweckrationale Handeln, ist der Vorstellung von Rational Choice verwandt: Zweckrational sind Handlungsweisen, die zur Erreichung angestrebter eigener Zwecke gewählt werden. Rational ist für Max Weber jedoch noch eine zweite Form sozialen Handelns; er nennt es »wertrational«. Wertrationales Handeln wird bestimmt »durch bewußten Glauben an den [...] unbedingten Eigenwert eines bestimmten Sich-Verhaltens rein als solchem und unabhängig vom Erfolg« (Weber 1956: 17). Max Weber dachte hier an ethisch, aber auch an ästhetisch oder religiös motiviertes Handeln. Der Begriff hat sich nicht allgemein durchgesetzt; Sozialwissenschaftler sprechen heute statt von wertrationalem eher von normativ motiviertem Handeln. Neben zweckrationalem und wertrationalem Handeln nennt Weber dann noch zwei weitere Typen, nämlich das durch aktuelle Affekte und Gefühlslagen bestimmte emotionale und das traditionale Handeln. Alle vier Arten des Handelns sind für Weber dann »sinnhaft orientiert«, und insofern »Handeln« und nicht einfaches »Verhalten«, wenn sie bewusst gewähltes Tun und kein instinktives Reagieren auf äußere Reize (wie bei manchen Gefühlsreaktionen) oder blinde Gewohnheit, automatisch ablaufende Routine sind. Der französische Soziologe Raymond Boudon geht in der Erweiterung des Rationalitätsbegriffs dann noch über Max Weber hinaus und bezeichnet jedes Handeln als rational, das absichtsvoll und begründet ist, ob jemand nun etwas tut, weil es in seinem Interesse liegt, weil es seine Pflicht ist, weil er sich an eine Konvention halten oder weil er einem geliebten Menschen eine Freude machen will. Damit wird alles »rational«, was bei Max Weber sinnhaft orientiertes Handeln ist. Diese Art der Begriffserweiterung ist sehr genau von der zuvor besprochenen Ausweitung des Rational-Choice-Konzepts zu unterscheiden: Wird dort auch das Handeln aus Pflichtgefühl als kalkulierende Alternativenwahl zum Beispiel im Interesse der Vermeidung von Sanktionen oder auch zwecks Maximierung des Bedürfnisses nach »gutem Gewissen« erklärt, so sind bei Weber und bei Boudon auch solche Handlungsweisen rational, bei denen überhaupt keine an einem Handlungs*zweck* orientierte, *kalkulierende* Alternativenwahl stattfindet – Handlungsweisen, für die es, um mit Alfred Schütz zu sprechen, keine Um-zu-Motive, sondern nur Weil-Motive gibt (Schütz 1960: 93–105).

Neben der Ausdehnung des Begriffsumfangs von »Rationalität« auf andere oder gar auf alle Formen sinnhaft orientierten Handelns gibt es noch eine zweite Erweiterungsrichtung, nämlich durch die Formulierung anspruchsvollerer Rationalitätskriterien. Der enge ökonomische Rationalitätsbegriff impliziert nur ein Urteil über das Verhalten eines zweckorientierten Akteurs in Situationen, die verschiedene Handlungsweisen erlauben. Schon bei Max Weber gehört zur Zweckrationalität mehr als dies. Der zweckrational Handelnde wägt ihm zufolge auch zwischen verschiedenen Zwecken ab, das heißt, er bedenkt sein Handlungsziel kritisch, und er bezieht die Nebenfolgen seines Handelns für andere als den verfolgten Zweck – wir würden heute sagen: die Externalitäten seines Tuns – in sein Kalkül ein (Weber 1956: 18). Die Abwägung verschiedener Zwecke allerdings kann für Weber nicht ebenfalls zweckrational, sondern höchstens wertrational sein. Was die kognitiven Voraussetzungen rationalen Handelns und insbesondere das Wissen um kausale Mittel-Zweck-Beziehungen angeht, nannte Weber ein Handeln auch dann wenigstens subjektiv rational, wenn es objektiv nicht das beste Mittel für einen bestimmten Zweck ist. Subjektiv zweckrational ist danach auch ein Handeln, das dem außenstehenden Beobachter als irrational erscheinen muss, zum Beispiel magische Praktiken wie ein Regentanz, sofern sie sich auf den festen Glauben stützen, dass diese Praktiken tatsächlich einem gemeinschaftlich angestrebten Zweck dienlich sind, selbst wenn zum Beispiel der Regentanz nicht automatisch jedes Mal Regen hervorruft.

In beiden Punkten sind andere Autoren anspruchsvoller. Jon Elster (1983) zum Beispiel will an die Stelle der »dünnen« eine »breite« Rationalitätstheorie setzen, die auch die Präferenzen und die Kognitionen, also die Situationswahrnehmungen und Kausalannahmen der Akteure, bestimmten Rationalitätskriterien unterwirft und als rational oder aber irrational beurteilt. Präferenzen (Elster spricht lieber von *desires*) gelten unter anderem dann als rational, wenn sie »autonom« sind, also zum Beispiel nicht das Resultat eines nach dem Saure-Trauben-Schema gesenkten Anspruchsniveaus, und Kognitionen (Elster spricht von *beliefs*) qualifizieren nur dann als rational, wenn es für sie empirische Evidenzen gibt. Rational im »breiten« Sinne handelte danach nur derjenige, der aufgrund rationaler (vernünftiger) Annahmen auf rationale Weise eine rationale (vernünftige) Präferenz zu befriedigen sucht. Ganz ähnlich umfasst der Rationalitätsbegriff für den sich auf Jürgen Habermas beziehenden Bernhard Peters *drei* Aspekte (oder Dimensionen): einen kognitiv-instrumentellen, einen normativen (moralisch-praktischen) und einen evaluativ-expressiven; auch für ihn gehören neben der Handlungslogik des Akteurs seine Annahmen über die Wirklichkeit, die praktische Angemessenheit seiner Mittel und die moralische Qualität seiner Ziele und Handlungsweisen zur »Gesamtrationalität« einer Handlung (Peters 1991: 193).

Beide der beschriebenen Strategien der Begriffserweiterung zielen darauf ab, die Verengung des ursprünglichen Vernunftbegriffs auf ökonomische Rationalität rückgängig zu machen. Das mag für sie einnehmen, wenn man nicht ausdrücklich zwischen Rationalität und Vernunft *unterscheiden* will. Für theoretisch fruchtbar halte ich eine solche Begriffserweiterung zumindest in ihren durch Boudon und Elster repräsentierten weitestgehenden Varianten aber nicht unbedingt. Während der Elster'sche Versuch sehr bald in die Untiefen philosophischer Erörterung führt (was auch bei Peters 1991 deutlich wird), geht mit der Boudon'schen Begriffserweiterung eine wichtige Möglichkeit verloren, verschiedene Arten menschlicher Handlungsorientierung zu unterscheiden, beziehungsweise Boudon wäre gezwungen, diese Unterscheidungen als Unterformen rationalen Handelns nachträglich wieder einzuführen – sofern es nämlich einen Unterschied macht, ob Menschen zweckorientiert und nutzenmaximierend handeln oder in gewollter Konformität mit sozialen Normen beziehungsweise Traditionen.

Tatsächlich hält die Mehrheit zumindest unter den Soziologen diese Unterschiede für wichtig. Sie wählen daher die Strategie der Gegenüberstellung: Für sie ist rationales Handeln nur *eine* von mehreren Handlungsweisen, die von anderen, insbesondere aber von normativ motiviertem Handeln unterschieden werden muss. Die Unterscheidung verschiedener Handlungsorientierungen führt unmittelbar zu der Frage, wovon es denn abhängt, welche Orientierung handlungsbestimmend wird. Normativ motiviertes Handeln wird vor allem als Resultat gelungener Sozialisation, der Internalisierung sozialer Normen gesehen. Eine Zweckorientierung drängt sich dagegen besonders in Konkurrenzsituationen auf, in denen derjenige unterliegt, der sich nicht nutzenmaximierend verhält

(Ostrom 1998: 2), vor allem wenn es sich dabei um sogenannte Hochkostensituationen handelt, in denen der Akteur teuer für das Verfehlen der »richtigen« Handlungsalternative zahlen muss (Zintl 1989).

Für die meisten Soziologen steht allerdings weniger die Frage nach den Ursachen unterschiedlicher Handlungsorientierung als vielmehr das Problem der Eigenständigkeit normativ motivierten Handelns im Vordergrund. Diese Eigenständigkeit wird bereits in der Weber'schen Gegenüberstellung von Zweck- und Wertrationalität postuliert. Die einfache Botschaft dieser Gegenüberstellung heißt, dass Werte und soziale Normen das menschliche Handeln ebenso gut bestimmen können wie handfeste ichbezogene Interessen. Max Weber ging es allerdings bei seiner Unterscheidung verschiedener Handlungstypen weder primär um eine Kritik an utilitaristischen Handlungskonzepten noch überhaupt um die Entwicklung einer stärker differenzierenden Handlungstheorie. Sein Erkenntnisinteresse war vielmehr ein makrosoziologisches; er suchte nach Erklärungen für beobachtbare soziale Regelmäßigkeiten und fand in den vier Typen sinnhaft orientierten Handelns vier verschiedene Weisen der Begründung solcher Regelmäßigkeiten. Strukturell, das heißt durch eine gegebene sozioökonomische Lage bedingte Interessen motivieren zweckrational operierende Akteure zu vorhersehbarem Handeln; dasselbe tun Werte, Normen und Traditionen bei den entsprechenden Handlungsorientierungen. Emotionales, das heißt wie Weber sagt »durch aktuelle Affekt- und Gefühlslagen« bestimmtes Handeln schließlich liegt bestimmten Vorgängen des Massenverhaltens, aber auch dem Erfolg charismatischer Führer zugrunde.

Max Weber wollte das normativ motivierte Handeln dem zweckorientierten keineswegs emphatisch oder gar wertend gegenüberstellen. Nicht nur, dass er diese beiden Handlungsweisen gleichermaßen als »rational« qualifizierte – Weber bewertete das zweckrationale Handeln tendenziell sogar eher positiv, indem er es als die für den »Verantwortungsethiker« typische Orientierung derjenigen des wertrational motivierten »Gesinnungsethikers« gegenüberstellte (Weber 1956). Das war später in der stark amerikanisch geprägten, dem sogenannten normativen Paradigma verhafteten Soziologie ganz anders. Für den herausragenden Theoretiker dieser Schule, Talcott Parsons, war das Verhältnis von normativ und von durch Nutzenerwartungen motiviertem Handeln ein klarer Gegensatz, wobei für ihn dem normativ motivierten Handeln der zentrale Stellenwert zukam. Für Parsons sind kulturell bedingte Wertvorstellungen und soziale Normen die entscheidende ordnungsbildende Kraft in der Gesellschaft, wogegen die rationale Verfolgung von Eigeninteressen eine sozial desintegrierende Wirkung hat. In der Tat versuchte Parsons mit seiner soziologischen Theorie, die ebenso Handlungstheorie wie Gesellschaftstheorie ist, die die Sozialtheoretiker seit Jahrhunderten beschäftigende Frage zu beantworten, wie soziale Ordnung möglich ist – und zwar *ohne* auf die Hobbes'sche Lösung des Leviathan, den absolutistischen Staat als Ordnungsmacht zurückzugreifen. Ganz im Gegensatz zu Adam Smith, für den die konsequente Verfolgung individueller Interessen, geführt von der berühmten unsichtbaren Hand, schließlich auch dem Gemeinwohl diente, im Gegensatz auch zu modernen Markttheoretikern, für die das freie Spiel der Marktkräfte selbst ordnungsbildend wirkt, setzte Parsons, der in der großen Depression der Zwanzigerjahre selbst das Versagen dieser spontanen Ordnungskräfte miterlebt hatte, für die Erfüllung dieser Ordnungsfunktion auf Werte und soziale Normen. Soziale Strukturen werden ihm zufolge begründet und aufrecht erhalten durch die Orientierung an sozialen Normen, die soziale Belohnung normkonformen Verhaltens und die Vorhersagbarkeit, die sozialem Handeln bei allgemeiner Normkonformität eignet (Parsons 1951a, 1951b; Jensen 1980).

Anders als Max Weber unterschied Talcott Parsons nicht verschiedene Handlungstypen, die sich durch das anstoßgebende Handlungsmotiv unterscheiden, sondern entwickelte ein multidimensionales analytisches Raster, in dem sich verschiedene Handlungsorientierungen lokalisieren und beschreiben lassen. Parsons sprach, wie viele Soziologen nach ihm, auch nicht mehr von rationalem, sondern eher von instrumentellem Handeln – womit man die Ambiguität des inzwischen durch die verschiedenen Anpassungs- und Erweiterungsstrategien unscharf gewordenen Rationalitätsbegriffs vermeidet. So kontrastieren zum Beispiel March und Olsen (1989: 21–26) die »logic of consequentiality« beziehungsweise das »consequential behavior« mit dem von Normen geleiteten »appropriate behavior«, dem angemessenen Verhalten. Mit einer solchen Begrifflichkeit wird unterstrichen, dass das rationale Verhalten im engen ökonomischen wie im weiteren Sinne kalkulierender Zweckorientierung auf bestimmte Handlungsergebnisse abzielt, die jenseits des Handlungsvollzugs selbst liegen; genau dieses trifft für Verhalten, das auf die Erfüllung einer sozialen Norm abzielt, nicht zu.

Talcott Parsons hat die Existenz normorientierten Handelns, die Motivationskraft von Werten und sozialen Normen in seiner Handlungstheorie einfach postuliert; die Eigenständigkeit dieses Handlungstyps bedurfte für ihn ebensowenig einer Begründung wie für Max Weber. Spätere Autoren sahen sich dagegen genötigt, in Auseinandersetzung mit der Gegenposition von Rational Choice die Eigenständigkeit eines an Normen und Werten statt an erwartetem Nutzen orientierten Handelns zu begründen. Eine solche Auseinandersetzung findet sich zum Beispiel bei John Elster, dem zufolge »social norms provide an important kind of motivation for action that is irreducible to rationality or indeed to any other kind of optimizing mechanism« (Elster 1989: 15). Elster versucht diese Irreduzibilität mit Hinweisen auf die unabhängige Motivationskraft von Normen zu belegen, indem er auf Fälle normorientierten Handelns verweist, die nicht einfach durch die Furcht vor Sanktionen erklärbar sind und sogar in offenbarem Gegensatz zu vitalen Interessen der Handelnden stehen können. Auch der bekannte amerikanische Soziologe Amitai Etzioni, der mit seinem Buch *The Moral Dimension* den Versuch unternimmt, an den »ökonomischen Imperialismus« verlorenes Terrain für die Soziologie wiederzugewinnen und in einer theoretischen Gegenattacke sogar die ökonomische Theorie zu »soziologisieren« (Scharpf 1990), verwendet ein ganzes Kapitel auf die Behauptung und Begründung der »irreducibility of moral behavior« (Etzioni 1988: Kap. 5). Etzionis Buch gehört in den Zusammenhang einer heute insbesondere in den USA heftig geführten weltanschaulichen Debatte zwischen dem, was dort Liberalismus heißt (ein ökonomisch akzentuierter radikaler Individualismus), und dem neu erstandenen Kommunitarismus, der den Menschen als Gruppenwesen versteht und auf die ordnende Kraft der Solidarität zählt (vgl. zum Beispiel Hunt 1990; Mansbridge 1990). Wieder – oder noch immer – steht die Diskussion um die Rationalität menschlichen Handelns so in einem größeren philosophischen Zusammenhang.

Bei allem Bemühen um die Begründung der Eigenständigkeit normativ motivierten Handelns ist nun aber zuzugeben, dass normorientiertes Handeln von Interessen nicht unbeeinflusst bleibt. Schon Max Weber betonte, dass Handeln sehr selten »*nur* in der einen *oder* der anderen Art orientiert« ist (Weber 1964: 18). Es gibt unzweifelhaft eine – auch experimentell belegte – Tendenz, dass Menschen, wenn sie wählen können, sich lieber an Normen orientieren, die ein im eigenen Interesse liegendes Handeln unterstützen, als an Normen, die Opfer von ihnen verlangen; auch werden Normen manchmal nur zur Rechtfertigung des eigenen egoistischen Handelns benutzt (Elster 1989: 126–127). Umgekehrt spielen Normen dann aber auch bei zweck- beziehungsweise nutzenorientiertem Verhalten eine wichtige Rolle, und das in doppelter Hinsicht: Sie bestimmen einerseits, wie schon Weber hervorhob, die Wahl der Handlungszwecke mit, und zum anderen die verfügbaren Handlungsalternativen.

Damit kommen wir zur dritten Strategie des sozialwissenschaftlichen Umgangs mit dem Konzept rationalen Handelns, der Strategie der Differenzierung. Bei dieser Strategie geht es nicht mehr darum, verschiedene Handlungsorientierungen zu unterscheiden und insbesondere die Eigenständigkeit und die Bedeutung normorientierten Handelns zu betonen, sondern darum, die Rolle von sozialen Normen *bei zweckorientiertem rationalen Handeln* zu untersuchen. Die Ausarbeitung eines spezifisch sozialwissenschaftlichen Konzepts rationalen Handelns ist vor allem für die Bearbeitung von Fragestellungen sinnvoll, bei denen sich empirisch plausibel eine dominant zweckbezogene Handlungsorientierung unterstellen lässt. Das ist besonders in bestimmten Bereichen der Politikwissenschaft der Fall, und zwar dort, wo man nicht das Handeln von Individuen und Individuengruppen (wie zum Beispiel Wählern) im Auge hat, sondern das

Handeln korporativer Akteure. Derartige korporative Akteure sind typischerweise handlungsfähige formale Organisationen: Parteien, Verbände, Behörden usw. Korporative Akteure spielen in Prozessen der Entwicklung und Implementation von Gesetzen, politischen Programmen und Maßnahmeentscheidungen die zentrale Rolle. Das Handeln korporativer Akteure ist weniger als das von Individuen durch Emotionen bestimmt, und selbst Traditionen spielen für das Organisationshandeln in der Form der sogenannten »standard operating procedures« nur so lange eine größere Rolle, wie diese sich als zweckmäßig erweisen. Wenn demnach korporative Akteure primär zweckorientiert handeln, und wenn ihr Tun und Lassen für bestimmte Vorgänge entscheidend ist, dann ist auch die Ausarbeitung eines sozialwissenschaftlich erweiterten Modells rationalen Handelns sinnvoll. Im Unterschied zur Rational-Choice-Theorie wird Normbefolgung in diesem Modell nicht als mögliche Präferenz bei kalkulierender, nutzenmaximierender Alternativenwahl angesehen, sondern Normen werden zu bedeutsamen Randbedingungen ergebnisorientierten Handelns, und zwar Normen in der Form institutioneller Regelungen – sozial definierter, praktizierter und sanktionierter Regeln des Verhaltens. Institutionelle Regeln bestimmen nicht nur das in definierten Situationen von einem korporativen Akteur erwartete Verhalten, sondern auch die legitime Verwendung von Ressourcen, was nichts anderes heißt als dass soziale Normen auch Aufgaben zuweisen (Organisationsziele definieren) und die zu ihrer Erfüllung einsetzbaren Mittel festlegen. Die Hauptelemente dieses Ansatzes, der auch als »akteurzentrierter Institutionalismus« bezeichnet wird, sind demnach Interessen (als Handlungsziele oder Motive), institutionelle Rahmenbedingungen (Normen), die bestimmte Handlungsziele und Handlungsweisen entweder verbieten oder vorschreiben, sowie drittens Kognitionen – die Wahrnehmung der Handlungssituation einschließlich verfügbarer Handlungsalternativen und ihrer Folgen (Mayntz/Scharpf 1995).

Die in einer konkreten Situation von einem Akteur verfolgten Interessen gelten bei diesem Ansatz als kontingent und mithin erklärungsbedürftig. Auf einer abstrakten Ebene lassen sich Interessen als funktionelle Imperative gewissermaßen objektiv bestimmen: Es sind auf ein Subjekt bezogene Handlungsziele, die um des eigenen Überlebens willen verfolgt werden sollten. Auch korporative Akteure haben solche generell unterstellbaren Interessen am eigenen Bestand, am Erhalt ihrer Domäne, an Ressourcen und an Autonomie. Korporative Akteure haben jedoch auch immer einen institutionell vorgegebenen Organisationszweck beziehungsweise eine Aufgabe, an deren Erfüllung sie nicht nur aus eigenem Interesse (weil ihr Bestand langfristig an die Aufgabenerfüllung gekoppelt ist) orientiert sind, sondern die für sie zugleich ihre Identität definiert. Damit haben korporative Akteure typischerweise ein ganzes Bündel verschiedener Ziele, zwischen denen es auch Konflikte geben kann. Sie neigen auch nicht dazu, ihre verschiedenen Interessen, wie von der ökonomischen Theorie unterstellt, dauerhaft hierarchisch zu ordnen und zu einer hypothetischen Nutzenfunktion zu aggregieren. Außerdem können Akteure desselben Typs – Unternehmen zum Beispiel, oder Wissenschaftseinrichtungen – verschiedenen Zielen unterschiedliche Bedeutung zumessen; so mag es der einen Wissenschaftsorganisation mehr um die Erweiterung ihrer Domäne, einer anderen dagegen um die Bewahrung ihrer funktionellen Identität gehen. Welches Interesse das aktuelle Handeln leitet, wird schließlich auch von Besonderheiten der Situation bestimmt. Eine Situation knapper Mittel aktiviert ein anderes Interesse als eine Bedrohung der eigenen Domäne oder gar der eigenen Existenz (Mayntz/Scharpf 1995: 52–56).

Das politikwissenschaftliche Interesse bei der Anwendung dieses Ansatzes richtet sich in erster Linie auf die Erklärung des Handelns korporativer Akteure *durch die institutionellen Rahmenbedingungen* ihres Tuns und durch ihre Wahrnehmungen der Situation. Politikwissenschaftlich interessiert seit langem die Frage, wie die Regelungen einer bestimmten politischen Verfassung, zum Beispiel des bundesdeutschen im Vergleich zum englischen Parlamentarismus, die Ziele und die Handlungsmöglichkeiten der zentralen politischen Akteure prägen (vgl. zum Beispiel Weaver/Rockman 1993). Ich selbst habe untersucht, wie die Strategiewahl der im Zuge der deutschen Vereinigung abwicklungsbedrohten Akademie der Wissenschaften der DDR von ihren – unter den damaligen Umständen naheliegenden – Fehleinschätzungen der Situation und ihrer eigenen Handlungsmöglichkeiten beeinflusst wurde, und wie gleichzeitig das normative Selbstverständnis, die Identität einer Wissenschaftseinrichtung wie der Max-Planck-Gesellschaft ihr – durchaus als zweckorientiert zu bezeichnendes – Handeln prägte (Mayntz 1994). Aber nicht, *ob* das Handeln im Einzelfall zweckorientiert ist, sondern *welche sozialen Faktoren* die verfolgten Handlungsziele und die Situationswahrnehmungen der rational handelnden Akteure prägen, ist das kennzeichnende Erkenntnisinteresse bei dieser sozialwissenschaftlichen Perspektive auf Rationalität.

Damit bin ich am Ende meiner Darstellung angelangt. Ich habe Ihnen drei Strategien des sozialwissenschaftlichen Umgangs mit Begriff und Theorie von Rationalität gezeigt. Die erste, die Strategie der Begriffserweiterung, hat für die praktische Forschung und die wissenschaftliche Theoriebildung die geringste Bedeutung, verweist aber indirekt auf die Notwendigkeit von klaren Definitionen. Die zweite, die Strategie der Gegenüberstellung, ist die deutlichste Frucht einer tief im Weltanschaulichen verwurzelten Auseinandersetzung über die Beweggründe menschlichen Handelns. Die zuletzt dargestellte Strategie der Entwicklung eines differenzierten Ansatzes zur Erklärung des Handelns korporativer Akteure schließlich mag die Gemüter weniger in Wallung bringen, ist aber meines Erachtens die sozialwissenschaftlich fruchtbarste von allen. Hier geht es nicht mehr darum, was »rational« eigentlich heißen soll, und ob Menschen nur zweckorientiert handeln oder nicht, sondern es geht um die sozialen Faktoren, von denen es abhängt, wie sie handeln, *wenn* sie zweckorientiert sind. Das ist beileibe keine allumfassende Theorie, die auch das Zustandekommen der das Handeln jeweils prägenden Faktoren mit umfasst, aber es ist ein handhabbarer Ansatz, der in zahlreichen Einzelstudien seine Erklärungskraft bewiesen hat.

Literatur

Coleman, James S., 1990: *Foundations of Social Theory.* Cambridge, MA: Harvard University Press.

Dahrendorf, Ralf, 1960: *Homo Sociologicus: Ein Versuch zur Geschichte, Bedeutung und Kritik der Kategorie der sozialen Rolle.* Köln: Westdeutscher Verlag.

Downs, Anthony, 1957: *An Economic Theory of Democracy.* New York: Harper and Row.

Elster, Jon, 1983: *Sour Grapes: Studies In the Subversion of Rationality.* Cambridge: Cambridge University Press.

——, 1989: *The Cement of Society: A Study of Social Order.* Cambridge: Cambridge University Press.

Esser, Hartmut, 1993: *Soziologie: Allgemeine Grundlagen.* Frankfurt a.M.: Campus.

Etzioni, Amitai, 1988: *The Moral Dimension: Toward a New Economics.* New York: Free Press.

Hirschman, Albert O., 1980: *Leidenschaften und Interessen.* Frankfurt a.M.: Suhrkamp.

Hunt, Morton, 1990: *The Compassionate Beast: What Science Is Discovering about the Human Side of Humankind.* New York: Morow & Co. (Deutsche Übersetzung: *Das Rätsel der Menschenliebe: Der Mensch zwischen Egoismus und Altruismus.* Frankfurt a.M.: Campus, 1992.)

Jensen, Stefan, 1980: *Talcott Parsons: Eine Einführung.* Stuttgart: Teubner.

Kirsch, Guy, 1974: *Ökonomische Theorie der Politik.* Tübingen: Mohr.

Mansbridge, Jane J. (Hg.), 1990: *Beyond Self-Interest.* Chicago: University of Chicago Press.

March, James G./Johan P. Olsen, 1989: *Rediscovering Institutions: The Organisational Basis of Politics.* New York: Free Press.

Mayntz, Renate, 1994: *Deutsche Forschung im Einigungsprozeß: Die Transformation der Akademie der Wissenschaften der DDR 1989 bis 1992.* Frankfurt a.M.: Campus.

Mayntz, Renate/Fritz W. Scharpf, 1995: Der Ansatz des akteurzentrierten Institutionalismus. In: Renate Mayntz/Fritz W. Scharpf (Hg.), *Gesellschaftliche Selbstregelung und politische Steuerung.* Frankfurt a.M.: Campus, 39–72.

Miller, Max, 1994: Ellbogenmentalität und ihre theoretische Apotheose: Einige kritische Anmerkungen zur Rational Choice Theorie. In: *Soziale Welt* 45(1), 5–15.

Ostrom, Elinor, 1998: A Behavioral Approach to the Rational Choice Theory of Collective Action. In: *American Political Science Review* 92(1), 1–22.

Parsons, Talcott/Edward A. Shils, 1951a: *Toward a General Theory of Action: Theoretical Foundations for the Social Sciences.* Cambridge, MA: Harvard University Press.

——, 1951b: *The Social System.* Glencoe, IL: Free Press.

Peters, Bernhard, 1991: *Rationalität, Recht und Gesellschaft.* Frankfurt a.M.: Suhrkamp.

Scharpf, Fritz W., 1990: The Moral Dimension: Toward a New Economics. Buchbesprechung von Amitai Etzioni. In: *Organization Studies* 11, 138–141.

Schüßler, Rudolf, 1988: Der Homo Oeconomicus als skeptische Fiktion. In: *Kölner Zeitschrift für Soziologie und Sozialpsychologie* 40, 447–463.

Schütz, Alfred, 1960 [1932]: *Der sinnhafte Aufbau der sozialen Welt.* Wien: Springer.

Simon, Herbert A., 1986: Rationality in Psychology and Economics. In: *Journal of Business* 59, 209–224.

Smelser, Neil J., 1992: The Rational Choice Perspective: A Theoretical Assessment. In: *Rationality und Society* 4(4), 381–410.

Weaver, R. Kent/Bert A. Rockman (Hg.), 1993: *Do Institutions Matter? Government Capabilities in the United States and Abroad.* Washington, DC: The Brookings Institution.

Weber, Max, 1956: Der Beruf zur Politik (zuerst als Rede »Politik als Beruf« 1919). In: Max Weber, *Soziologie, Weltgeschichtliche Analysen, Politik.* Hg. von Johannes Winckelmann. Stuttgart: Kröner, 167–185.

———, 1964 [1956]: *Wirtschaft und Gesellschaft.* Studienausgabe. Köln: Kiepenheuer & Witsch.

———, 1968: *Methodologische Schriften.* Frankfurt a.M.: Fischer.

Weise, Peter, 1989: Homo Oeconomicus und Homo Sociologicus: Die Schreckensmänner der Sozialwissenschaften. In: *Zeitschrift für Soziologie* 18(2), 148–161.

Wildavsky, Aaron, 1994: Why Self-Interest Means Less Outside of a Social Context: Cultural Contributions to a Theory of Rational Choice. In: *Journal of Theoretical Politics* 6(2), 131–159.

Zintl, Reinhard, 1989: Der Homo Oeconomicus: Ausnahmeerscheinung in jeder Situation oder Jedermann in Ausnahmesituationen? In: *Analyse & Kritik* 11(1), 52–69.

Zürn, Michael, 1992: *Interessen und Institutionen in der internationalen Politik: Grundlegung und Anwendungen des situationsstrukturellen Ansatzes.* Opladen: Leske + Budrich.

5 Kausale Rekonstruktion: Theoretische Aussagen im akteurzentrierten Institutionalismus (2002)

Der akteurzentrierte Institutionalismus wurde am Kölner Max-Planck-Institut für Gesellschaftsforschung semantisch aus der Taufe gehoben und hat sich inzwischen trotz der ungelenken Wortschöpfung erstaunlich weit verbreitet, wie eine Zitationsanalyse belegen würde, die auch Monographien und Buchkapitel berücksichtigt. Der akteurzentrierte Institutionalismus ist Teil einer facettenreichen Renaissance institutionalistischer Ansätze, die etwa seit den Sechzigerjahren des vorigen Jahrhunderts in Soziologie, Politikwissenschaft und Wirtschaftswissenschaft stattfand. Gemeinsam ist diesen Ansätzen die Abkehr vom empiriefernen Bau theoretischer Modelle zugunsten eines intensiven Interesses am verstehenden Nachvollzug sozialer (einschließlich politischer und ökonomischer) Entwicklungen und Ereignisse – wobei Verstehen hier nicht wie bei Max Weber Sinnverstehen bedeutet, sondern Einsicht in Verursachungszusammenhänge. Der akteurzentrierte Institutionalismus ist keine gegenstandsbezogene Theorie, sondern ein analytischer Ansatz, der sich auf unterschiedliche Gegenstände anwenden beziehungsweise zur Erklärung unterschiedlicher Explananda einsetzen lässt. Aber wie alle analytischen Ansätze macht er generelle Annahmen über die wesentlichen Triebkräfte des sozialen Geschehens und damit über die Eigenart der besonders erklärungskräftigen Faktoren. Beim akteurzentrierten Institutionalismus sind das Institutionen auf der einen und ihre Interessen verfolgende Akteure auf der anderen Seite. Die Grundannahme des Ansatzes ist, dass Institutionen Handlungschancen vorgeben und dem Handeln zugleich Grenzen setzen, ohne es jedoch zu determinieren. Zwei weitere Besonderheiten des Ansatzes, die sein Etikett nicht explizit macht, sind die Tatsache, dass nicht Individuen, sondern korporative Akteure (formale Organisationen) beziehungsweise deren Repräsentanten im Zentrum des Interesses stehen, und dass es sich bei den Explananda typischerweise um komplexe Makrophänomene handelt, zum Beispiel um den Wandel im System industrieller Beziehungen, die Veränderung der Regulierungsstruktur im Bankenwesen oder die Beeinflussung der Steuerpolitik durch die europäische Integration.

Die zur empirischen Untersuchung derartiger sozialer Makrophänomene in der Perspektive des akteurzentrierten Institutionalismus meist angewandte

Methode habe ich als »kausale Rekonstruktion« bezeichnet (Mayntz 2002). Bei der kausalen Rekonstruktion versucht man, ein Makrophänomen durch Identifikation der für sein Zustandekommen verantwortlichen Prozesse und Wechselwirkungen zu erklären. Nicht Abstraktion und maximale Vereinfachung sind dabei das Ziel, sondern Konkretisierung und hinreichende Komplexität der Erklärung. Die kausale Rekonstruktion setzt sich damit ab von Ansätzen, bei denen es zentral um den Nachweis statischer Zusammenhänge zwischen wenigen Variablen geht. Derartige Ansätze sind aus guten Gründen weit verbreitet, wo es sich um die Erklärung einer bestimmten Varianz individuellen Handelns in größeren Populationen handelt, also zum Beispiel um das Wahlverhalten oder das Reproduktionsverhalten in einer Bevölkerung oder um über Zeit wechselnde Studienfachpräferenzen. Die Suche nach Beziehungen der Kovariation zwischen Variablen beziehungsweise nach statistisch signifikanten Wenn-Dann-Beziehungen entspricht den methodischen Regeln einer analytischen Wissenschaftstheorie, die sich eher am Vorbild der mit Vielteilchensystemen invarianter Elemente beschäftigten Physik als am Vorbild der biologischen und historischen Wissenschaften orientiert. Zuverlässige Aussagen über Kausalzusammenhänge auf der Basis empirisch ermittelter Kovariationen setzen voraus, dass wir es mit zahlreichen Einheiten und nur wenigen relevanten Faktoren zu tun haben. Diese Voraussetzungen sind bei der empirischen Analyse sozialer Makrophänomene schwer zu erfüllen. Zwar lassen sich auch die meisten sozialen Makrophänomene unter einen allgemeinen Begriff bringen, aber die Zahl vergleichbarer Makrosysteme – von entwickelten Industrienationen, kapitalistischen Wirtschaften, Systemen der Gesundheitsversorgung usw. – bleibt fast immer klein. Die Anwendung quantitativer Analysemethoden steht infolgedessen vor dem bekannten Small-N-Problem.

Um dieses methodische Problem zu lösen und den Ansprüchen der analytischen Wissenschaftstheorie an zuverlässige Kausalaussagen gerecht zu werden, sind Verfahren entwickelt worden, die es auch bei kleinem N erlauben, durch den systematischen (und möglichst quantifizierenden) Vergleich mehrerer Fälle zu allgemeinen Aussagen über den Zusammenhang zwischen einer abhängigen und mehreren unabhängigen Merkmalen auf der Makroebene (Systemmerkmalen) zu kommen. Ein solches Verfahren ist die in der vergleichenden politischen Ökonomie seit einiger Zeit zum Standard avancierte kombinierte Zeitreihen-Querschnitt-Analyse (*pooled time-series-cross-section analysis*[1]), ein anderes das auf der Boole'schen Algebra basierende Verfahren von Ragin (1987). Aber welche dieser Methoden man auch benutzt,[2] sie ergeben am Ende nur Aussagen über

---

1 Kritisch hierzu Scharpf (2002).
2 Ausführlich zu diesen Methoden vgl. Peters (1998), Berg-Schlosser (1997).

Merkmale oder Merkmalskombinationen, die zusammen mit einem als abhängige Variable fungierenden Merkmal auftreten oder variieren, wobei nicht nur die Art, sondern oft sogar die Existenz eines Kausalzusammenhangs unerklärt bleibt. Hinzu kommen vielfache Zweifel an der Gültigkeit der quantitativen Operationalisierung der Variablen, die einer Regressionsanalyse unterzogen werden. Aus diesen Gründen wird der Erkenntniswert der Ergebnisse formalisierter und möglichst quantifizierter Small-N-Vergleiche immer öfter infrage gestellt. Die kausale Rekonstruktion wählt deshalb eine andere kognitive Strategie, die Strategie der empirischen Identifikation von Kausalzusammenhängen auf der Basis einer möglichst breiten Erfassung der an der »Bewirkung einer Wirkung« beteiligten situativen Gegebenheiten und Handlungen korporativer und kollektiver Akteure.

Die kausale Rekonstruktion, die ihre Ergebnisse in diskursiver, qualitativer Form präsentiert, ist schon immer für Fallstudien im Makrobereich kennzeichnend gewesen. Dabei gilt in qualitativen Studien, deren Explanandum ein historischer Einzelfall ist, das Erkenntnisinteresse oft der Identifikation wichtiger systemischer Besonderheiten (zum Beispiel des »deutschen Modells«) beziehungsweise einem realen Entwicklungstrend (zum Beispiel der »Unitarisierung« eines föderalen Systems). Die kausale Rekonstruktion wird jedoch auch vielfach in der vergleichenden politikwissenschaftlichen Forschung verwandt, zum Beispiel bei der Untersuchung der *varieties of capitalism* (Crouch/Streeck 1997), dem Vergleich der Beschäftigungswirkungen verschiedener wohlfahrtsstaatlicher Systeme (Scharpf/Schmidt 2000) oder der Umweltschutzregimes in verschiedenen Ländern der Europäischen Union (Héritier/Knill/Mingers 1996). Dabei werden selbstverständlich auch quantitative Daten zur Kennzeichnung der Fälle benutzt; im Zentrum des Interesses stehen jedoch Akteurkonstellationen und institutionelle Merkmale, zum Beispiel die dominante Form der Gesundheitsvorsorge oder Existenz und Ausgestaltung staatlicher Einrichtungen wie eines Zweikammersystems oder einer Zentralbank. Speziell in der vergleichenden Forschung geht es darum, auch verallgemeinerbare Schlussfolgerungen über Kausalzusammenhänge zu ziehen und damit einen Beitrag zur generalisierenden Theoriebildung zu leisten. Bei der kausalen Rekonstruktion erschöpfen sich diese Schlussfolgerungen nicht darin, die Kovariation bestimmter Merkmale zu konstatieren. Auf der Makroebene gibt es mehr als Kovariationen, worüber sich etwas aussagen lässt – und worüber der akteurzentrierte Institutionalismus etwas aussagen will. Dies genau ist der Ansatzpunkt für die folgenden Überlegungen: Welche *Arten* von Zusammenhängen können Gegenstand theoretischer Verallgemeinerungen bei der kausalen Rekonstruktion von sozialen Makrophänomenen sein? Die Beantwortung dieser Frage verlangt es, sich zunächst die *Beschaffenheit*, die besondere Natur sozialer Makrophänomene zu vergegenwärtigen.

Die Möglichkeit, allgemeine Kausalaussagen zu treffen, ist grundsätzlich ontologisch bedingt: Sie beruht auf der Existenz wiederholbarer Zusammenhänge. Es fragt sich jedoch, ob diese ontologische Voraussetzung in allen Bereichen der Wirklichkeit gleichermaßen erfüllt ist. Die analytische Wissenschaftstheorie thematisiert die mögliche Varianz ontologischer Voraussetzungen nicht; tatsächlich beruht ja auch das Konzept einer einheitlichen wissenschaftlichen Methode auf der Annahme, dass die ontologischen Voraussetzungen für das Treffen allgemeiner Kausalaussagen in allen wissenschaftlicher Analyse zugänglichen Gebieten gleichermaßen erfüllt sind. Damit aber wird die Frage nach der möglichen *Varianz* ontologischer Voraussetzungen zu einer Ja/Nein-Entscheidung vereinfacht, aus der dann die grundsätzliche Trennung zwischen nomothetischen und idiographischen Disziplinen folgt. Dagegen haben beispielsweise Biologen insistiert, dass die Kausalstrukturen im Bereich lebender Systeme andere sind als die, mit denen es die Physik zu tun hat, ohne dass es deshalb unmöglich sei, Verallgemeinerungen über biologische Zusammenhänge zu formulieren (Mayr 1998; Mitchell 2000). Ähnlich beharren Sozialwissenschaftler trotz der evidenten ontologischen Besonderheiten der Welt des Sozialen auf der Theoriefähigkeit ihrer Disziplin. Dennoch fehlt in der Wissenschaftstheorie bislang eine systematische Reflexion über die Verschiedenheit von Kausalstrukturen in unterschiedlichen Bereichen der Wirklichkeit und ihre methodologischen Folgen.

Die am häufigsten betonte ontologische Besonderheit der Welt des Sozialen liegt in der Eigenart der sie konstituierenden Elemente, in der menschlichen Fähigkeit zu intentionalem Handeln, zu Reflexivität und Empathie. Diese Besonderheit schließt aber nicht die Existenz kausal erklärbarer empirischer Regelmäßigkeiten aus. Schließlich haben auch Organismen, Zellen und sogar Atome »Dispositionsmerkmale«, die, wie Intentionen beim Menschen, ihr Verhalten bestimmen. Der wesentliche Unterschied ist, dass zumindest die Verhaltensdispositionen von Atomen, Molekülen, Genen und Zellen gewissermaßen »fest verdrahtet«, beim Menschen (und in geringerem Grade bei anderen Lebewesen) jedoch in Grenzen wählbar sind. Das bedingt die Bedeutung externer und zugleich auch ideeller Ordnungsfaktoren für die in der sozialen Welt beobachtbaren empirischen Regelmäßigkeiten. Auf sie hat sich denn auch das wissenschaftliche Interesse eines Durkheim oder Max Weber konzentriert.

Die generellen Besonderheiten der Welt des Sozialen, nämlich die geringe Festgelegtheit des menschlichen Handelns und die prägende Bedeutung ideeller Faktoren wie Normen und Wissen reichen zwar aus, um die hohe Varianz sozialer Phänomene in zeitlicher und räumlicher, besser: kulturgeographischer Hinsicht zu erklären. Das mag der Mikrosoziologie genügen, die das Verhalten bestimmter Kategorien von Menschen in bestimmten Situationen erklären will, reicht aber nicht aus für eine theoretisch ambitionierte Beschäftigung mit sozialen Makrophänomenen. Wenn, wie ich hier behaupte, ein Zusammenhang besteht zwischen der *Beschaffenheit* einer bestimmten Kategorie von Phänomenen und der über sie *möglichen Verallgemeinerungen*, dann ist es für die kausale Rekonstruktion sozialer Makrophänomene wichtig, sich genauer mit ihren ontologischen Merkmalen zu befassen.[3]

Schließt man von den Schwierigkeiten, mit denen eine theoretisch ambitionierte Forschung über soziale Makrophänomene zu kämpfen hat, zurück auf den Charakter dieser Phänomene, dann stechen vor allem vier ontologische Besonderheiten ins Auge: Soziale Makrophänomene sind in der Regel kontingent, prozesshaft und sowohl historisch wie von der strukturellen Komplexität sozialer Makrosysteme geprägt. Diese ontologischen Merkmale umschreiben das Repertoire an theoretischen Aussagen, die bei der kausalen Rekonstruktion sozialer Makrophänomene möglich sind. Sie spannen einen mehrdimensionalen Merkmalsraum auf, der auf die verschiedenen Fragen verweist, die man an ein konkretes Untersuchungsobjekt stellen kann, und die fast alle im Rahmen der heute üblichen quantifizierenden Studien bei kleiner Fallzahl nicht beantwortet werden können und daher auch nicht gestellt werden. Die Vergegenwärtigung dieses Merkmalsraums ist auch dann wichtig, wenn in empirischen Analysen niemals alle, sondern oft nur eine dieser Dimensionen in den Mittelpunkt des Interesses gerückt werden – beim historischen Institutionalismus die Historizität, bei Untersuchungen über den Einfluss institutioneller Differenzen auf ökonomische Leistung die Kontingenz oder bei Studien zur Pfadabhängigkeit technischer Entwicklungen die Prozessualität.

Abbildung 1 stellt überblicksartig die im Folgenden zu kommentierenden ontologischen Merkmale und die Arten der auf sie bezogenen generalisierenden Aussagen zusammen. Wie gleich noch deutlicher werden wird, kennzeichnen die meisten der dort aufgeführten ontologischen Merkmale nicht nur soziale Makrophänomene,[4] doch werden sie bei der kausalen Rekonstruktion von Makrophänomenen gezielt und explizit zum Ausgangspunkt der Analyse. Die verschiedenen Aussageformen ihrerseits sind erkennbar aus der Perspektive des akteurzentrierten Institutionalismus (und nicht etwa der Luhmann'schen Systemtheorie) formuliert; so werden auch bei allen Aussageformen Akteure und

---

3 Ich knüpfe dabei im Folgenden an die Ausführungen in Mayntz (1995) an, wo ich jedoch noch nicht den Bogen von den herausgearbeiteten ontologischen Merkmalen zu den darauf bezogenen Aussagearten geschlagen habe. Auf die Notwendigkeit, speziell in der vergleichenden Policyforschung die ontologischen Besonderheiten des Gegenstandes zu berücksichtigen, verweist im übrigen auch Hall (2003).
4 Das gilt vor allem für die ersten drei der vier genannten ontologischen Merkmale.

Abbildung 1   Ontologische Merkmale und darauf bezogene Aussagearten

Ontologisches Merkmal	Aussagen über ...
Multikausalität	Kontingente Zusammenhänge Komplexe Interdependenzen
Prozessualität	Mechanismen
Historizität	»Pfadabhängigkeit« (Sequenz-Wirkungen; Wirkung von $X_{t_1} \rightarrow Y_{t_2}$)
Strukturelle Komplexität	Aggregateffekte Konstellationseffekte Systemische Interdependenzen Funktionale Zusammenhänge

ihr Handeln als zentrale Elemente vorausgesetzt. Es geht mir hier also nicht darum, einen grundsätzlichen und gar noch ontologisch begründeten Gegensatz zwischen der kausalen Rekonstruktion von Makrophänomenen und der mit Individualdaten arbeitenden quantitativen Sozialforschung zu konstruieren, sondern darum, die Besonderheiten einer bestimmten Perspektive herauszuarbeiten.

Eine Folge der hohen Variabilität der Elemente und Beziehungen in sozialen Systemen ist die Tatsache, dass es in der Welt des Sozialen generell kaum universelle, deterministische Zusammenhänge zwischen zwei in ihren möglichen Ausprägungen unverändert bleibenden Variablen gibt. Vielmehr herrscht Multikausalität und damit Kontingenz: Nicht nur einzelne Ereignisse, sondern auch beobachtbare Regelmäßigkeiten sind durch das Zusammenspiel mehrerer Faktoren bedingt, wobei auch verschiedene Faktorenbündel die gleiche Wirkung zeitigen können. In sozialen Vielteilchensystemen, also wenn es um das Verhalten der Elemente in größeren Populationen geht, wird der Tatsache der Multikausalität in Grenzen durch Regressionsanalysen Rechnung getragen; dasselbe wird, wie schon kurz erwähnt, heute auch bei kleinen Fallzahlen in der vergleichenden politischen Ökonomie versucht. Diese Verfahren können zwar Multikausalität erfassen, unterstellen jedoch in der Regel die Unabhängigkeit der Fälle, die Asymmetrie der kausalen Beziehung und die Additivität der Effekte (Kittel 2003). Bei der kausalen Rekonstruktion ist das Erkenntnisinteresse im Unterschied zu derartigen quantifizierenden Verfahren darauf gerichtet, komplexe Kausalstrukturen als solche zu erfassen und als Geflecht von Wirkungszusammenhängen darzustellen. Ausgangspunkt ist auch hier die Existenz von bedingten (kontingenten) Zusammenhängen, doch geht es nicht nur darum, kausal relevante Faktoren herauszuarbeiten, die sonst in der Black Box der Ceteris-paribus-Klausel verschwinden, sondern man untersucht sie gezielt auf die Art ihres interdependenten Zusammenwirkens hin.[5] Die Analyse gilt also einem System von Wirkungszusammenhängen; dadurch unterscheidet sich dieser Ansatz auch von dem formalisierten, makro-qualitativen Verfahren von Ragin (1987). Ein solcher komplexer Wirkungszusammenhang war zum Beispiel das Ergebnis der vergleichenden Länderstudie von Scharpf und Schmidt (2000) über die Bewältigung der durch Ölpreisschock und ökonomische Globalisierung verursachten Probleme unter unterschiedlichen strukturellen, institutionellen und politischen Bedingungen. Komplexe, auf der Basis vergleichender Studien ermittelte Wirkungszusammenhänge lassen sich modellhaft darstellen und sind in dieser Form eine theoretische (verallgemeinernde) Aussage mit einem begrenzten, aber eindeutig über den Einzelfall hinausgehenden Geltungsbereich.

Prozesshaftigkeit ist, wie Multikausalität, nicht nur für soziale Makrophänomene kennzeichnend. Jedes Bewirken einer Wirkung, ja selbst jede Handlung und jede Statusveränderung von Individuen ist, ontologisch gesprochen, ein Prozess. Diese Prozesse werden jedoch in der mit Populationen von Individuen, ihren Merkmalen beziehungsweise ihrem Handeln arbeitenden quantitativen Sozialforschung in der Regel als statische Zusammenhänge beziehungsweise, wenn die mögliche Veränderung eines Zusammenhangs infrage steht, als Zeitreihe statischer Zusammenhänge zum Beispiel zwischen Klassenzugehörigkeit und Parteipräferenz oder zwischen Herkunft und Mobilität erfasst.[6] Makrophänomene wie das Zustandekommen eines Gesetzes, die Herausbildung einer bestimmten Verbändestruktur oder die Transformation des Forschungssystems der DDR im Zuge der deutschen Vereinigung werden dagegen in der Perspektive des akteurzentrierten Institutionalismus als ein Prozess verflochtenen Handelns heterogener Akteure dargestellt. Hier wird der Ablauf des Geschehens selbst zum Untersuchungsgegenstand: Bei der Erklärung von Makrophänomenen auf dem Wege der kausalen Rekonstruktion richtet sich das Augenmerk typischerweise auf das »Wie« ihres Zustandekommens. Es geht ihr also nicht nur um den Nachweis, *dass* mehrere interdependente Faktoren am Zustandekommen einer Wirkung beteiligt sind, sondern sie will zeigen, über welche Zwischenschritte Ursache und Wirkung jeweils miteinander verbunden sind.

Wiederkehrende Prozesse, die bestimmte Ursachen mit bestimmten Wirkungen verbinden, werden als Mechanismen bezeichnet. Während ein konkreter Prozess einmalig sein kann, bezieht sich die Bezeichnung Mechanismus immer auf verallgemeinerbare Wirkungszusammenhänge. Aussagen über soziale Mechanis-

---

5 Grundsätzlich lassen sich zwar Interaktionen zwischen Variablen auch mathematisch modellieren, doch unterbleibt dies meist, da bereits die mathematische Modellierung einer Dreifachinteraktion sechs Koeffizienten erfordert (vgl. Kittel 2003).

6 Charakteristisch für diese Art der Analyse war auch der Mannheimer Vortrag von John Goldthorpe (2001).

men sind jene Art von Verallgemeinerungen, in denen der Prozesscharakter der sozialen Wirklichkeit zum Ausdruck kommt. Der Begriff des Mechanismus ist aus den Natur- und Technikwissenschaften importiert, aber auch in der Biologie wird ausdrücklich von (biologischen) Mechanismen gesprochen, wobei der Bezug auf naturwissenschaftlich-technische Vorstellungen durchaus bewusst ist (Machamer/Darden/Craver 2000). Immer geht es dabei um die Vergegenwärtigung des »Wie« bei der »Bewirkung einer Wirkung«. Bei der – statischen – Analyse von einfachen Kovariationen bis hin zu komplexen Systemen von Wechselwirkungen wird die Existenz verbindender Mechanismen wohl in der Regel unterstellt, bleibt aber implizit. Analytisch ist deshalb zwischen dem Konstatieren von Interdependenzen und Aussagen über ihr schrittweises Zustandekommen, zwischen Kausal*zusammenhängen* und Kausal*mechanismen* (Schimank 2002) zu unterscheiden. Von sozialen Mechanismen wird sowohl in der historisch vergleichenden qualitativen Forschung (MacAdam/Tarrow/Tilly 2001) wie in der formalisierenden Analyse von Aggregatprozessen bei Strukturbildung, Mobilisierung und Diffusion (Hedström/Swedberg 1998) gesprochen. Inhaltlich handelt es sich dabei um durchaus verschiedene Arten von Prozessen. Aber trotz verschiedener Versuche, den Begriff schärfer zu fassen (vgl. zum Beispiel Elster 1998), besteht keine Einigkeit über seine Definition, seine Verwendung und seine wichtigsten Unterkategorien (das heißt Arten von Mechanismen).

Prozesse implizieren immer eine Zeitdimension. Dennoch ist Prozesshaftigkeit nicht gleichbedeutend mit Historizität. Historizität heißt, dass vergangene Ereignisse prägend in die Gegenwart hineinwirken. Bei der Analyse massenhaften Individualhandelns wird in der Regel vom Entstehungsprozess der je vorgefundenen Handlungsdispositionen und situativen Gegebenheiten abstrahiert; ihre – nicht geleugnete – historische Bedingtheit bleibt implizit, ist selbst nicht Untersuchungsgegenstand. Je mehr man sich jedoch von der Ebene individuellen Handelns entfernt und Makrophänomene als Explanandum wählt, die *nicht* als Aggregateffekte massenhaften Individualhandelns erklärbar sind, umso weniger lässt sich die historische Dimension bei der Analyse vernachlässigen. Vergangene Konflikte wirken sich auf gegenwärtige Beziehungen zwischen Staaten aus, und die in einer früheren politischen Situation gewählte Lösung des Problems der Alterssicherung beschränkt heute den sozialpolitischen Entscheidungsspielraum. Dieses Weiterwirken der Vergangenheit in der Gegenwart wird gern als Pfadabhängigkeit bezeichnet. Mit Pfadabhängigkeit im allgemeinen Sinn, aber auch mit speziellen Mechanismen (wie zum Beispiel *increasing returns* – Pierson 2000), die dabei eine Rolle spielen, befasst sich insbesondere der (üblicherweise akteurszentrierte) historische Institutionalismus. Bei der Untersuchung eines konkreten Makrophänomens kann sich die Rekonstruktion seiner »Pfadabhängigkeit«, seiner historischen Bedingtheit in der Feststellung einmaliger Zusammenhänge erschöpfen. Es lassen sich aber grundsätzlich auch allgemeine Aussagen über die bei bedingten Zusammenhängen in der Vergangenheit liegenden Voraussetzungen machen, zum Beispiel über die unterschiedlichen Wirkungen vergangener Erfolgs- beziehungsweise Misserfolgserlebnisse oder friedlicher beziehungsweise konflikthafter Beziehungen. Ein gutes Beispiel ist auch Stein Rokkans generalisierende Analyse der Voraussetzungen für eine militärisch-administrative Zentrumsbildung in Europa (Rokkan 2000: 63–65). Auch über den Einfluss, den die Reihenfolge, in der bestimmte Schritte zum Beispiel in einem Reformprozess gemacht werden, auf das Ergebnis des Prozesses hat, sind verallgemeinernde Aussagen möglich. Beyer (2001) hat das am Beispiel des Transformationsprozesses in ehemals sozialistischen Staaten gezeigt.

Die letzte hier zu behandelnde ontologische Besonderheit ist die strukturelle Komplexität von Makrosystemen. Unter »struktureller Komplexität« soll hier zum einen der mehrstufige Aufbau und zum anderen die interne Differenzierung von Makrosystemen in funktionelle Teilsysteme verstanden werden. Beide Aspekte struktureller Komplexität können zum Gegenstand spezifischer Arten von theoretischen Aussagen werden.

In vertikal differenzierten Mehrebenensystemen werden die Elemente auf den nachgeordneten Ebenen einerseits in ihrem Verhalten von der Einbindung in die Strukturen der höheren Ebene(n) beeinflusst, andererseits generieren sie mit ihrem Verhalten die Vorgänge auf der höheren Ebene. Der zweite Ast dieses Wechselspiels erlaubt Aussagen über Emergenzen, das heißt über Makroeffekte, deren Ursachen Vorgänge auf einer der nachgeordneten Systemebenen sind. Aus der Diskussion über die unterschiedlichen Wirkungen von hierarchischen, marktförmigen und netzwerkartigen Formen sozialer Koordination (vgl. zum Beispiel Scharpf 1997) ist grundsätzlich die Tatsache geläufig, dass verschiedene Strukturen sich durch ihre Folgen, ihre typischen Outcomes unterscheiden. Geht man bei vertikal differenzierten sozialen Systemen grob vereinfachend von einer Mikro-, einer Meso- und einer Makroebene aus, dann lässt sich feststellen, dass auf der Mikro- und der Mesoebene unterschiedliche strukturelle Gegebenheiten[7] an der Erzeugung von Makroeffekten beteiligt sind. Das erlaubt, ja erfordert eine entsprechende Differenzierung bei den Aussagen über die Prozesse, die emergente Makroeffekte generieren. Auf der Mikroebene können Makroeffekte durch Prozesse massenhaften unkoordinierten, aber möglicherweise interdependenten Individualhandelns erzeugt werden (Aggregateffekte); auf der Mesoebene geschieht dies durch das strategische Handeln und die Interaktion

---

7 Dabei bezieht sich »Struktur« in diesem Zusammenhang auf die relationale Dimension der Anordnung beziehungsweise Zueinanderordnung von individuellen, kollektiven oder korporativen Akteuren.

korporativer und kollektiver Akteure (Konstellationseffekte). Damit gehören Aussagen über das Entstehen von Aggregateffekten und Aussagen über das Entstehen von Konstellationseffekten zu den von der Beschaffenheit von sozialen Makrosystemen ermöglichten und nahegelegten Verallgemeinerungen. Auf der Mikroebene individuellen Handelns bestimmen die Merkmalsverteilung und die vorgegebene Kontaktstruktur in einer Bevölkerung zum Beispiel den Verlauf eines Mobilisierungsprozesses oder die Diffusion einer ideellen, technischen oder biologischen Innovation (HIV, BSE). Auf der Mesoebene haben wir es dagegen eher mit interaktiven Konstellationen korporativer Akteure mit bestimmten Präferenzen in einer Situation zu tun, die durch unterschiedliche mögliche Outcomes definiert ist. Solche strukturellen Konstellationen können spieltheoretisch modelliert, sie können aber auch in Dimensionen wie konzentriert versus fragmentiert und hierarchisch versus netzwerkartig beschrieben werden, wie das etwa der Fall ist, wenn wir Parteiensysteme, Verbändesysteme oder die Organisation von Großunternehmen beschreiben. Soweit komplexe soziale Systeme eine Mehrebenenstruktur besitzen, fallen in diese Kategorie auch Aussagen über die Folgen von Akteurkonstellationen, die Akteure auf der Meso- und der Makroebene interaktiv miteinander verbinden. Derartige Konstellationen und ihre Folgen sind von Robert Putnam als »Two-Level Games« modelliert, von Fritz Scharpf als »Politikverflechtungsfalle« analysiert und von Edgar Grande als »Paradox der Schwäche« beschrieben worden (Putnam 1988; Scharpf/Reissert/Schnabel 1976; Grande 1996).

Mit der funktionalen Differenzierung sozialer Systeme hängen (mindestens) zwei weitere Arten von Aussagen zusammen, die bei der kausalen Rekonstruktion von Makrophänomenen gemacht werden können, nämlich Aussagen über systemische Interdependenzen und Aussagen über funktionale Zusammenhänge. Systemische Interdependenzen sind ein besonderer Typus von komplexen Wirkungszusammenhängen: Es sind Beziehungen wechselseitiger Abhängigkeit und Beeinflussung zwischen verschiedenen Institutionen beziehungsweise zwischen verschiedenen, gleichzeitig ablaufenden Prozessen. Die einzelnen Institutionen beziehungsweise Prozesse sind parametrisch miteinander verknüpft, das heißt, sie können wechselseitig wichtige Randbedingungen füreinander verändern. Systemische Interdependenzen lassen sich innerhalb gesellschaftlicher Teilbereiche (zum Beispiel der Wirtschaft), innerhalb eines Nationalstaats (zum Beispiel zwischen politischer Verfassung und Verbändestruktur) oder auf der internationalen Ebene beobachten. Systemische Interdependenzen können für eine Institution wie zum Beispiel ein gegebenes Rentensystem stabilisierend sein oder sie zur Veränderung drängen. Die Theorie der Produktionsregimes etwa besagt, dass verschiedene Institutionen der Wirtschaft wie die Unternehmensverfassung, die typische Art der Finanzierung, die Organisation der kollektiven Arbeitsbeziehungen und das betriebliche Ausbildungssystem einander wechselseitig stabilisieren, was ein solches Regime insgesamt veränderungsresistent macht (Teubner 1999). Institutionelle Interdependenzen sind vor allem im Rahmen der Forschung über Varianten des Kapitalismus untersucht worden (Crouch/Streeck 1997).

Die Existenz systemischer Interdependenzen ist auch die Grundlage für die Möglichkeit funktionaler Aussagen. Eine Institution als funktional oder dysfunktional zu bezeichnen, heißt nichts weiter als festzustellen, dass sie für etwas Drittes förderlich beziehungsweise schädlich ist. Ein Gesetz, das die kollektiven Arbeitsbeziehungen verändert, kann Auswirkungen auf das Wirtschaftswachstum haben. Die positive oder negative Wirkungs-Wirkung muss sich allerdings auf eine konkrete Größe beziehen; Aussagen, die mit einem systemischen Selbsterhaltungstrieb operieren und dann vielleicht sogar die Existenz der Ursache kausal aus ihrer Wirkungs-Wirkung ableiten, sind für den empirischen Sozialforscher nicht akzeptabel.

Wenn hier nacheinander verschiedene Arten von möglichen Verallgemeinerungen erörtert wurden, die sich im Rahmen der kausalen Rekonstruktion von sozialen Makrophänomenen gewinnen lassen, dann stellt sich am Ende die Frage, ob und wenn ja, wie diese verschiedenen Arten von verallgemeinernden Aussagen zusammenhängen. Eingangs wurde gesagt, dass die ontologischen Besonderheiten sozialer Makrophänomene, auf die die verschiedenen Aussagearten sich beziehen, einen multidimensionalen Merkmalsraum aufspannen. Reale Makrophänomene lassen sich entlang verschiedener Dimensionen dieses Merkmalsraums beschreiben und analysieren. Je für sich genommen sind die Aussagen, die sich auf die verschiedenen Dimensionen beziehen, Alternativen. Aber es besteht ein innerer Zusammenhang zwischen den verschiedenen Aussagearten, sie bilden gewissermaßen ein kohärentes Aussagensystem. Logisch am Anfang stehen Aussagen über Kausalzusammenhänge, über Systeme von Wechselwirkungen. Diese werden durch Aussagen über soziale Mechanismen dynamisiert und in ihrem Zustandekommen erklärt. Die übrigen Aussagearten stellen weitere Differenzierungen dar, es sind Unterkategorien von Kausalzusammenhängen und Kausalmechanismen: Alle konkreten Makrophänomene sind von vorangegangenen Entwicklungen und Ereignissen und zugleich von ihrer Einbettung in bestimmte vertikal und funktional differenzierte Sozialsysteme geprägt und haben ihrerseits Wirkungen auf andere Makrophänomene in Gegenwart und Zukunft. Das Erkenntnisinteresse der Wissenschaft richtet sich jedoch aus kognitiven wie aus forschungspraktischen Gründen immer nur selektiv auf Wirklichkeit. Verschiedene Forscher stellen unterschiedliche Fragen an ein und denselben Gegenstand, was zu dem oft bemerkten und manchmal kritisierten theoretischen Eklektizismus der Sozialwissenschaft führt. Dieser Eklektizismus ist aber nicht ontologisch, sondern pragmatisch begründet; er ist unsere Art, mit dem Problem der »requisite variety« umzugehen, vor das eine komplexe Wirklichkeit uns stellt.

Literatur

Berg-Schlosser, Dirk, 1997: Makro-qualitative vergleichende Methoden. In: Dirk Berg-Schlosser/Ferdinand Müller-Rommel (Hg.), *Vergleichende Politikwissenschaft: Ein einführendes Studienhandbuch*. Opladen: Leske + Budrich.

Beyer, Jürgen, 2001: Jenseits von Gradualismus und Schocktherapie: Die Sequenzierung der Reformen als Erfolgsfaktor. In: Helmut Wiesenthal (Hg.), *Gelegenheit und Entscheidung: Policies und Politics erfolgreicher Transformationssteuerung*. Wiesbaden: Westdeutscher Verlag, 169–190.

Elster, John, 1998: A Plea for Mechanisms. In: Peter Hedström/Richard Swedberg (Hg.), *Social Mechanisms: An Analytical Approach to Social Theory*. Cambridge: Cambridge University Press.

Goldthorpe, John, 2001: *Globalization and Social Class*. Mannheimer Vorträge 9. Mannheim: Mannheimer Zentrum für Europäische Sozialforschung.

Grande, Edgar, 1996: The State and Interest Groups in a Framework of Multi-Level Decision-Making: The Case of the European Union. In: *Journal of European Public Policy* 3, 318–338

Hall, Peter A., 2003: Aligning Ontology and Methodology in Comparative Research. In: James Mahoney/Dietrich Rueschemeyer (Hg.), *Comparative Historical Research in the Social Sciences*. New York: Cambridge University Press, 373–404.

Hedström, Peter/Richard Swedberg, 1998: *Social Mechanisms: An Analytical Approach to Social Theory*. Cambridge: Cambridge University Press.

Héritier, Adrienne/Christoph Knill/Susanne Mingers, 1996: *Ringing the Changes in Europe: Regulatory Competition and Redefinition of the State. Britain, France, Germany*. Berlin: de Gruyter.

Kittel, Bernhard, 2003: Perspektiven und Potenziale der vergleichenden Politischen Ökonomie. In: Herbert Obinger/Uwe Wagschal/Bernhard Kittel (Hg.), *Politische Ökonomie*. Opladen: Leske + Budrich, 385–414.

MacAdam, Doug/Sidney Tarrow/Charles Tilley (Hg.), 2001: *Dynamics of Contention*. Cambridge: Cambridge University Press.

Machamer, Peter/Lindley Darden/Carl F. Craver, 2000: Thinking about Mechanisms. In: *Philosophy of Science* 67(1), 1–25.

Mayntz, Renate, 1995: *Historische Überraschungen und das Erklärungspotential der Sozialwissenschaft*. Heidelberger Universitätsreden 9. Heidelberg: C.F. Müller.

——, 2002: Zur Theoriefähigkeit makro-sozialer Analysen. In: Renate Mayntz (Hg.), *Akteure – Mechanismen – Modelle: Zur Theoriefähigkeit makro-sozialer Analysen*. Frankfurt a.M.: Campus, 7–43.

Mayr, Ernst, 1998: *Berlin-Brandenburgische Akademie der Wissenschaften, Berichte und Abhandlungen*, Bd. 5: *Was ist eigentlich die Philosophie der Biologie?* Berlin: BBAW, 287–301.

Mitchell, Sandra D., 2000: Dimensions of Scientific Law. In: *Philosophy of Science* 67, 242–265.

Peters, B. Guy, 1998: *Comparative Politics: Theory and Methods*. Houndmills: Palgrave Macmillan.
Pierson, Paul, 2000: Increasing Returns, Path Dependence, and the Study of Politics. In: *American Political Science Review* 94, 251–267.
Putnam, Robert D., 1988: Diplomacy and Domestic Politics: The Logic of Two-Level Games. In: *International Organization* 42, 427–460.
Ragin, Charles C., 1987: *The Comparative Method: Moving Beyond Qualitative and Quantitative Strategies*. Berkeley, CA: University of California Press.
Rokkan, Stein, 2000: *Staat, Nation und Demokratie in Europa*. Die Theorie Stein Rokkans aus seinen gesammelten Werken rekonstruiert und eingeleitet von Peter Flora. Frankfurt a.M.: Suhrkamp.
Scharpf, Fritz W., 1997: *Games Real Actors Play: Actor-Centered Institutionalism in Policy Research*. Boulder, CO: Westview Press.
——, 2002: Kontingente Generalisierung in der Politikforschung. In: Renate Mayntz (Hg.), *Akteure – Mechanismen – Modelle: Zur Theoriefähigkeit makro-sozialer Analysen*. Frankfurt a.M.: Campus, 213–235.
Scharpf, Fritz W./Bernd Reissert/Fritz Schnabel, 1976: *Politikverflechtung: Theorie und Empirie des kooperativen Föderalismus in der Bundesrepublik*. Kronberg: Scriptor.
Scharpf, Fritz W./Vivien A. Schmidt (Hg.), 2000: *Welfare and Work in the Open Economy: From Vulnerability to Competitiveness*. Oxford: Oxford University Press.
Schimank, Uwe, 2002: Theoretische Modelle sozialer Strukturdynamiken: Ein Gefüge von Generalisierungsniveaus. In: Renate Mayntz (Hg.), *Akteure – Mechanismen – Modelle: Zur Theoriefähigkeit makro-sozialer Analysen*. Frankfurt a.M.: Campus, 151–178
Teubner, Gunther, 1999: Eigensinnige Produktionsregimes: Zur Ko-evolution von Wirtschaft und Recht in den *varieties of capitalism*. In: *Soziale Systeme* 5(1), 7–25.

6 Soziale Mechanismen in der Analyse gesellschaftlicher Makrophänomene (2005)

1 Warum Mechanismen? Zur Bedeutung des Konzepts[1]

Mechanismen haben eine lange Tradition als Denkkategorie. Sie reicht zurück bis in die aufklärerische Philosophie des 17. Jahrhunderts »which brought with it a much closer attention to the mechanics of scientific experimentation and laid great stress on how physical laws are explained by the action of underlying, microscopic mechanisms« (Hedström/Swedberg 1996: 285). Heute arbeiten in den Sozialwissenschaften vor allem jene Soziologen und Wissenschaftstheoretiker mit der Kategorie der Mechanismen, die der vorherrschenden Richtung der Korrelations- und multivariaten Analyse quantitativer Daten kritisch gegenüberstehen. Mahoney (2001: 575–577) fasst die Kritik der Korrelationsanalyse bündig zusammen: Für sich genommen sind Korrelationen nichts als statistische Zusammenhänge zwischen Variablen; selbst solche Korrelationen, in denen die zeitliche Abfolge klar erkennbar ist, bieten nur beschränkte Abbilder kausaler Prozesse. Wie Bunge (1997: 423) festhält: »positivists since Hume [...] have redefined causation as regular conjunction or succession.« Doch das Ziel sollte sein, »to step away from the description of regularities to their explanation« (Pawson 2000: 288), um die kausalen Beziehungen herauszufinden, die statistischen Zusammenhängen *zugrunde liegen*. Dieses Argument findet sich in ähnlicher Form bei allen Autoren, die sich kritisch zur Erklärungskraft von Korrelationsanalysen äußern.

Das allgemeine methodologische Problem des Erklärungspotenzials von Korrelationsanalysen zeigt sich besonders bei Untersuchungen, die sich empirisch mit solchen Makrophänomenen wie dem Regimewechsel, der Krise des Wohlfahrtsstaats oder der europäischen Integration beschäftigen.[2] Wo Forschung zu solchen Themen versucht, über die bloße Beschreibung hinauszu-

---

1 Dieser Beitrag ist eine in Teilen weitergedachte deutsche Fassung eines Beitrags, der ursprünglich in der Zeitschrift *Philosophy of the Social Sciences* (34/2004: 237–259) erschienen ist.

2 »Makro« wird hier nicht einfach methodologisch verstanden und zur Bezeichnung aller aus dem Zusammenwirken von Elementen entstandenen Phänomene verwendet, sondern meint speziell Phänomene auf gesamtgesellschaftlicher Ebene.

gehen und allgemeine theoretische Aussagen zu formulieren, stößt sie auf das wohlbekannte Problem der geringen Fallzahl. Um dieses Problem zu lösen, hat man Analysetechniken entwickelt, die die Formulierung allgemeiner Aussagen auf der Grundlage eines systematischen und möglichst quantitativen Vergleichs einer kleinen Anzahl von Fällen erlauben. Beispiele dafür sind die immer öfter benutzte »pooled time-series cross-section analysis« (Beck/Katz 1995) und Ragins auf Boole'scher Algebra und Fuzzy-Logik basierende Analysetechnik (Ragin 1987, 2000). Diese formalisierenden und quantifizierenden Ansätze sind vor allem hinsichtlich der Validität ihrer Operationalisierungen kritisiert worden; es wurde aber auch kritisiert, dass diese Ansätze lediglich Aussagen über die Kovariation von Eigenschaften erlauben, womit die Art der zugrunde liegenden Kausalbeziehung eine »black box« bleibt. Um dieses Erklärungsdefizit zu überwinden, wird ein Vorgehen vorgeschlagen, das verschiedentlich als »systematic process analysis« (Hall 2003) oder als »kausale Rekonstruktion« (Mayntz 2002) bezeichnet wurde. Die kausale Rekonstruktion sucht nicht nach statistischen Zusammenhängen zwischen Variablen, sondern versucht ein gegebenes soziales Phänomen – ein Ereignis, eine Struktur oder eine Entwicklung – dadurch zu *erklären,* dass sie die Prozesse identifiziert, die es hervorgebracht haben. Die kausale Rekonstruktion kann auf eine mehr oder weniger komplexe historische Erzählung hinauslaufen; wenn sie jedoch theoretisch ambitionierter ist, zielt sie auf Generalisierungen ab – und zwar solche Generalisierungen, die sich auf Prozesse, nicht auf Korrelationen beziehen. Das Kennzeichen solcher Ansätze ist die Suche nach kausalen Mechanismen.

Wenn Mechanismen für die kausale Rekonstruktion gesellschaftlicher Makrophänomene entscheidend sind, sollte der Begriff ein präzises analytisches Instrument sein. Schaut man jedoch die einschlägige empirische und methodologische Literatur daraufhin durch, was »Mechanismen« sind, dann gerät man schnell in einen Sumpf lockeren Geredes und semantischen Durcheinanders. Es gibt nicht viele Sozialwissenschaftler und Wissenschaftstheoretiker, die versucht haben, sich systematisch mit dem Thema auseinanderzusetzen. Boudon, Coleman, Elster, Hedström und Swedberg, Merton und Stinchcombe sind die in diesem Zusammenhang am häufigsten genannten Sozialwissenschaftler. Doch selbst unter diesen Autoren gibt es keine Einigkeit über die Definitionskriterien von »(sozialen) Mechanismen«. Eine von Mahoney (2001: 579–580) zusammengestellte, immer noch unvollständige Liste von Definitionen zählt vierundzwanzig verschiedene Definitionen von einundzwanzig Autoren auf. Mechanismen werden als gesetzmäßig ablaufende Prozesse, aber auch als Gegensatz zu wissenschaftlichen Gesetzen angesehen. Der Begriff des Mechanismus wird auf eine Vielzahl sehr unterschiedlicher Phänomene angewandt – von rationalem Handeln bis zur französischen Revolution, von Triebkräften des Handelns wie sozialen Normen (zum Beispiel Elster 1989; Petersen 1999: 63) bis zu Ergebnissen von Interaktionsprozessen wie freiwilliger Einigung (Knight 1995: 105). Die so produzierte begriffliche Unschärfe ergibt sich zum Teil aus der Mehrdeutigkeit vieler grundlegender sozialwissenschaftlicher Begriffe, die sich sowohl auf einen Prozess als auch auf ein Prozessergebnis beziehen können: »Kooperation« und »Konkurrenz« sind nur zwei Beispiele. Natürlich ist es legitim, einen im Detail ausbuchstabierten Mechanismus mit einem Wort zu benennen, das sich auf einen Prozess, ein Prozessergebnis oder einen Faktor bezieht. Aber ein verbales Etikett nur zu benutzen, um auf einen Prozess zu verweisen, der selbst unerläutert bleibt, hat nicht mehr Erklärungskraft als die bloße Feststellung einer Korrelation.

Der vorliegende Beitrag ist ein Plädoyer für einen disziplinierteren Gebrauch des Konzepts des sozialen Mechanismus. Zu diesem Zweck werde ich einige der Irrungen und Wirrungen im Gebrauch des Begriffs insbesondere bei der Rekonstruktion sozialer Makrophänomene diskutieren. Das Fernziel dieser Überlegungen besteht darin, einen analytischen Rahmen für mechanismusbasierte Erklärungen zu skizzieren. Auch wenn dieses Ziel im vorliegenden Beitrag nicht erreicht werden kann, soll zumindest ein dorthin führender Weg angedeutet werden.

2 Was Mechanismen sind – und was sie nicht sind

Der Begriff »Mechanismus« wird sowohl zur Bezeichnung einer Klasse von Phänomenen als auch zur Benennung einer Klasse von Kausalaussagen benutzt, die sich auf solche Phänomene beziehen. Aussagen über soziale Mechanismen werden oft als Bausteine von Theorien mittlerer Reichweite angesehen, wie Merton (1957) sie vorschlug, um die vergebliche Suche nach sozialen Gesetzen zu vermeiden. Bei den in nomologisch-deduktiven Erklärungen nach dem »covering-law«-Modell benutzten »Gesetzen« wird, wenn auch oft nur implizit, unterstellt, dass sie hochgradig allgemeiner Natur sind, wenn sie nicht gar universelle Geltung beanspruchen können (vgl. zum Beispiel Nagel 1961; Hempel 1965). In der sozialen Welt finden wir jedoch nichts, was den universellen Gesetzen der Physik entspräche. Physikalische Gesetze setzen Elemente voraus, die als solche (das heißt auch in ihren dynamischen Eigenschaften) in Raum und Zeit invariant sind, während die Elemente der sozialen Welt ganz erheblich in historischer Zeit und kulturellem Raum variieren. Anstatt vergeblich nach »Gesetzen« zu suchen, die in der sozialen Welt nicht existieren, rät Merton deshalb, nach sozialen Mechanismen Ausschau zu halten, die für ihn Regelmäßigkeiten eines geringeren Generalisierungsgrads sind.[3] Mertons Auffassung, dass Mechanismen in der Mitte zwischen Beschreibungen auf der einen und sozialen Gesetzen auf der anderen Seite zu lokalisieren sind, wurde schnell von Karlsson (1958) übernommen; später folgten ihm Hedström und Swedberg (1996: 282–284), Elster (1998), Pawson (2000) und Esser (2002). Die Einordnung von Mechanismen in der Mitte zwischen Beschreibungen und Gesetzen ignoriert allerdings den Tatbestand, dass Mechanismen in ihrem Generalisierungs- beziehungsweise Abstraktionsgrad stark variieren. Umgekehrt erfordert die Logik einer nomologisch-deduktiven Erklärung nicht notwendigerweise universelle und deterministische Gesetze; die gesetzesförmige Aussage »Wenn A, dann B« kann eine ausbuchstabierte Ceteris-paribus-Klausel enthalten, die ihre Anwendbarkeit in Raum und Zeit begrenzt. Der entscheidende Unterschied zwischen Erklärungen nach dem Covering-law-Modell und Erklärungen mittels Mechanismen ist denn auch ein anderer. Eine nomologisch-deduktive Erklärung, die gesetzesähnliche Aussagen enthält, »supplies no understanding« (Bunge 1997: 412), sie »give[s] no clue whatsoever as to *why*« ein Zusammenhang existiert: »covering-law explanations in the social sciences therefore normally are ›black-box explanations‹« (Hedström/Swedberg 1996: 287). Der Hauptunterschied zwischen einem Erklärungsansatz, der mit Mechanismen, und einem, der mit »covering laws« arbeitet, besteht nicht darin, dass Aussagen über Mechanismen weniger allgemein sind als die Aussagen in einer nomologisch-deduktiven Erklärung, sondern darin, dass »Gesetze« allgemeine Aussagen über Kovariationen darstellen: »Gesetze« benennen kausale *Faktoren,* aber keine Prozesse.[4]

Ontologisch gesprochen versteht man unter Mechanismen *wiederkehrende Prozesse,* die bestimmte Ausgangsbedingungen mit einem bestimmten Ergebnis verknüpfen.[5] Wenn soziale Mechanismen sich auf wiederkehrende Prozesse beziehen, müssen Mechanismuskonzepte »truncated abstract descriptions«

---

3 Im Anschluss an Coleman (1964) werden Mechanismen auch gelegentlich als »sometimes-true-theories« bezeichnet, um sie von Gesetzen zu unterscheiden; siehe beispielsweise Stinchcombe (1998: 267). Dies gilt allerdings ebenso für Korrelationsaussagen mit einer expliziten Ceteris-paribus-Klausel. Mahoney (2001: 578) weist wohl auf das Gleiche hin, wenn er argumentiert, dass ein Verständnis von Mechanismen als Theorien mittlerer Reichweite das Konzept nicht klar von dem einer probabilistisch formulierten Hypothese unterscheidet, also von einer Hypothese, die eindeutig in die Korrelationsanalyse gehört.

4 Außerdem ist die Gesetzesaussage in nomologisch-deduktiven Erklärungen immer schon gegeben: Ihre Geltung ist bereits empirisch bestätigt oder wird postuliert. Bei der kausalen Rekonstruktion sind dagegen regelmäßige Zusammenhänge auf der Makroebene selbst der Erklärungsgegenstand (vgl. auch Opp 2004).

5 Von wiederkehrenden Prozessen zu sprechen, unterstellt in erkenntnistheoretischer Hinsicht, dass von konkreten (historischen) Prozessen verallgemeinerbare Eigenschaften abstrahiert werden können. Ontologisch wird damit vorausgesetzt, dass (einige) beobachtbare Ereignissequenzen *in der Tat* ähnliche Eigenschaften aufweisen.

(Machamer/Darden/Craver 2000: 15) solcher Prozesse sein. Aussagen über Mechanismen sind dementsprechend *verallgemeinernde* Kausalaussagen. Diese Feststellung wird allerdings nicht uneingeschränkt akzeptiert. Gelegentlich wird der Begriff »Mechanismus« auch auf einzigartige (historische) Kausalketten bezogen. Boudon bezieht diese Begriffsverwendung sogar in seine Definition mit ein, wenn er einen sozialen Mechanismus (SM) als »the well-articulated set of causes responsible for a given social phenomenon« bezeichnet und fortfährt: »With the exception of typical simple ones SMs tend to be idiosyncratic and singular« (Boudon 1998: 172). Hedström und Swedberg (1996: 289) verlangen dagegen in ihrer Definition »some generality«, und zumindest implizit stimmen die meisten Autoren darin überein, dass Mechanismusaussagen kausale Verallgemeinerungen über wiederkehrende Prozesse sind. So soll der Begriff auch hier verwendet werden. Mechanismen sind danach Sequenzen kausal verknüpfter Ereignisse, die in der Wirklichkeit wiederholt auftreten, wenn bestimmte Bedingungen gegeben sind.

Substanziell gesprochen stellen Mechanismen fest, *wie*, also durch welche Zwischenschritte, ein bestimmtes Ergebnis aus einem bestimmten Satz von Anfangsbedingungen hervorgeht. Ein Mechanismus benennt eine klare Kausalkette, er ist »concrete, lawful, scrutable« (Bunge 1997: 439). Während wir solche Prozesse mit einem einzelnen Wort *benennen* können, haben wir den Mechanismus nur dann identifiziert, wenn der Prozess, der das Ergebnis und die spezifischen Ausgangsbedingungen verknüpft, Schritt für Schritt ausbuchstabiert ist. Kausalaussagen über Mechanismen sind dementsprechend komplexe Formulierungen. Es reicht beispielsweise nicht aus, festzustellen, *dass* Ideen usw. Handeln beeinflussen; eine erklärende Theorie erfordert vielmehr »a plausible mechanism to account for *how* symbols, traditions, rituals, and myths influence social and political interaction« (Johnson 2002: 227, Hervorhebungen hinzugefügt). Die Spezifizierung von Kausalketten unterscheidet Aussagen über Mechanismen von Aussagen über Korrelationen.

Von »Kausalkette« und »zugrunde liegendem Prozess« zu sprechen impliziert, dass zwischen Ursache und Wirkung keine zu große Nähe bestehen sollte. Wenn eine Ursache ohne Zwischenschritte eine Wirkung hervorbringt, ist kein Mechanismus involviert, und die festgestellte Beziehung könnte sich sogar als Tautologie entpuppen (Kitschelt 2003). Der Begriff des Mechanismus sollte also für solche Prozesse reserviert werden, in denen es um verknüpfte Aktivitäten mehrerer Einheiten oder Elemente geht, und sollte nicht auf »unit acts« angewandt werden. Elster (1989: 7) drückt dies so aus, dass ein kausaler Mechanismus typischerweise »a finite number of links« aufweist. Die meisten Autoren teilen offenbar diese Sichtweise – wenn auch nur implizit, indem sie etwa feststellen, dass ein Mechanismus eine *Serie* von Ereignissen darstellt, die bestimmte

Anfangsbedingungen mit einer gegebenen Wirkung verknüpfen (zum Beispiel Little 1991: 15). In allgemeinen Diskussionen des Mechanismuskonzepts werden die Verknüpfungen als »Entitäten« und »Aktivitäten« gefasst, was immer noch der Tradition des frühen mechanistischen Denkens im 17. Jahrhundert nahe ist, aber auf soziale Mechanismen bezogen werden kann. Entitäten und Aktivitäten sind in einem Prozess organisiert, der »from start or set-up to finish or termination conditions« führt (Machamer/Darden/Craver 2000: 3). Craver, der Beispiele aus der Biologie heranzieht, fügt hinzu, dass Mechanismen eine »active organization« aufweisen, die »by their characteristic spatial and temporal organization« bestimmt ist (Craver 2001: 60).

Bei biologischen Mechanismen ist die räumliche Organisation ihrer Komponenten von offensichtlicher Bedeutung. Für soziale Mechanismen hat man die Rolle der Räumlichkeit niemals systematisch diskutiert. Hingegen ist Zeitlichkeit eindeutig ein Charakteristikum sozialer Mechanismen. Diese stellen im Zeitverlauf wiederkehrende Prozesse dar. Damit ist allerdings nicht gesagt, dass Mechanismen stets linear organisierte Kausalketten sind, in denen ein Element nach dem anderen aktiviert wird – wie bei einer Welle, die sich auf einem See ausbreitet, oder wie bei einer Kettenreaktion, an der jede Komponente nur einmal beteiligt ist. Mechanismen können Handlungssequenzen darstellen, die verschiedene soziale Elemente« einbeziehen, wie es bei einem Diffusionsprozess der Fall ist. Aber sie können auch auf wiederholten Handlungen derselben Elemente beruhen, wie in einem Eskalationsprozess. Die Kausalkette kann Rückkopplungsschleifen enthalten, und jede einbezogene Einheit kann sich im Prozess verändern (Büthe 2002: 485). Die Kausalstruktur von Mechanismen kann also ebenso gut linear wie nichtlinear sein.

Zusätzlich zu den gerade angesprochenen Definitionskriterien werden Mechanismen gelegentlich als unbeobachtbar und als Prozesse definiert, die nur in einem Systemzusammenhang geschehen. In beiden Hinsichten würde ich sagen, dass Mechanismen, so wie sie linear sein können, aber nicht müssen, auch unbeobachtbar und Teile von Systemen sein können, aber nicht müssen. Mahoney beispielsweise behauptet, dass Mechanismen unbeobachtbar sind: »causal mechanisms are *posited* relations or processes that the researcher *imagines* to exist«, sie sind also »unobservables« (Mahoney 2001: 581, Hervorhebungen hinzugefügt). Diese Sichtweise ist im philosophischen Realismus des 17. und 18. Jahrhunderts verwurzelt, der eine Reaktion auf den vergeblichen Versuch darstellte, in der experimentellen Forschung zuvor als externe Kräfte angesehene Ursachen tatsächlich zu *beobachten*.[6] Beobachtbarkeit, Quantifizierung und Messen sind Kriterien einer positivistischen Wissenschaftsauffassung; in der Tat

---

6 Ausführlicher hierzu siehe Somers (1998: 725–726) und Calhoun (1998: 851, Fußnote 6).

haben unter anderem Marx und Durkheim mit nicht beobachtbaren Tatbeständen als Ursachen gearbeitet (Brante 2001). Definiert man einen Mechanismus (ontologisch) als eine Klasse von Prozessen, die dieselbe Art von Kausalstraktur aufweisen, und Aussagen über Mechanismen als kausale Generalisierungen über solche Prozesse, ist es natürlich klar, dass beides *als solches* nicht direkt beobachtet werden kann. Doch ist es im Prinzip möglich, das Wirken eines gegebenen Mechanismus in einem spezifischen Fall zu beobachten, so wie man analytische Konstrukte mittels der Indikatoren, die sie operationalisieren, »beobachten« kann. Beobachtbarkeit (in diesem Sinne) variiert zwischen verschiedenen Wirklichkeitsbereichen, und zumindest in den Naturwissenschaften ist sie im Zeitverlauf durch die Entwicklung immer besserer Forschungstechnologien verbessert worden. Soziale Mechanismen sind also nur in dem Sinne nicht beobachtbar, wie Konstrukte und Verallgemeinerungen per definitionem nicht direkt beobachtbar sind.

Bunge (1997: 414) definiert einen Mechanismus als »a process in a concrete system« und spricht in seinem Artikel durchgängig nur über Prozesse in Systemen. Wenn allerdings »System« eng definiert wird, sodass neben der Interdependenz der Elemente auch die Grenzerhaltung ein entscheidendes Merkmal von »Systemen« ist, dann setzen Mechanismen logisch keinen Systemkontext voraus. So kann es Mechanismen geben, die die Verteilung eines bestimmten Merkmals (zum Beispiel Alter) in Populationen verändern, die nur statistische Aggregate und keine Systeme im engeren Sinne darstellen (zum Beispiel Studierende des ersten Studienjahrs in Michigan). Wenn man nicht alles Soziale schlechthin als System oder Teil eines (sozialen!) Systems ansieht, muss man zugestehen, dass Mechanismen auch außerhalb eines systemischen Kontextes wirken können – selbst wenn sie für das Funktionieren tatsächlich *bestehender* Systeme essenziell sind. Für die Einbettung von Mechanismen in einen systemischen Kontext gilt also das Gleiche wie für deren Beobachtbarkeit: Man sollte dies als eine Variable ansehen, als eine Eigenschaft, die gegeben sein, aber auch fehlen kann, wenn man etwas als sozialen Mechanismus bezeichnet.

3 Mechanismen als kausale Verbindungen

Wenn das Ziel einer Studie in der kausalen Rekonstruktion eines spezifischen Makrophänomens beziehungsweise einer Klasse von Makrophänomenen (zum Beispiel Revolutionen) besteht, beginnt die Suche nach Mechanismen nicht mit einer Korrelation, sondern mit der Identifikation eines *Explanandums*. Der Begriff des »*generativen* Mechanismus« unterstreicht diese Erklärungsstrategie. Prozesse kommen im Allgemeinen nicht als abgegrenzte Einheiten vor; sie haben keinen natürlich gegebenen Anfang und kein solches Ende. Stattdessen greifen wir künstlich eine Sequenz heraus, einen Teil des ablaufenden Geschehens, und versuchen zu erklären, wie es zu dem bestimmten Punkt gekommen ist, der unser *Explanandum* darstellt. In der historischen Forschung entscheidet allein die Spezifikation des Explanandums methodologisch plausibel darüber, an welchem Zeitpunkt man mit der Analyse einsetzt (Büthe 2002: 487–488). Das Explanandum kann ein Ereignis wie etwa ein Aufstand oder eine spezifische politische Entscheidung sein, es kann sich aber auch um eine Rate (etwa die Arbeitslosenrate), eine Beziehungsstruktur (zum Beispiel den Neokorporatismus), eine statistische Verteilung wie zum Beispiel die Bevölkerungspyramide oder um einen Prozess handeln (beispielsweise eine technologische Entwicklung oder einen Institutionenwandel). Immer jedoch heißt »erklären«, den generativen Prozess retrospektiv nachzuzeichnen; die kausale Rekonstruktion endet mit der Identifikation der entscheidenden Startbedingungen.

In der Literatur gibt es keine Einigkeit darüber, ob die Formulierung eines Mechanismus Startbedingungen und Ergebnisse ein- oder ausschließt, ob also der Begriff »Mechanismus« einen (sich wiederholenden) Prozess vom Anfang bis zum Ende bezeichnet, oder nur jenen Teil des Prozesses, der Anfang und Ende »verknüpft«. Machamer, Darden und Craver (2000) benutzen den Begriff explizit für den gesamten Prozess. Für sie besteht ein Mechanismus aus den Ausgangsbedingungen, den Endzuständen und den zwischen beiden vermittelnden Aktivitäten. Hedström und Swedberg (1996) hingegen bezeichnen als »Mechanismus« den Teil eines Prozesses, der Ursache (oder, wie sie sagen, »input«) und Wirkung (»outcome«) *verbindet* – als Formel ausgedrückt: I-M-O. Der Mechanismus M *expliziert* eine beobachtete Beziehung zwischen spezifischen Anfangsbedingungen und einem spezifischen Ergebnis. Pawsons (2000) Formel »context – mechanism – outcome« kann auf gleiche Weise verstanden werden. Ein Verständnis von Mechanismus als *intervenierende* Größe zwischen I = Explanans und O = Explanandum nimmt erkennbar die Korrelationsanalyse zum Ausgangspunkt und ergänzt sie kritisch durch die Hinzufügung des kausalen Verbindungsglieds M. Allerdings darf ein intervenierender Mechanismus nicht mit einer intervenierenden Variablen verwechselt werden, wie sie in Korrelationsanalysen vorkommt. Wie Mahoney (2001: 578), sieben andere Autoren als Gewährsleute zitierend, feststellt: »[a] causal mechanism is often understood as an intervening variable or set of intervening variables that explain why a correlation exists between an independent and a dependent variable«. Doch, so fährt er fort, »this definition unfortunately does not go beyond correlational assumptions«. In der Tat ist eine intervenierende *Variable* eine Variable, die hinzugefügt

wird, um die in einer multivariaten Analyse erklärte Gesamtvarianz zu erhöhen. Intervenierende Variablen sind keine prozesshaften Verknüpfungen.[7]
Wenn ein Mechanismus definitionsgemäß zwei Ereignisse oder Systemzustände *verbindet,* ist die Kontingenz der Aussage in den Ausgangs- (oder Kontext-) Bedingungen beschlossen, die nicht Teil des Mechanismus sind. Es mag müßig scheinen, zwischen einer Definition von Mechanismen als Prozessen, die bestimmte Ausgangs- und Endzustände lediglich *verknüpfen* oder aber *einschließen,* zu unterscheiden, aber die Differenz spiegelt zwei unterschiedliche kognitive Interessen wider: das Interesse daran, was an einem Mechanismus konstant ist, oder das Interesse an der Variabilität seines Operierens. Die erste Sichtweise, im I-M-O-Modell ausgedrückt, liegt Elsters (1998: 45) oft zitierter Definition von Mechanismen als »frequently occurring and easily recognizable causal patterns that are triggered under generally unknown conditions or with indeterminate consequences« zugrunde. Die scheinbare Unmöglichkeit, zu sagen, wann ein Mechanismus ausgelöst werden wird, folgt daraus, dass in seiner Formulierung wichtige Startbedingungen nicht enthalten sind. Ein Virus kann keine Epidemie auslösen, wenn eine Bevölkerung völlig immunisiert ist; ebensowenig führt ein Funke zur Explosion: hinzukommen muss, dass das Pulver trocken ist.

Solange wir den ganzen Prozess betrachten und sehen, dass »inputs« und »outputs« variieren können, sodass das Prozessergebnis von variablen Anfangsbedingungen abhängt, macht es keinen Unterschied für eine substanzielle Analyse, ob Ergebnisse und Anfangsbedingungen in die formale Definition eines Mechanismus einbezogen sind oder nicht. In einer theoretischen Aussage werden wichtige Anfangsbedingungen in jedem Fall explizit benannt; sie sind bekannte Bedingungen, und die Ergebnisse des Prozesses variieren in vorhersagbarer Weise mit Veränderungen dieser Bedingungen. Natürlich gibt es auch eine Kontingenz von Ergebnissen, die aus unbekannten, unter »ceteris paribus« subsumierten Faktoren herrührt; das gilt für Aussagen über Mechanismen genauso wie für alle wissenschaftlichen Aussagen, außer solchen, die wirklich universellen Charakter haben. Auf diese Kontingenz bezieht sich das »I« im I-M-O-Modell aber nicht. Das I-M-O-Modell betont, wenn auch auf andere Weise als Elsters Definition, dass Mechanismen etwas Konstantes ausdrücken, etwas, das sich nicht verändern darf, wenn der betrachtete Mechanismus nicht seine Iden-

---

7 Die diesbezügliche Verwirrung hat sowohl semantische als auch forschungstechnische Gründe. Das Wort »intervenieren« wird verschieden benutzt. So wird auch gesagt, ein Prozess oder Mechanismus, der eine Ursache und eine Wirkung »verbindet«, »interveniere« zwischen ihnen (Opp 2004). Außerdem können soziale Prozesse wie Demokratisierung, Wirtschaftswachstum oder Mobilisierung als quantitative Variable *operationalisiert* werden. Die Grenze zwischen Korrelationsanalysen und Erklärungen durch Mechanismen ist zwar logisch klar, kann aber dennoch praktisch sehr schwer zu ziehen sein.

tität verlieren soll. Inputs und Ergebnisse mögen nach diesem Modell variieren, doch die Schrittfolge, die kausale Struktur des generativen Mechanismus muss gleich bleiben.

4 Kausale Reduktion und Erklärung durch Mechanismen

Um etwas Ordnung in die verwirrende Vielfalt der Phänomene zu bringen, die »Mechanismen« genannt werden, ist es sinnvoll, zwischen a) ihrem Grad an begrifflicher Abstraktion, b) der Reichweite ihrer Geltung, und c) der Wirklichkeitsebene, auf die sie sich beziehen, zu unterscheiden.

Eine rein begriffliche Abstraktion findet auf einer bestimmten Wirklichkeitsebene statt: Die Begriffe »Großbritannien im Jahr 1990«, »westeuropäische Staaten des 20. Jahrhunderts« und »moderne Staaten« beziehen sich alle auf dieselbe Art von sozialer Einheit. Aussagen über Mechanismen lassen sich entsprechend in begriffliche Hierarchien einordnen, die von sehr speziellen zu sehr generellen Mechanismen reichen. Sehr generelle Mechanismen lassen sich konzipieren, wenn man komplexe konkrete Prozesse vereinfachend auf grundlegende Interaktionstypen wie Kooperation, Konkurrenz, Verhandlung oder Unterwerfung reduziert; Karlsson (1958), Elster (1989) und Bunge (1997) sprechen alle von solchen grundlegenden sozialen Mechanismen. Auch »positives Feedback« ist ein sehr allgemeiner Mechanismus, den man durch zunehmende Abstraktion erhält. Zunächst erkennt man einen bestimmten Einzelfall einer technologischen Innovation wie die QWERTY-Schreibmaschinentastatur (David 1985) als Beispiel eines pfadabhängigen Prozesses, bei dem eine Innovation, die anfangs nur einen kleinen Konkurrenzvorteil hatte, auf lange Sicht technologische Alternativen aus dem Rennen wirft. Dies ist bereits ein Mechanismus, das heißt hier ist bereits ein gewisser Grad an Generalisierung impliziert. Der Mechanismus pfadabhängiger technologischer Innovation stellt jedoch nur eine Unterkategorie des generelleren Mechanismus der »steigenden Erträge« (Pierson 2000) dar, auf den auch bei der Erklärung institutioneller Stabilität und institutionellen Wandels zurückgegriffen wird (Thelen 1999). »Steigende Erträge« sind ihrerseits ein Unterfall von positivem Feedback, also eines noch generelleren Mechanismus, der auch bei einem durch Vertrauensschwund ausgelösten Bankrott einer Firma oder bei einer Eskalation von Gewalt zwischen Polizei und Demonstranten wirkt (Nedelmann/Mayntz 1987).

Abstraktere Konzepte werden oft als allgemeinere bezeichnet. In der Tat haben sie einen größeren Geltungsbereich als ihre spezielleren Unterkategorien. So gibt es zum Beispiel mehr Fälle positiver Rückkopplung als Fälle pfadabhängiger technologischer Innovation, oder mehr Fälle von Kooperation als von Neokorporatismus. Doch kann es auch Unterschiede im Umfang des Geltungsbereichs bestimmter Mechanismen geben, die vom Grad begrifflicher Abstraktion unabhängig sind. Solche Unterschiede gehen auf ontologische Differenzen in der Kausalstruktur zurück, wie sie beispielsweise zwischen der physikalischen Wirklichkeit auf der einen Seite, in der sich nahezu universelle Regularitäten finden, und Organismen oder sozialen Systemen auf der anderen Seite bestehen mögen. Biologen haben ebenso wie Sozialwissenschaftler solche Differenzen behauptet. So mag das allgemeine Konzept der negativen Rückkopplung, die von Schwellenwerten abhängige Balance zwischen aktivierenden und hemmenden Kräften, in der sozialen Welt geringere Anwendbarkeit besitzen als in der organischen Welt.

Mechanismen können, wie Opp (2004) betont, sowohl Zusammenhänge zwischen verschiedenen Merkmalen von sozialen Einheiten, die auf der gleichen Ebene liegen, wie auch die berühmten Mikro-Makro-Zusammenhänge erklären. Bei der im letzten Fall implizierten Differenzierung zwischen verschiedenen Ebenen ist zu unterscheiden, ob verschiedene Seinsebenen gemeint sind oder lediglich eine Teil-Ganzes-Unterscheidung. Wenn soziale Phänomene durch psychologische Mechanismen und psychologische Mechanismen durch neurologische Prozesse erklärt werden, geht es um eine kausale Reduktion von einer »höheren« auf eine »niedrigere« Seinsebene. Die Vorstellung verschiedener Seinsebenen geht zurück auf klassische Vorstellungen von Natur; noch heute meint man, dass sich in der Existenz verschiedener Disziplinen wie Physik, Chemie, Biologie und Soziologie ontologische Unterschiede widerspiegeln (Brante 2001). Jede tiefere Ebene ist nach dieser Vorstellung eine Voraussetzung für die Existenz der höheren, jedoch besitzt die jeweils höhere Ebene zugleich eine relative Autonomie gegenüber der darunter liegenden. Diese Vorstellung unterscheidet sich deutlich von der Auffassung der mechanistischen Reduktionisten oder Physikalisten des 19. Jahrhunderts (Heintz 2004), für die allein die unterste, physikalische Seinsebene wirklich ist, während alle »höheren« Phänomene bloße Konstrukte sind, die sich letztlich auf physische Elemente reduzieren lassen.

Die damit berührte Problematik der relativen Unabhängigkeit oder Reduzierbarkeit von Phänomenen verschiedener Ebene aufeinander spielt auch eine Rolle bei der Unterscheidung von Teilen und Ganzen, die der gleichen Seinsebene angehören. Zellen und Organe stehen ebenso wie menschliche Akteure und soziale Systeme in einer Teil-Ganzes-Beziehung, ohne verschiedenen Seinsebenen zugerechnet zu werden. Sofern beiden Ebenen eine partielle Eigenständigkeit zugestanden wird, werden Phänomene auf der Systemebene durch das Zusammenwirken der Systemelemente erklärt: Makrophänomene sind insofern *emergente* Phänomene. In einer solchen Mikro-Makro-Beziehung sind generative

Mechanismen die Verbindungsglieder, Makrophänomene, die durch das Zusammenwirken von Systemelementen *entstehen,* sind von bloß additiven beziehungsweise statistisch generierten Systemmerkmalen zu unterscheiden, wie es etwa die Scheidungsrate in einer Gesellschaft ist. Es hängt allerdings, wie Wimsatt (1986) gezeigt hat, von höchst voraussetzungsvollen Bedingungen ab, um von »aggregativity« im strikten Sinne von Systemmerkmalen sprechen zu können, die sich tatsächlich lediglich durch statistische Operationen aus Individualmerkmalen ergeben. Bei solchen Systemmerkmalen wirken die erklärungsrelevanten sozialen Mechanismen auf der Individualebene, etwa indem sie die kleinere oder größere Neigung zur Ehescheidung kausal erklären.

In der Wissenschaftstheorie wird allgemein behauptet, dass »for a higher-level law to be mechanically explicable, it must be realized by some lower-level mechanism« (Glennan 1996: 62). Bezogen auf soziale Phänomene behaupten Hedström und Swedberg (1996: 299) kategorisch: »there exist no macro-level mechanisms«. Diese Behauptung entspricht dem Konzept des methodologischen Individualismus: Unter der Annahme, dass Systemeigenschaften nicht direkt durch andere Systemeigenschaften hervorgebracht werden, sondern nur durch die Aktivitäten der Systemelemente, verlangt der methodologische Individualismus für die Erklärung sozialer Makrophänomene die kausale Reduktion auf das Verhalten von Systemelementen. Auch Popper (1969: 98) verlangt: »All social phenomena, and especially the functioning of all social institutions, should always be understood as resulting from the decisions, actions, attitudes etc. of human individuals, and that we should never be satisfied by an explanation in terms of so-called ›collectives‹«.

Das Prinzip des methodologischen Individualismus wird oft durch das Makro-Mikro-Makro-Modell der soziologischen Erklärung erläutert. Von Coleman (1986, 1990) entwickelt und unter anderem von Esser (1993, 2002) und Hedström und Swedberg (1996) übernommen, fordert dieses Modell, dass der Zusammenhang zwischen zwei Makrophänomenen erklärt werden muss, indem man auf die Ebene einzelner Akteure und ihres Handelns heruntergeht. Einschlägige Makrophänomene können Strukturen (zum Beispiel die Beschäftigungsstruktur in einer Volkswirtschaft), Institutionen (zum Beispiel eine kapitalistische Ökonomie), gesellschaftliche Wissens- und Glaubenssysteme (zum Beispiel die protestantische Ethik) oder Ereignisse (zum Beispiel Revolutionen) sein. Coleman selbst benutzt als Beispiel den Zusammenhang zwischen der protestantischen Ethik und der kapitalistischen Wirtschaft; doch das Modell kann auch auf den Wandel einer gegebenen sozialen Struktur oder Institution bezogen werden. So können Makro 1 und Makro 2 beispielsweise unterschiedliche Zustände des Gesundheitssystems eines Landes sein. Mikro 1 bezeichnet die individuelle Handlungssituation, wie sie durch Makro 1 geprägt ist; Mikro 2 stellt

Abbildung 1   Makro-Mikro-Modell in Anlehnung an Coleman (1986, 1990)

dann das so hervorgerufene Handeln dar. Die Verbindung zwischen Mikro 2 und Makro 2 ist dabei nicht lediglich im Sinne einer statistischen Operation, als Summe, Durchschnitt oder Rate bestimmter individueller Merkmale oder Handlungsweisen zu verstehen, sondern als transformativer Prozess.

Der »fixed kernel« (Coleman 1990: 11) des Modells auf der Mikroebene ist immer eine Handlungstheorie, ob man sie nun als Rational Choice oder als interpretatives Paradigma auslegt (Little 1991: 11). Eine mit Mechanismen arbeitende Erklärung ist mit unterschiedlichen Handlungstheorien kompatibel. Die Zentralität von Handlungstheorien für soziologische Erklärungen ist unbestritten. Nach Büthe (2002: 483) sind kausale Mechanismen »usually derived from very general theories of the constraints, motivations, and cognitive processes employed in decision making and thus shaping human agency«, und Little (1993: 188) argumentiert, dass die einzigen *gesetzesförmigen* Regelmäßigkeiten der sozialen Wirklichkeit Regelmäßigkeiten individuellen Handelns seien, aus denen soziale Regelmäßigkeiten als emergente Phänomene hervorgehen. Derartige Äußerungen können allerdings dazu verleiten, das Coleman-Modell im Sinne einer *Sequenz* von Prozessschritten zu interpretieren. So wie es in der Abbildung dargestellt ist, suggeriert dieses Modell einen eingebauten Bias zugunsten individuellen Handelns, denn strukturelle und institutionelle Faktoren kommen in dem Modell *explizit* nur als Determinanten der Handlungssituation von Individuen (Makro 1) und als direkte Makroeffekte individuellen Handelns (Makro 2) vor.

Dieses Modell scheint im ersten Zugriff gut auf emergente Makrophänomene zu passen, die aus dem interdependenten, aber unkoordinierten Handeln vieler Individuen entstehen – wie beispielsweise in Diffusions- oder Mobilisierungsprozessen. Tatsächlich konzentrieren sich Coleman selbst, Karlsson (1958), Boudon (1979) sowie die meisten Autoren in dem Sammelband von Hedström und Swedberg (1998) auf solche Prozesse. Karlsson spricht allgemein von »interaction mechanisms«, von denen er zwei Unterarten unterscheidet: Diffusionsmechanismen und Auswahlmechanismen. Letztere werden von Präferenzen und Eigenschaften der Akteure bestimmt und erzeugen typische

Verteilungsstrukturen wie Endogamie oder räumliche Segregation. Auch Elster (1989) konzentriert sich dort, wo er über die Explikation psychologischer Mechanismen hinausgeht, auf Aggregateffekte[8] motivierten individuellen Verhaltens.

Aus rein pragmatischen Gründen ist es natürlich oft nicht möglich, in einer empirischen Studie, die sich mit einem Makroereignis oder Veränderungsprozess beschäftigt, auf die Ebene individuellen Verhaltens hinunterzusteigen. Wenn der zu erklärende Makroeffekt beispielsweise das Ergebnis des Bargainings zwischen formalen Organisationen (Gewerkschaften, Arbeitgeberverbänden, Regierungen) ist, würde man nicht auf die Ebenen der individuellen Organisationsmitglieder hintergehen, um die strategischen Wahlen der korporativen Akteure zu erklären – nicht nur aus pragmatischen Gründen, sondern auch, weil eine kausale Zurückführung auf die Mikroebene individuellen Handelns solange nicht notwendig ist, wie man den größeren sozialen Einheiten Akteurqualität und damit den Status von Systemelementen zusprechen kann. Stinchcombe weist auf einen ähnlichen Punkt hin, wenn er bezweifelt, dass das Bemühen, kollektive Muster magischer Praktiken auf der Ebene von Individuen zu erklären, einen explanatorischen Mehrwert hat. Er schließt:

> Where there is rich information on variations at the collective or structural level, while individual-level reasoning (a) has no substantial independent empirical support and (b) adds no new predictions at the structural level that can be independently verified, theorising at the level of »individual level« mechanisms is a waste of time. (Stinchcombe 1991: 379–380)

Sogar wo es möglich ist, bei der Erklärung eines Makrophänomens auf die Ebene individuellen Verhaltens hinunterzugehen, wäre es jedoch ein folgenreiches Missverständnis zu glauben, dass Makrophänomene *direkt* aus motiviertem individuellen Verhalten folgen. Handeln ist zwar immer eine notwendige, aber keine ausreichende Ursache für die Erklärung der meisten den Sozialwissenschaftler interessierenden Makrophänomene. Emergente Mikro-Makro-Beziehungen enthalten als Komponenten immer Strukturen (de facto Konstellationen) oder Institutionen, das heißt normativ geprägte stabile Handlungszusammenhänge in einem Akteurssystem. Barbera unterscheidet entsprechend zwischen *micro-riduzione*, wenn nur individuelles Handeln zur Erklärung herangezogen wird, und *micro-fondazione*, wenn auch andere, insbesondere strukturelle oder institutionelle Faktoren zur Erklärung herangezogen werden (Barbera 2004: 10, 58).

---

8 An Boudon (1984) anknüpfend, der bei der Diskussion solcher Effekte wiederholt von »agrégation d'actions individuelles« spricht, benutze ich diesen Ausdruck nicht für statistische Merkmale wie etwa Mobilitätsraten oder Einkommensverteilungen, sondern für die Resultate kollektiver Handlungsprozesse, die unintendierte Makroeffekte wie etwa eine Panik, eine segregierte Siedlungsstruktur oder eine unerwartete politische Revolution hervorbringen (siehe Kuran 1989).

Beziehungskonstellationen und institutionelle Regeln sind integrale Bestandteile der Prozesse, die emergente soziale Makrophänomene erzeugen. Dies gilt auch für Aggregateffekte, die sich aus dem interdependenten Handeln der Individuen in einer gegebenen Population ergeben. Bei der Diffusion einer Innovation, eines Gerüchts oder einer Krankheit bestimmt die Rezeptivität jedes Individuums lediglich, ob es im Falle eines Kontaktes eine Innovation übernehmen, ein Gerücht glauben und weitergeben oder krank werden wird. Doch die Gestalt des Gesamtprozesses – wie schnell er sich ausbreitet, wie weit er sich erstreckt, oder ob er frühzeitig abbricht – hängt nicht nur von dem Rezeptivitätsprofil aller beteiligten Individuen ab, sondern auch von der vorgängig existierenden Beziehungsstruktur in der Population. Dies ist unzweifelhaft ein makrostrukturelles Merkmal, und unzweifelhaft ist es eine Komponente des Erzeugungsmechanismus. Granovetter (1978: 1430) hat dies klar erkannt, als er in seiner Analyse von Schwellenwertmodellen kollektiven Handelns die Notwendigkeit betonte, »the impact« of social structure on collective outcomes« zu spezifizieren.

Auch der Mechanismus, der den Makroeffekt eines Marktgleichgewichts erzeugt, hängt von strukturellen Merkmalen ab – etwa der Existenz einer Mehrzahl konkurrierender Produzenten und dem Fehlen politischer Preisfestsetzungen. Die rationalen Angebots- und Kaufentscheidungen von Individuen sind zwar das »Material« des Prozesses, doch seine Gestalt wird von solchen strukturellen Elementen geprägt. Selbst die berühmte »tragedy of the commons« ergibt sich nicht einfach aus dem rationalen Verhalten von Individuen, die angesichts gegenwärtiger individueller Profite zukünftige kollektive Kosten vernachlässigen. Diese Handlungsorientierung führt nur dann zur »Tragödie«, wenn Weideland institutionell als Gemeineigentum definiert wird.

So argumentierend betont Ostrom (1990, 1999) generell die Bedeutung institutioneller Regeln für das Auftreten und die Lösung von Problemen des Erhalts kollektiver Ressourcen; inzwischen bezieht sie sogar strukturelle Eigenschaften der sozialen Gruppen in ihre Analyse ein. All dies sind Fälle, in denen spezifische strukturelle oder institutionelle Merkmale entscheidend sind für die Erzeugung emergenter Makroeffekte.

Dies wird noch augenfälliger, wenn wir uns mit den Outcomes spezifischer Typen von Akteurkonstellationen beschäftigen. Ein klassisches Beispiel ist Elias (1969) »Königsmechanismus«, der bei der Soziogenese des modernen Staates zum Tragen kam. Grundlage dieses Mechanismus ist eine hierarchische Beziehung zwischen einer Zentralmacht und einer Vielzahl von untergeordneten Machthabern, die auf ihre Autonomie bedacht sind. Wenn die Macht der Zentrale zunimmt, schalten die Machthaber auf der unteren Ebene von Konkurrenz untereinander zu Kooperation miteinander um und schwächen so die Zentralmacht. Damit schwächt sich deren Druck auf die untere Ebene ab, was dort zum Rückfall zu gegenseitiger Konkurrenz führt. Diese spezifische Akteurkonstellation erzeugt also eine sich wiederholende Oszillation zwischen Zentralisierung und Dezentralisierung. Um auch ein gegenwärtiges Beispiel heranzuziehen: In föderalistischen Staaten sind Politikblockaden das Ergebnis einer Struktur verfassungsmäßig definierter Vetopunkte, die regionalen oder politischen Minderheiten die Gelegenheit geben, die Gesetzgebung aufzuhalten. Strukturelle Faktoren sind ebenfalls entscheidend, wenn Experten in einer Verhandlungsstruktur eine Problemlösung auf der Basis technischer Argumente finden können, weil Verteilungskonflikte organisatorisch vom technischen Diskurs getrennt sind.[9]

Auch überzeugte methodologische Individualisten wissen natürlich, dass das motivierte Handeln von Individuen zwar eine notwendige Ursache für die Erklärung von Makrophänomenen darstellt, aber keine hinreichende. Coleman (1990: 11, 20) selbst bemerkt beiläufig, dass individuelles Handeln unterschiedliche soziale Phänomene erzeugt, »when located in different social contexts«, und zählt »various ways in which actions combine to produce macro-level outcomes« auf. In Essers (1993) erklärender Soziologie spielen strukturelle und institutionelle Faktoren die Rolle von intervenierenden Variablen auf der Mesoebene des Transformationsmechanismus, und auch Brante (2001: 175) betont, dass Mechanismen »structurally dependent« seien. Strukturen wirken über die Handlungen von Individuen; doch wenn man eine allgemeine Handlungsorientierung von Individuen wie beispielsweise rationales Wählen annimmt, hängt es von der Beschaffenheit des strukturellen Arrangements ab, in dem sie handeln, wie der Effekt aussieht. Wenn das Explanandum ein Makrophänomen oder der Zusammenhang zwischen zwei Makrophänomenen ist, zum Beispiel zwischen einem auf Abgaben basierenden Wohlfahrtsstaat und einer wachsenden Arbeitslosigkeit, besteht demnach die wichtigste kognitive Herausforderung darin, die strukturellen und institutionellen Merkmale zu identifizieren, die die Handlungen der verschiedenen Akteure so »organisieren«, dass der Makroeffekt erzeugt wird.

Kehren wir noch einmal zum Coleman-Modell und zum I-M-O-Modell von Mechanismen zurück. Versteht man das Coleman-Modell rein analytisch, dann kann Makro 1 sowohl die strukturellen und institutionellen Faktoren enthalten, die das jeweilige individuelle Handeln motivieren, wie auch jene, die bestimmen, wie diese individuellen Akte kombiniert oder, in der Terminologie von Craver, »organisiert« werden. Ebenso kann das »I«, die Startbedingungen im I-M-O-Modell, sowohl die bei der Motivierung individuellen Handelns wie die bei seiner Zusammenfügung zu einem Makroeffekt wirksamen Faktoren enthalten. Letztere müssen, wenn man die Modelle analytisch und nicht als Phasenbeschrei-

---

9 Ausführlicher hierzu, und mit empirischen Bezügen, siehe Mayntz (1999).

bung versteht, nicht erst auftreten und wirksam werden, *nachdem* die Akteure bereits gehandelt haben. Bei der zuvor erwähnten »tragedy of the commons« etwa sind beide sogar identisch, das heißt die institutionelle Bedingung »Gemeinbesitz« motiviert die kurzsichtigen Nutzenkalküle der Akteure ebenso wie sie das unerwünschte Ergebnis ihres kollektiven Handelns bestimmt. In anderen Fällen handelt es sich dagegen um analytisch separierbare Faktorenkomplexe; so wird etwa das individuelle Wahlverhalten bei Bundestagswahlen weitgehend durch individuelle Lagemerkmale, das Ergebnis in Gestalt einer neuen Regierung dagegen durch die Aggregationsregeln des Wahlgesetzes bestimmt.

Das Coleman-Modell ist auch die Grundlage von Versuchen, verschiedene Typen von Mechanismen zu unterscheiden – wobei es eher die Ausnahme als die Regel ist, dass Autoren überhaupt typologische Unterscheidungen treffen. Hedström und Swedberg sind die prominentesten Vertreter einer solchen Typologie. Sie sprechen von »situational« (Makro-Mikro), »individual action« (Mikro-Mikro) und »transformational mechanisms« (Mikro-Makro) (siehe auch Müller 2001: 55). Eine unabhängig entwickelte Dreier-Typologie wird von Tilly (2001) und McAdam, Tarrow und Tilly (2001) vorgeschlagen, die zwischen »environmental«, »cognitive« und »relational mechanisms« unterscheiden. »Environmental mechanisms« wie beispielsweise Ressourcenerschöpfung erzeugen Veränderungen in »the conditions affecting life«; »cognitive mechanisms« beziehen sich auf psychologische Mechanismen, die bestimmte Arten des Verhaltens erzeugen; »relational mechanisms« schließlich verändern die »connections among people, groups, and interpersonal networks« (Tilly 2001: 26).

Oberflächlich betrachtet scheint diese Typologie der von Hedström und Swedberg sehr ähnlich zu sein. »Cognitive mechanisms« gehören eindeutig in die Kategorie der Mikro-Mikro-Mechanismen, auch wenn sie grundsätzlich psychologischer Natur sind. »Environmental mechanisms« entsprechen in etwa der Kategorie der Makro-Mikro-Mechanismen. Sie prägen Handlungssituationen, allerdings möglicherweise durch nichtsoziale Faktoren wie die Erschöpfung natürlicher Ressourcen. »Relational mechanisms« schließlich könnten der Kategorie der »transformational mechanisms« von Hedström und Swedberg zuzurechnen sein. Wenn man allerdings genauer hinschaut, was mit »relational mechanisms« gemeint ist, wird eine wichtige Besonderheit sichtbar. Wie schon die Begrifflichkeit anzeigt, betonen »relational mechanisms« Beziehungen, also Strukturen, und nicht individuelles Handeln. Das gilt für solche grundlegenden Mechanismen wie Konkurrenz als ein aus einer bestimmten Beziehungsstruktur erwachsender Interaktionstyp, und es gilt auch für den Mechanismus der Vermittlung, der eine wichtige Rolle in denjenigen sozialen Prozessen spielt, die von McAdam, Tarrow und Tilly als »contentious episodes« analysiert werden. Vermittlung ist nicht als ein spezifischer Handlungstyp des Vermittelns definiert, sondern als ein Prozess der Verknüpfung von »two or more unconnected social sites by a unit that mediates their relation with one another and/or with yet other sites« (McAdam et al, 2001: 26). Mit der Kategorie der »relational mechanisms« wird ausdrücklich die Bedeutung struktureller und institutioneller Faktoren bei der kausalen Rekonstruktion sozialer Makrophänomene anerkannt.

5 Soziale Mechanismen als theoretische Bausteine

Die vorangegangene Diskussion hat hoffentlich die Verwirrung gemindert, die der Gebrauch des Mechanismuskonzepts in den Sozialwissenschaften mit sich gebracht hat. Damit können wir zu der Frage zurückkehren, die ursprünglich diese Überlegungen angeregt hat, nämlich zur Klärung der – möglicherweise entscheidenden – Rolle, die Aussagen über Mechanismen bei der kausalen Rekonstruktion, also Erklärung von sozialen Makrophänomenen spielen.

Die Frage so zu stellen bedeutet, von umrissenen empirischen Feldern auszugehen, also nicht à la Niklas Luhmann eine allgemeine Sozialtheorie anzustreben. Dann müsste man ja versuchen, die allgemeinsten Mechanismen herauszufinden, die in der sozialen Welt operieren. Solch ein Bemühen könnte am Ende zu einem umfassenden analytischen Bezugsrahmen führen, wie ihn etwa Leopold von Wiese (1933) vorgelegt hat, der als Hauptvertreter der deutschen formalen Soziologie alle sozialen Prozesse in zwei grundlegende Kategorien einteilte: Prozesse des »Zueinander« und Prozesse des »Auseinander«. Doch wie uns Bunge (1997: 451) warnt: »generic mechanisms can explain no particular facts«. Die allgemeine Interaktionsdynamik zu explizieren, die zu einer abstrakt definierten Kooperation führt, hilft wenig dabei, die Kooperation zwischen Kapital und Arbeit in einer neokorporatistischen Struktur zu erklären. Es ist unmöglich, eine gehaltvolle empirische Theorie aus kontextfreien, allgemeinen Mechanismen zu entwickeln. Mechanismen, die konkrete Makrophänomene erklären, müssen sehr viel spezifischer sein.

Der Ausgangspunkt für eine Suche nach Mechanismen, die in einem spezifischen Feld wirken, ist stets eine beobachtete oder vermutete Regelmäßigkeit, ein Ereignis, eine Struktur oder ein Prozess institutionellen Wandels, die erklärungsbedürftig sind. Aussagen über Mechanismen sind in die Theorie eingebaute Verbindungsglieder: Sie sind Kausalaussagen, die spezifische Ergebnisse in der Weise erklären, dass sie deren Erzeugungsprozess – unter gegebenen Startbedingungen – identifizieren. Wenn aber soziale Mechanismen beobachtete Phänomene oder Beziehungen *erklären* sollen, heißt das, dass diese logisch vorangehen: Die »Was-Frage« geht logisch der »Wie-Frage« voraus. Bereichsspezifische Theorien können Feststellungen über soziale Mechanismen *enthalten,* doch diese Feststellungen ergeben für sich genommen keine kohärente Theorie. Dies wird in Definitionen von »Theorie« erkannt, die – wie diejenige von Kiser und Hechter (1998) – Mechanismen als *Teile* von Theorien erwähnen. Aussagen über Mechanismen können daher eine Analyse, die auf statistischen Korrelationen gründet, gut ergänzen. In der Tat wird in solchen Zusammenhängen oft diskursiv von Mechanismen gesprochen, wenn auch meist eher ad hoc als systematisch. Es gibt jedoch auch Beispiele sehr ingeniöser Korrelationsanalysen, die einer auf Mechanismen basierenden Erklärung ziemlich nahe kommen, ohne das Wort jemals zu gebrauchen (zum Beispiel Hoover 1990). Der Unterschied zwischen multivariaten Korrelationsanalysen und Erklärungen durch Mechanismen ist keinesfalls so groß, wie einige Vertreter des letztgenannten Ansatzes behaupten. Die Konstruktion eines *Gegensatzes* zwischen beiden Ansätzen ist jedenfalls verfehlt.

Prozesse, die bei der kausalen Rekonstruktion eines bestimmten Falles oder einer Klasse von Makrophänomenen identifiziert worden sind, können als Mechanismen formuliert werden, wenn ihre grundlegende Kausalstruktur auch in anderen Fällen oder Klassen von Fällen wiedergefunden werden kann. Der Mobilisierungsprozess, der sich anhand einer Spendenkampagne für ein bestimmtes Projekt beobachten lässt, lässt sich beispielsweise so verallgemeinern, dass er auch andere Ergebnisse wie kollektiven Protest oder eine patriotische Bewegung abdeckt, die junge Männer massenhaft dazu bewegt, sich als Soldaten in einem Krieg zu verpflichten. Ähnlich lassen sich Fälle pfadabhängiger technologischer Innovation zum sehr viel generelleren und weit mehr Arten von Prozessen abdeckenden Konzeptes des positiven Feedbacks verallgemeinern.

Wenn wir darauf aus sind, soziale Mechanismen zu identifizieren, die spezifisch genug sind, um Erklärungskraft für ganz bestimmte beobachtete Ereignisse oder Relationen zu haben, doch gleichzeitig generell genug, um in verschiedenen empirischen Feldern analytisch genutzt werden zu können, ist es notwendig, die (unterschiedlichen) Startbedingungen zu benennen, die, über einen Prozess mit einer gegebenen Kausalstruktur, bestimmte (unterschiedliche) Ergebnisse hervorbringen können. Auf diese Weise ließe sich ein Werkzeugkasten allgemeinerer Mechanismusmodelle bestücken. Zwar lässt sich aus einem so generellen Konzept wie positivem Feedback kein spezifisches Ereignis ableiten; doch das Konzept kann den Forscher anregen, in seinem empirischen Fall nach einem entsprechenden Typ von kausaler Dynamik Ausschau zu halten.

Die Mehrzahl der Makrophänomene, die insbesondere Politikwissenschaftler interessieren, lassen sich nicht durch nur einen Mechanismus erklären. Die kausale Rekonstruktion von Makrophänomenen wie ein gewaltloser Regimewechsel, steigende Arbeitslosigkeit oder wachsende Demokratisierung bezieht eine Kette verschiedener Mechanismen ein, die zusammengenommen das Ergebnis hervorbringen. Nicht alle Mechanismen, die Komponenten solch eines Prozesses sind, werden im strengen Sinne sozialer Natur sein. In den Prozessen, die von McAdam, Tarrow und Tilly analysiert werden, sind kognitive psychologische Mechanismen wie beispielsweise, »Identitätswandel« wichtige Bestandteile der Kausalkette. Die übergeordneten Prozesse können selbst ein bestimmtes Muster ergeben und daher als Mechanismen zweiter Ordnung gelten. Ob dies der Fall ist oder nicht, ist jedoch eine empirische Frage. McAdam, Tarrow und Tilly (2001) beschreiben beispielsweise den Prozess der Demokratisierung als einen Prozess zweiter Ordnung, der aus einer Serie von Mechanismen zusammengesetzt ist, die auf unterschiedliche Weise kombiniert sein können, aber dennoch eine vergleichbare »terminal condition« ergeben. Gehaltvolle Theorien, ob sie sich mit Episoden der Ansteckung, mit institutioneller Stabilität und institutionellem Wandel oder mit Spielarten des Kapitalismus beschäftigen, beziehen typischerweise eine Mehrzahl von Mechanismen relativ spezifischer Art ein.

Das Problem ist, dass unsere theoretischen Werkzeugkästen für unterschiedliche Arten von Mechanismen sehr ungleichmäßig bestückt sind. Wir besitzen bereits einen gut gefüllten, wenn auch nicht sehr ordentlich sortierten Werkzeugkasten für Mechanismen zur Modellierung verschiedener Arten von kollektivem Verhalten – womit hier unkoordiniertes, aber interdependentes Handeln vieler Individuen gemeint ist. Beispiele sind Modelle linearer und nichtlinearer Diffusion, der Mechanismus, der der räumlichen Segregation in städtischen Wohnvierteln unterliegt, der Marktmechanismus oder der Mechanismus einer Mobilisierung, bei der nicht nur Schwellenwerte, sondern auch eine »Produktionsfunktion« eine Rolle spielt, die u.a. bestimmt, wie viele Akteure mindestens teilnehmen müssen, um den Effekt hervorzurufen.[10] Bis jetzt verfügen wir über keinen ähnlich bestückten Werkzeugkasten von Mechanismen für solche Fälle, bei denen spezifische Arten von Konstellationen korporativer Akteure und spezifische Beziehungsstrukturen eine entscheidende Rolle spielen. Einige solcher Mechanismen sind von McAdam, Tarrow und Tilly (2001) identifiziert worden; ein Beispiel ist der bereits erwähnte Vermittlungsmechanismus.

Konkrete Makroprozesse weisen eine große Vielfalt struktureller und institutioneller Merkmale auf, die sehr schwierig zu systematisieren sind; sie reichen von Simmels »lachendem Dritten«, verschiedenen Konfigurationen von Netzwerken und unterschiedlichen Arten von Machtstrukturen (konzentriert oder fragmentiert, zentralisiert oder dezentralisiert, eine Ebene oder mehrere Ebenen usw.) bis zu unterschiedlichen Entscheidungsregeln.

---

10 Als Überblick über verschiedene Arten diskontinuierlicher Prozesse siehe Mayntz (1988).

In diesem Meer von Besonderheiten ist die Spieltheorie eine Insel allgemeinerer Begriffe und Modelle. In der Spieltheorie hängt es von der Auszahlungsstruktur ab, ob rationale Akteure miteinander kooperieren. Ein Spiel wie das Prisoner's Dilemma oder das Battle of the Sexes ist ein relativ einfacher Mechanismus, der im Wesentlichen die Auszahlungsstruktur und die Rationalitätsorientierung der Spieler als Startbedingungen hat, welche die strategischen Wahlen der Akteure bestimmen, aus denen das Ergebnis der Interaktion hervorgeht. Wie jedoch oft betont worden ist, können viele Akteurkonstellationen nicht sinnvoll als Spiele modelliert werden. Neokorporatistische Verhandlungen ließen sich noch als strategische Interdependenzen mit bestimmten Spielmodellen fassen. Doch die grundlegenden Voraussetzungen solcher Verhandlungen, unter anderem die Existenz einer bestimmten Struktur von Interessenorganisation, sind das Ergebnis eines viel komplexeren Prozesses, in den technologische und rechtliche Innovationen, eine spezifische Form sozialer Differenzierung und autoritative politische Interventionen eingehen.

Mit Ausnahme der Spieltheorie gibt es in der Literatur noch immer keine Versuche, verschiedene Arten von Akteurkonstellationen in unterschiedlichen Feldern makrosozialer Forschung ähnlich systematisch zu behandeln, wie dies für die emergenten Effekte kollektiven Verhaltens geschehen ist. Wenn unterschiedliche strukturelle Konfigurationen und Akteurkonstellationen in der Tat typische Arten sozialer Dynamik erzeugen, könnte es den Versuch lohnen, nach Mechanismusmodellen zu suchen, die über kollektives Verhalten und die Produktion von Aggregateffekten auf der einen Seite und Spieltheorie auf der anderen Seite hinausgehen. Das Problem besteht darin, dass in den meisten empirischen Studien, in denen Strukturkonfigurationen und Akteurkonstellationen eine entscheidende Rolle spielen, wenig getan wird, um aus der Analyse Mechanismusmodelle zu destillieren. Die Arbeit von McAdam, Tarrow und Tilly (2001) über »contentious episodes« ist eine beachtenswerte Ausnahme. Andere Felder, in denen man mit ähnlicher Absicht Sekundäranalysen betreiben könnte, wären etwa Forschungen über Regimetransformation mit ihrem Fokus auf Veränderungsprozesse, Forschungen über Spielarten des Kapitalismus mit ihrem Fokus auf Prozesse systemischer Interdependent, Studien des historischen Institutionalismus mit ihrem Fokus auf institutionelle Kontinuität und institutionellen Wandel, und ganz allgemein Analysen von Politikprozessen in politischen Systemen mit einer oder mit mehreren Entscheidungsebenen. Es wäre von großem theoretischen Interesse, wenn man erkennen könnte, in welchem Maße die in so unterschiedlichen Bereichen identifizierten sozialen Mechanismen isomorph sind und verallgemeinert werden können, und in welchem Maße sie spezifisch für ihre Art von Explanandum bleiben.

Dieser Beitrag schließt somit, wie es sich für einen *State-of-the-art*-Bericht gehört: mit dem Aufruf zu weiterer Arbeit, die sich dann auch noch auf die schwierigen Fragen des Forschungsdesigns erstrecken sollte, die in der allgemeinen Literatur über Mechanismen genauso wie in diesem Aufsatz vernachlässigt worden sind.

Literatur

Barbera, Filipo, 2004: *Meccanismi sociali: Elementi di sociologia analitica*. Bologna: il Mulino.

Beck, Nathaniel/Jonathan Katz, 1995: What to Do (and not to Do) with Time-Series Cross-Section Data. In: *American Political Science Review* 89, 634–647.

Boudon, Raymond, 1979: *La logique du social*. Paris: Pluriel.

———, 1984: *La place du desordre*. Paris: Presses Universitaires de France.

———, 1998: Social Mechanisms without Mack Boxes. In: Peter Hedström/Richard Swedberg (Hg.), *Social Mechanisms: An Analytical Approach to Social Theory*. Cambridge: Cambridge University Press, 172–203.

Brante, Thomas, 2001: Consequences of Realism for Sociological Theory-Building. In: *Journal for the Theory of Social Behaviour* 31(2), 167–195.

Büthe, Tim, 2002: Taking Temporality Seriously: Modelling History and the Use of Narratives as Evidence. In: *American Political Science Review* 96(3), 481–493.

Bunge, Mario, 1997: Mechanisms and Explanation. In: *Philosophy of the Social Sciences* 27(4), 410–465.

Calhoun, Craig, 1998: Explanation in Historical Sociology: Narrative, General Theory, and Historically Specific Theory. In: *American Journal of Sociology* 104(3), 846–871.

Coleman, James S., 1964: *Introduction to Mathematical Sociology*. New York: Free Press.

———, 1986: Social Theory, Social Research, and a Theory of Action. In: *American Journal of Sociology* 91(6), 1309–1335.

———, 1990: *Foundations of Social Theory*. Cambridge, MA: Harvard University Press.

Craver, Carl, 2001: Role Functions, Mechanisms, and Hierarchy. In: *Philosophy of Science* 68(1), 53–74.

David, Paul, 1985: Clio and the Economics of QWERTY. In: *American Economic Review* 75, 332–337.

Elias, Norbert, 1969: *Über den Prozeß der Zivilisation*. 2. Auflage. Bern: Francke.

Elster, Jon, 1989: *Nuts and Bolts for the Social Sciences*. Cambridge: Cambridge University Press.

———, 1998: A Plea for Mechanisms. In: Peter Hedström/Richard Swedberg (Hg.), *Social Mechanisms: An Analytical Approach to Social Theory*. Cambridge: Cambridge University Press, 45–73.

Esser, Hartmut, 1993: *Soziologie: Allgemeine Grundlagen*. Frankfurt a.M.: Campus.

———, 2002: Was könnte man (heute) unter einer ›Theorie mittlerer Reichweite‹ verstehen? In: Renate Mayntz (Hg.), *Akteure – Mechanismen – Modelle: Zur Theoriefähigkeit makro-sozialer Analysen*. Frankfurt a.M.: Campus, 128–150.

Glennan, Stuart S., 1996: Mechanisms and the Nature of Causation. In: *Erkenntnis* 44, 49–71.

Granovetter, Mark, 1978: Threshold Models of Collective Behaviour. In: *American Journal of Sociology* 83(6), 1420–1443.

Hall, Peter A., 2003: Aligning Ontology and Methodology in Comparative Research. In: James Mahoney/Dietrich Rueschemeyer (Hg.), *Comparative Historical Research in the Social Sciences*. New York: Cambridge University Press, 373–404.

Hedström, Peter/Richard Swedberg, 1996: Social Mechanisms. In: *Acta Sociologica* 39(3), 281–308.

—— (Hg.), 1998: *Social Mechanisms: An Analytical Approach to Social Theory*. Cambridge: Cambridge University Press.

Heintz, Bettina, 2004: Emergenz und Reduktion: Neue Perspektiven auf das Mikro-Makro-Problem. In: *Kölner Zeitschrift für Soziologie und Sozialpsychologie* 56(1), 1–31.

Hempel, Carl G., 1965: *Aspects of Scientific Explanation and Other Essays in the Philosophy of Science*. New York: The Free Press.

Hoover, Kevin D., 1990: The Logic of Causal Inference: Econometrics and the Conditional Analysis of Causation. In: *Economics and Philosophy* 6, 207–234.

Johnson, James, 2002: How Conceptual Problems Migrate: Rational Choice, Interpretation, and the Hazards of Pluralism. In: *Annual Review of Political Science* 5, 223–248.

Karlsson, Georg, 1958: *Social Mechanisms: Studies in Sociological Theory*. Stockholm: Almquist & Wicksell.

Kiser, Edgar/Michael Hechter, 1998: The Debate on Historical Sociology: Rational Choice and Its Critics. In: *American Journal of Sociology* 104(3), 785–816.

Kitschelt, Herbert, 2003: Accounting for Postcommunist Regime Diversity: What Counts as a Good Cause? In: Grzegorz Ekiert/Stephen E. Hanson (Hg.), *Capitalism and Democracy in Eastern and Central Europe: Assessing the Legacy of Communist Rule*. Cambridge: Cambridge University Press, 49–86.

Knight, Jack, 1995: Models, Interpretations, and Theories: Constructing Explanations of Institutional Emergence and Change. In: Jack Knight/Itai Sened (Hg.), *Explaining Social Institutions*. Ann Arbor: University of Michigan Press, 95–119.

Kuran, Timur, 1989: Sparks and Prairie Fires: A Theory of Unanticipated Political Revolution. In: *Public Choice* 61, 41–74.

Little, Daniel, 1991: *Varieties of Social Explanation: An Introduction to the Philosophy of Social Science*. Boulder, CO: Westview Press.

——, 1993: On the Scope and Limits of Generalizations in the Social Sciences. In: *Synthese* 97, 183–207.

Machamer, Peter/Lindley Darden/Carl F. Craver, 2000: Thinking about Mechanisms. In: *Philosophy of Science* 67(1), 1–25.

Mahoney, James, 2001: *Beyond Correlational Analysis: Recent Innovations in Theory and Method*. In: Sociological Forum 16(3), 575–593.

Mayntz, Renate, 1997 [1988]: Soziale Diskontinuitäten. Erscheinungsformen und Ursachen. In: Renate Mayntz, *Soziale Dynamik und politische Steuerung: Theoretische und methodologische Überlegungen*. Frankfurt a.M: Campus, 115–140.

——, 1999: Organizations, Agents, and Representatives. In: Morton Egeberg/Per Lagreid (Hg.), *Organizing Political Institutions. Essays for Johan P. Olsen*. Oslo: Scandinavian University Press, 81–91.

———, 2002: Zur Theoriefähigkeit makro-sozialer Analysen. In: Renate Mayntz (Hg.), *Akteure – Mechanismen – Modelle: Zur Theoriefähigkeit makro-sozialer Analysen*. Frankfurt a.M.: Campus, 7–43.

McAdam, Doug/Sidney Tarrow/Charles Tilly, 2001: *Dynamics of Contention*. Cambridge: Cambridge University Press.

Merton, Robert K., 1957: On Sociological Theories of the Middle Range. In: *On Sociological Theory: Five Essays, Old and New*. New York: Free Press, 39–72.

Müller, Hans-Peter, 2001: Soziologie in der Eremitage? Skizze einer Standortbestimmung. In: Eva Barlösius/Hans-Peter Müller/Steffen Sigmund (Hg.), *Gesellschaftsbilder im Umbruch*. Opladen: Leske + Budrich, 37–63.

Nagel, Ernest, 1961: *The Structure of Science: Problems in the Logic of Scientific Explanation*. London: Harcourt, Brace & World.

Nedelmann, Birgitta/Renate Mayntz, 1987: Eigendynamische soziale Prozesse. Anmerkungen zu einem analytischen Paradigma. In: *Kölner Zeitschrift für Soziologie und Sozialpsychologie* 39, 648–668.

Opp, Karl-Dieter, 2004: Erklärung durch Mechanismen: Probleme und Alternativen. In: Robert Kecskes/Michael Wagner/Christof Wolf (Hg.), *Angewandte Soziologie*. Wiesbaden: VS-Verlag für Sozialwissenschaften, 361–379.

Ostrom, Elinor, 1990: *Governing the Commons: The Evolution of Institutions for Collective Action*. Cambridge: Cambridge University Press.

———, 1999: *Context and Collective Action: Four Interactive Building Blocks for a Family of Explanatory Theories*. Unveröffentlichtes Manuskript. Bloomington: Indiana University.

Pawson, Ray, 2000: Middle-range Realism. In: *Archives Européennes de Sociologie* 41(2), 283–324.

Petersen, Roger, 1999: Mechanisms and Structures in Comparison. In: John Bowen (Hg.), *Critical Comparisons in Politics and Culture*. Cambridge: Cambridge University Press.

Pierson, Paul, 2000: Increasing Returns Path Dependence, and the Study of Politics. In: *American Political Science Review* 94, 251–267.

Popper, Karl, 1969: *The Open Society and its Enemies*, Vol. 1: *The Spell of Plato*. London: Routledge & Kegan Paul.

Ragin, Charles C., 1987: *The Comparative Method: Moving Beyond Qualitative and Quantitative Strategies*. Berkeley: University of California Press.

———, 2000: *Fuzzy-Set Social Science*. Chicago: University of Chicago Press.

Somers, Margaret R., 1998: »We're no Angels«: Realism, Rational Choice, and Relationality in Social Science. In: *American Journal of Sociology* 104(3), 722–784.

Stinchcombe, Arthur L., 1991: The Conditions of Fruitfulness of Theorizing about Mechanisms in Social Science. In: *Philosophy of the Social Sciences* 21, 367–388.

———, 1998: Monopolistic Competition as a Mechanism: Corporations, Universities, and Nation-states in Competitive Fields. In: Peter Hedström/Richard Swedberg (Hg.), *Social Mechanisms: An Analytical Approach to Social Theory*. Cambridge: Cambridge University Press, 267–305.

Thelen, Kathleen, 1999: Historical Institutionalism in Comparative Politics. In: *The Annual Review of Political Science* 2, 369–404.

Tilly, Charles, 2001: Mechanisms in Political Processes. In: *Annual Review of Political Science* 4, 21–41.

von Wiese, Leopold, 1933: *System der allgemeinen Soziologie: Beziehungslehre als Lehre von den sozialen Prozessen und den sozialen Gebilden des Menschen.* Berlin: Duncker & Humblot.

Wimsatt, William C., 1986: Forms of Aggregativity. In: Alan Donagan/Anthony N. Perovich, Jr./Michael V. Wedin (Hg.), *Human Nature and Natural Knowledge.* Dordrecht: Reidel, 259–291.

7 Individuelles Handeln und gesellschaftliche Ereignisse: Zur Mikro-Makro-Problematik in den Sozialwissenschaften (2000)

Der Präsident der Deutschen Forschungsgemeinschaft, der Biochemiker Ernst-Ludwig Winnacker, hat vor einigen Wochen in seiner Ansprache auf der Jahresversammlung der DFG darauf hingewiesen, dass

[v]iele Wissenschaftszweige [...] derzeit einen neuen Aufbruch [erleben], der durch das Stichwort Komplexität charakterisiert werden kann. Komplex ist nicht das Gegenteil von einfach. Komplex sind Systeme, die aus vielen Einzelteilen bestehen, die miteinander über ein vielfältiges Beziehungsgeflecht verbunden sind, und dabei Eigenschaften erwerben, die aus den Einzelteilen heraus nicht erkennbar oder verständlich sind. (Winnacker 1998: VI)

Winnacker bezieht sich damit unmittelbar auf jenes Phänomen, das im Zentrum dieser Veranstaltung steht – das Entstehen neuer Qualitäten in komplexen Systemen, das heißt auf das Phänomen der Emergenz.

»Emergenz« heißt, dass in einem System Merkmale entstehen oder Ereignisse auftreten, die sich nicht unmittelbar aus den Eigenschaften der Elemente des betreffenden Systems ableiten lassen: Das Ganze ist mehr als die Summe seiner Teile. Winnacker gab dafür in seinem Vortrag auch eine Reihe von Beispielen, etwa die Faltung von Eiweißmolekülen, also das Entstehen einer räumlichen Molekülstruktur, die sich nicht einfach aus den Merkmalen der beteiligten Atome ergibt, oder die relativ neue Erkenntnis, dass die gut 10.000 Proteine im Inneren einer lebenden Zelle dort nicht ungeordnet und ziellos wie Atome in einem Gas herumschwirren, sondern ein komplexes Netzwerk bilden. Erst dieses Netzwerk bedingt die Fähigkeit der Zelle, angemessen auf äußere Signale zu reagieren.

Das Auftreten neuer Systemeigenschaften, die sich nicht direkt aus den Eigenschaften der Systemelemente ergeben, hat auch Physiker und Chemiker seit einiger Zeit fasziniert. Man spricht in diesem Zusammenhang gern von einer Wende im naturwissenschaftlichen Denken, der Abkehr vom Weltbild der Newton'schen Mechanik und dem wachsenden Interesse für die Erforschung nichtlinearer Prozesse in Systemen fern vom Gleichgewicht. Unter dem Etikett nichtlinearer Systemdynamik lassen sich eine Reihe verschiedener Theorien fassen. Eine Gruppe von Theorien befasst sich vorzugsweise mit Diskontinuitäten oder Phasensprüngen, und zwar speziell mit dem plötzlichen Übergang von Ordnung zu Unordnung. Hierher gehören René Thoms mathematische Katastrophentheorie (Thom 1972) und die – ebenfalls mathematische – Chaostheorie (Schuster 1987).

Eine andere Gruppe von vornherein gegenstandsbezogener naturwissenschaftlicher Theorien beschäftigt sich insbesondere mit Prozessen spontaner Ordnungsbildung, dem auf einen Ordnungsverlust folgenden Phasenübergang zu einem neuen stationären Zustand (Krohn/Paslack 1987). Die Phänomene, auf die diese Theorien sich beziehen, sind außerordentlich vielgestaltig. Beispiele für Prozesse spontaner Ordnungsbildung beziehungsweise das plötzliche Auftreten neuer Qualitäten sind physikalische Phänomene wie der Ferromagnetismus, die bei Abkühlung an einem bestimmten Punkt auftretende Supraleitfähigkeit bestimmter Metalle oder das Laserlicht. In dieselbe Kategorie gehören aber auch die von Prigogine untersuchten hydrodynamischen Strukturen – bestimmte zylindrische Bewegungsmuster in Flüssigkeiten, die bei ihrer schrittweisen Erhitzung auftauchen. Im Bereich der Biologie wären schließlich neben den von Winnacker angeführten Beispielen Phänomene wie die Farbmusterbildung im Leopardenfell, die Entstehung fortbewegungsfähiger Zellkolonien oder die von Wolf Singer untersuchte Entstehung von Sehfähigkeit durch neuronale Strukturbildungsprozesse zu nennen.

Alle diese Vorgänge lassen sich, entsprechend abstrahiert, unter ein gemeinsames Paradigma fassen. Von Foerster (1981) hat hierfür den Begriff Selbstorganisation, Prigogine (1980) den Begriff der dissipativen Strukturbildung und Haken (1978) den Begriff der Synergetik geprägt. In jedem Fall handelt es sich um Prozesse in Systemen, die aus einer großen Zahl von Elementen bestehen, die in ihren grundlegenden Merkmalen konstant bleiben. Die sich herausbildende Ordnung beziehungsweise die neue Fähigkeit des größeren Ganzen ergibt sich dann durch die – bestimmten Regeln folgende – Interaktion zwischen den Systemelementen. Da sich die betreffenden Makrophänomene, die neue Ordnung, der Ordnungsverlust oder die neue Fähigkeit nicht unmittelbar aus den Eigenschaften der Elemente ableiten lassen, sondern durch Interaktion zwischen ihnen neu entstehen, handelt es sich im Sinne der eingangs skizzierten Definition um Emergenz. Das wird auch von den Naturwissenschaftlern so gesehen: Sie alle betonen in der einen oder anderen Form, dass bestimmte nichtlineare Prozesse auf der Makroebene der betrachteten Systeme Qualitäten hervorbringen, die sich nicht aus den messbaren Merkmalen der Elemente durch bloße Aggregation ableiten lassen.

Wie kann man Merkmale auf Systemebene aus dem Verhalten von Individuen ableiten?

Es mag erstaunen, dass eine Sozialwissenschaftlerin ihren Vortrag beginnt, indem sie über neuere Erkenntnisse in den Naturwissenschaften spricht. Tatsächlich sind zahlreiche Sozialwissenschaftler von diesen neuen naturwissenschaftlichen Theorien überaus fasziniert. Dafür gibt es zwei Gründe. Erstens besteht eine auffällige formale Ähnlichkeit mit bestimmten sozialen Prozessen, und zweitens gehört die »Emergenz« von Systemmerkmalen zum Kern des sogenannten Mikro-Makro-Problems in der Soziologie, das heißt zur Beantwortung der zentralen gesellschaftstheoretischen Frage, wie man Ereignisse und Merkmale auf Systemebene, der Makroebene, aus dem Verhalten von Individuen ableiten und erklären kann – also aus Vorgängen auf der Mikroebene. Diese Unterscheidung zwischen Makro = Systemebene und Mikro = Ebene der Systemelemente ist nicht nur in der Soziologie, sondern auch in den Wirtschaftswissenschaften gebräuchlich, wo man von Mikroökonomik und Makroökonomik spricht. Weil die Beziehung zwischen den beiden Ebenen für Sozialwissenschaftler eine zentrale Frage ist, interessieren sie sich zwangsläufig für alle theoretischen Modelle, die ihnen helfen können, das Mikro-Makro-Problem zu lösen (Mayntz 1991).

Nun kann man zur Beschreibung sozialer Systeme zwei verschiedene Arten von Merkmalen benutzen, nämlich zum einen solche, die durch die Summierung von Individualmerkmalen zustande kommen, und zum anderen solche, die man als »neu« oder emergent bezeichnet, weil sie sich nicht einfach aus der Aufsummierung von Merkmalen der einzelnen Gesellschaftsmitglieder ergeben. Merkmale des ersten Typs sind üblicherweise der Gegenstand der Surveyforschung, also der – möglichst repräsentativen – Erhebung von individuellen Merkmalen, Einstellungen oder Verhaltensweisen. Geläufige, fast täglich in den Zeitungen auftauchende Beispiele solcher Summierungsmerkmale sind etwa das zahlenmäßige Verhältnis verschiedener Altersgruppen in der Bevölkerung, also die demographische Struktur, die Arbeitslosenquote, die Nachfrage nach einer bestimmten Automarke, die Verteilung der Wählerstimmen auf die verschiedenen politischen Parteien in einer Bundestagswahl oder die Zufriedenheit verschiedener Bevölkerungsgruppen mit den eigenen Lebensumständen. Dies alles sind zweifellos wichtige gesellschaftliche Merkmale, die auch beim Systemvergleich eine große Rolle spielen – etwa beim Vergleich der Arbeitslosenquoten oder der Lebenszufriedenheit in verschiedenen Ländern oder Landesteilen. Aber es sind keine »neuen«, keine emergenten Systemeigenschaften, die sich ja gerade nicht durch Summierung aus den Eigenschaften der Elemente ableiten ließen.

Neue Merkmale in diesem Sinne sind alle technischen Innovationen und Schöpfungen der menschlichen Kultur, sind Makroereignisse wie Revolutionen und Wirtschaftskrisen, aber auch Gesetze und Institutionen – das Gerichtswesen etwa, oder die Art der Forschungsorganisation in einem Land. Auch die Herrschaftsstruktur, die politische Verfassung großer Gemeinwesen ist etwas anderes als die Verteilung irgendwelcher Individualmerkmale, unter anderem von Parteipräferenzen. Lässt man so Revue passieren, was alles in sozialen Systemen als neue Eigenschaft, als emergentes Merkmal gilt, dann stellt man schnell fest, dass »neue Eigenschaften« in der sozialen Welt nichts Besonderes sind. Das heißt aber natürlich nicht, dass sie wissenschaftlich uninteressant wären. Ihr Zustandekommen ist genauso erklärungsbedürftig wie das Zustandekommen einer bestimmten Beschäftigungs- oder Einkommensstruktur. Und damit sind wir bei dem Thema, dem ich mich jetzt zuwende: Wie entstehen »neue« Eigenschaften und Ereignisse in komplexen sozialen Systemen aus dem Handeln der Individuen, die die Elemente dieser Systeme sind?

Wie entstehen neue Eigenschaften in sozialen Systemen?

Fragt man so, dann stellt man – vielleicht überraschenderweise – bald fest, dass es in der sozialen Welt durchaus Gegenstücke zu den erwähnten naturwissenschaftlichen Beispielen für Phasensprünge ins Chaos oder zur dissipativen Strukturbildung gibt. Das plötzliche Auftreten neuer Qualitäten, von eigendynamischer Musterbildung oder spontanem Ordnungsverlust kann man in der sozialen Welt etwa im Bereich typischen Massenverhaltens beobachten, bei Prozessen der politischen Mobilisierung, bei einer Reihe von Marktprozessen – zum Beispiel bei der sich zyklisch verändernden Nachfrage nach bestimmten Ausbildungen – oder auch bei Prozessen sozialräumlicher Strukturbildung. Betrachten wir einige Beispiele genauer, um einen Eindruck von den dabei wirksamen Mechanismen zu gewinnen.

Phasensprünge: Plötzlicher Ordnungsverlust

Ein einfaches Beispiel für emergente Effekte im Bereich des Massenverhaltens ist das Entstehen einer Panik bei einer Veranstaltung – einer Demonstration, einem Fußballspiel oder in einer Disco. Nehmen wir an, dass in einer solchen Situation ein paar Angsthasen in der Menge auf ein schwaches äußeres Signal, das von allen anderen für bedeutungslos gehalten wird – das Grollen eines fernen Unwetters, ein leichter Brandgeruch oder das Auftauchen eines Militärfahrzeugs – reagieren und mit aller Macht versuchen, sich den Weg aus der Menge zu bahnen. Dies erzeugt Unruhe auch bei weniger Ängstlichen, die nun ihrerseits versuchen, eilig den Ort zu verlassen – und so fort, bis auch die Standfestesten in den Strudel der Flüchtenden gerissen werden: die Panik ist perfekt. Was hier stattfindet, ist ein Prozess ungewollten und plötzlichen Ordnungsverlusts. Dem nicht unähnlich sind die Mechanismen, die einen plötzlichen Kursrutsch an der Börse hervorrufen. Auch viele Mobilisierungsprozesse, Protestbewegungen und Kampagnen folgen demselben Muster, ganz zu schweigen von der epidemischen Ausbreitung bestimmter Krankheiten (Mayntz 1988).

Unter bestimmten Bedingungen, nämlich wenn es sich um die wiederholte Interaktion zwischen zwei Teilgruppen von Elementen handelt, können solche Prozesse anstatt in einer Kettenreaktion vom Typ eines Dominoeffekts auch aus einem gegenseitigen Aufschaukeln bestehen. Beispiele hierfür sind die Lohn-Preis-Spirale ebenso wie der Rüstungswettlauf oder die eskalierenden Feindseligkeiten zwischen Demonstranten und Gegendemonstranten, Randalierern und Polizei (Nedelmann/Mayntz 1987). Aber ob Aufschaukeln oder Dominoeffekt, in beiden Fällen liegt solchen Prozessen eine Form positiver Rückkoppelung zugrunde, die Abweichungsverstärkung bis hin zum Systemzusammenbruch. Die Panik, der Börsenkrach oder der Zusammenbruch der öffentlichen Ordnung sind Makroereignisse einer neuen Qualität. Sie beruhen zwar auf einer bestimmten Verteilung von Eigenschaften in den fraglichen Populationen, also auf einem gesellschaftlichen Aggregatmerkmal, sie kommen aber nicht durch die einfache Aufsummierung der Angstschwellen von Veranstaltungsbesuchern oder der Gewaltbereitschaft von Demonstranten und Polizei zustande, sondern durch komplexe Interaktionen.

Ungeplante Ordnungen

Oder nehmen wir einen Prozess ungeplanter Strukturbildung, wie beim Entstehen so mancher frühen Stadt. Natürlich ist die Existenz von Städten ein neues Merkmal in der Geschichte von Gesellschaft. Eher zufällig mag sich ein kleiner Personenverband an einer bestimmten Stelle einer kaum besiedelten Gegend, zum Beispiel der Furt über einen Fluss festsetzen. Dies macht den Ort für weitere Siedler attraktiv, die die Nähe von anderen Menschen vorteilhaft finden. Je größer die Siedlung wird, umso vielfältiger wird die Attraktion, bieten sich nun doch unter anderem Möglichkeiten für herumziehende Handwerksgesellen, hier sesshaft zu werden. Jeder, der zuzieht, entscheidet für sich selbst, aber die Zuzugsentscheidungen der früher Gekommenen verändern die Situation für die später Kommenden – ganz ähnlich wie im Panikfall das Fortlaufen der besonders Ängstlichen die Situation für die weniger Ängstlichen verändert. Derselbe grundsätzliche Mechanismus ist übrigens bei einem manche Stadtbewohner unmittelbar berührenden Prozess spontaner Strukturbildung am Werk, nämlich beim Entstehen ethnisch oder rassisch segregierter Wohnviertel. Selbstverständlich spielen dabei unter anderem ökonomische Gründe eine Rolle, aber ganz unabhängig davon kann ein Viertel, in dem zunächst ein stabiles Verhältnis von Schwarzen zu Weißen, Serben zu Kroaten oder Deutschen zu Türken besteht, in den Sog eines sich selbst verstärkenden Abwanderungsprozesses geraten und so zu einem rein schwarzen, serbischen oder türkischen Viertel werden (vgl. Schelling 1978: 137–166).

Fassen wir das Bisherige zusammen. Was allen betrachteten Beispielen gemeinsam ist, ist die Tatsache, dass es um Prozesse in größeren Populationen geht, in denen die Akteure zwar auf das Handeln der je anderen reagieren, aber grundsätzlich unabhängig voneinander handeln, ihr Handeln also nicht etwa planvoll koordinieren. Vielmehr reagiert jeder Einzelne – beziehungsweise jede Teilgruppe in einer bipolaren Struktur – für sich auf die Situation, die die jeweils anderen durch ihr Tun erzeugt haben, und verändern zugleich mit ihrem eignen Tun unbeabsichtigt die Ausgangssituation für die je anderen. Dabei ist es unerheblich, ob das Verhalten der Akteure von einem Persönlichkeitsmerkmal wie dem Grad der Risikoaversion bestimmt wird, ob es rational kalkuliert ist oder einer sozialen Norm folgt. Die Verhaltensdispositionen der Individuen wie ihre Angstschwelle oder ihre Präferenz für einen bestimmten Anteil von Gleichen in einer Gruppe brauchen auch nicht gleich zu sein, ja für bestimmte Prozesse müssen sie sogar verschieden sein. Wichtig ist lediglich, dass die Präferenzen beziehungsweise Verhaltensneigungen der einzelnen Akteure im Laufe des Prozesses stabil bleiben. Solange wir das annehmen können, sind die zentralen Voraussetzungen erfüllt, auf denen auch die eingangs angeführten physikalischen und chemischen Prozesse beruhen, nämlich dass die Elemente der Systeme im Hinblick auf ihre relevanten Eigenschaften invariant – konstant – sind. Ein ins Auge fallendes Kennzeichen aller bisher angeführten Beispiele ist es, dass es sich um ungeplante, von den an ihrer Hervorbringung beteiligten Akteuren gar nicht beabsichtigte, ja in vielen Fällen für unerwünscht gehaltene Vorgänge handelt. Die Untersuchung solcher Emergenzphänomene haben gesellschaftstheoretisch orientierte Sozialwissenschaftler immer wieder als die eigentliche Aufgabe der Soziologie angesehen. So ist es für Norbert Elias (1977: 131) die Hauptaufgabe der Sozialwissenschaften, die Strukturen und Prozesse zu erklären, die sich aus der Verflechtung der Willensakte und Pläne von vielen Menschen ergeben, obwohl keiner von den in sie verwickelten Menschen sie so gewollt oder geplant hat. Ähnlich hatte sich schon früher Friedrich von Hayek (1955: 39[1]) geäußert. Wenn es, so meinte er, in der sozialen Welt nur vom Menschen absichtlich ge-

---

1 »If social phenomena showed no order except insofar as they were consciously designed, there would be [...] only problems of psychology. It is only insofar as some sort of order arises as a result of individual action, but without being designed by any individual that a problem is raised which demands theoretical exploration« (Hayek 1955: 39).

schaffene Ordnungen gäbe, dann ließe sich alles psychologisch erklären. Nur dort, wo eine Ordnung ungeplant und unbeabsichtigt als Ergebnis individuellen Handelns entsteht, gibt es theoretische Probleme für die Sozialwissenschaft. Die von Sozialwissenschaftlern gern zustimmend zitierte Behauptung Hayeks geht implizit davon aus, dass es zwei verschiedene Klassen sozialer Phänomene und speziell sozialer Ordnungen gibt, nämlich einerseits geplante und andererseits ungeplante oder spontan entstandene. Das heißt, dass Neues in sozialen Systemen auch absichtsvoll geschaffen werden kann. Das scheint uns vielleicht selbstverständlich. Tatsächlich sind viele Städte und fast alle Firmen und Verbände absichtsvoll gegründet worden; Unternehmen schließen sich planvoll zu Kartellen zusammen, und Gesetze werden bewusst und mit Blick auf erwünschte Wirkungen erlassen. Auch Herrschaftsordnungen entstehen nicht einfach naturwüchsig. Reiche wurden bewusst geschaffen, eine sozialistische Ordnung in den sowjetischen Satellitenstaaten nach 1945 absichtsvoll eingeführt, und auch die Europäische Union ist eine willentliche Schöpfung. Dass Neues in sozialen Systemen von den Elementen dieser Systeme auch absichtsvoll geschaffen werden kann, ist eine Besonderheit, für die es in der Welt der Atome und Moleküle, der chemischen, physikalischen und mindestens zum großen Teil der biologischen Vorgänge keine Entsprechung gibt. Damit mag es zusammenhängen, dass emergent und ungeplant manchmal gleichgesetzt werden – was ich absichtlich nicht getan habe. Obwohl zumindest in der belebten Natur manche Prozesse so aussehen, als ob Zellen planvoll bestimmte Makroeffekte hervorrufen, Makrostrukturen schaffen würden, gehen wir wohl, zu Recht oder zu Unrecht, bis heute allgemein davon aus, dass neue Qualitäten in physikalischen, chemischen und biologischen Systemen ungeplant auftreten, da den Elementen hier die Fähigkeit fehlt, Makroereignisse absichtlich herbeizuführen. Diese Fähigkeit setzt nämlich grundsätzlich nicht nur Bewusstsein schlechthin voraus, das wir heute auch vielen Tieren zuschreiben, sondern auch die Möglichkeit, nicht nur selbstbezogen zu handeln, sondern das eigene Tun auch bewusst auf das größere Ganze zu beziehen, von dem man ein Teil ist, und es in diesem Zusammenhang mit dem Handeln anderer zu koordinieren, mit ihnen zu kooperieren – oder die Richtung ihres Tuns zu verändern. Die Unterscheidung zwischen geplant und ungeplant macht nur in der Welt des Sozialen, in Politik, Wirtschaft und Kultur einen Sinn.

Zusammenspiel von geplanten und ungeplanten Prozessen

Allerdings entwickelt sich und wirkt fast nichts, was von Menschen absichtsvoll in die Welt gesetzt wird, ganz so wie geplant. Das heutige Schulsystem entspricht weder dem Plan einer allmächtigen Herrschaftsinstanz, noch ist es das

Ergebnis gemeinsamen planvollen Handelns der gesamten Bevölkerung. Und doch sind nicht nur die ersten Schulen von Fürsten oder Klöstern absichtsvoll gegründet worden; auch bei jedem folgenden Schritt der Erweiterung und Veränderung des Schulsystems waren Akteure beteiligt, die ganz bestimmte Gestaltungsabsichten verfolgten. Dasselbe gilt für das Entstehen eines Parteiensystems, für die Organisation der Tarifparteien oder die Struktur der heute weltweit operierenden Firma Siemens (um nur sie als Beispiel zu nennen). Auch wenn zumindest ein Teil der involvierten Akteure bestimmte Gestaltungsabsichten bewusst verfolgt, entspricht die schließlich entstandene Herrschaftsstruktur einer Gesellschaft keiner vorher angefertigten Blaupause. Was prinzipiell möglich ist – Neues gezielt zu schaffen –, ist in der sozialen Welt vielfach das geradezu Unwahrscheinliche. »Ja mach nur einen Plan, sei nur ein großes Licht, und mach dann noch 'nen zweiten Plan, gehn tun sie beide nicht«, heißt es etwa bei Bert Brecht. Und das liegt nicht nur daran, dass der Mensch für dieses Leben nicht klug genug ist. Immer wenn der absichtsvoll Planende nicht sämtliche Randbedingungen des Erfolgs kennt und kontrolliert – und das ist nicht einmal in einem so kleinen sozialen System wie einer Familie, geschweige denn in Politik und Wirtschaft der Fall – wird der Plan verwässert oder verfälscht, die intendierte Entwicklungsrichtung verändert, oder es treten unerwünschte Nebenwirkungen auf, die den Wert des Ganzen infrage stellen. Das Geschick der sozialistischen Planwirtschaft ist ein Paradebeispiel dafür. Hayeks Kategorie der für den Sozialwissenschaftler theoretisch ergiebigen planvollen sozialen Schöpfungen ist in Wirklichkeit ziemlich leer.

Aber auch Hayeks zweite Kategorie der unbeabsichtigt entstehenden Ordnungen, ja die ganze vorhin beschriebene Klasse von spontanen Strukturbildungen oder pötzlichem Ordnungsverlust kommt in reiner Form in der sozialen Wirklichkeit dann doch verhältnismäßig selten vor. Dafür ist zunächst verantwortlich, dass Menschen aus den ungewollten Folgen ihres Verhaltens lernen können und entweder das nächste Mal in derselben Situation anders reagieren, oder Vorkehrungen treffen, dass der kollektive Prozess erst gar nicht anläuft. So treffen staatliche Ordnungskräfte Maßnahmen, um die gewalttätige Eskalation von Auseinandersetzungen zwischen verfeindeten ethnischen oder religiösen Gruppen oder auch zwischen Polizei und Demonstranten zu verhindern, man sucht die epidemische Ausbreitung von Infektionen durch Maßnahmen wie Quarantäne und Impfung einzudämmen, schränkt den ruinösen Wettbewerb durch Regeln ein, beugt Bankenzusammenbrüchen durch Festlegung einer ausreichenden Eigenkapitaldeckung vor oder versucht, Tendenzen zur räumlichen Segregation in Städten entgegenzuwirken, indem Umzugsbewegungen gesetzlich gesteuert oder durch ökonomische Anreize umgelenkt werden. Sobald man einmal den Blick dafür geschärft hat, entdeckt man überall Fälle von Regelsetzung und Institutionenbildung, die gezielt unerwünschten Emergenzen entgegenwirken und sie – wenn möglich – verhindern sollen.

Planvoll auf ungeplante Emergenz reagieren

Das gilt übrigens auch auf der Ebene zwischenstaatlicher Beziehungen, und ich denke da nicht nur an Abkommen zur Rüstungsbegrenzung. So bemüht man sich heute in der Europäischen Union, durch entsprechende Harmonisierungsvereinbarungen dem Steuerwettbewerb entgegenzuwirken, in dem die einzelnen Mitgliedstaaten versuchen, mobiles Kapital durch Steuersenkung im eigenen Land zu halten. Menschen sind fähig zur kollektiven Zielsetzung, und sie organisieren sich beziehungsweise schaffen Institutionen zu ihrer Verfolgung. Sie intervenieren, oder versuchen wenigstens zu intervenieren, wenn ihnen das erwartete Ergebnis spontaner Strukturbildungsprozesse, von ungezügeltem Wettbewerb, Teufelskreisen und Spiralen unerwünscht scheint. Das Entstehen sozialer Strukturen und gesellschaftlicher Institutionen erscheint damit als Ergebnis ständiger Problemlösungsversuche: Es wird planvoll auf ungeplante Emergenz reagiert. Aber dieser Prozess erinnert an Sisyphos, denn er gelingt nie ein für alle Mal. Die zur Schadensvermeidung neu geschaffenen Einrichtungen, die der Vorbeugung dienenden Regeln erzeugen neue Probleme in angrenzenden oder auch in weit entfernten Gebieten. So treten immer wieder neue soziale Diskontinuitäten und unerwünschte Strukturbildungen auf.

In der sozialen Welt, so muss man daraus schließen, ist weder die Erklärung des ungeplant entstehenden noch die des geplant entstehenden Neuen je für sich das eigentliche Erklärungsproblem. Deshalb kann uns auch das naturwissenschaftliche Paradigma ungeplanter Emergenz wenig helfen. Weder werden sinnvolle soziale Ordnungen oft durch das segensreiche Wirken der besonders von Ökonomen gern angeführten »unsichtbaren Hand« erzeugt, noch sind die potenziell zerstörerischen Makroeffekte in erster Linie das Ergebnis von Prozessen, die dem naturwissenschaftlichen Paradigma spontaner Ordnungsbildung beziehungsweise spontanen Ordnungsverlusts folgen. Sie können ebenso gut das Ergebnis falscher Steuerungsentscheidungen, fehlgeleiteter Problemlösungsversuche sein. Deshalb ist auch Autoren wie Friedrich von Hayek, die die zentrale Aufgabe der Sozialwissenschaften in der Untersuchung unbeabsichtigter Folgen kollektiven Verhaltens sehen, nicht ohne Weiteres zuzustimmen. Die Sozialwissenschaften brauchen andere Kausalmodelle, andere Erklärungsansätze zur Analyse des Entstehens neuer Qualitäten in komplexen Systemen: Sie müssen versuchen, gesellschaftliche ebenso wie wirtschaftliche Makrophänomene – Ereignisse, Strukturen und Strukturzusammenbrüche – aus dem Zusammenwirken absichtsvoll konstruktiven und steuernden Verhaltens mit ungeplant naturwüchsigen Entwicklungen zu erklären. Diese Kombination, dieses »sowohl – als auch« ist die speziell für soziale Systeme, und vielleicht nur für sie charakteristische Art von Komplexität. Neue Qualitäten in komplexen sozialen Systemen entsprechen zwar fast niemals genau der Absicht derjenigen, die faktisch an ihrem Entstehen mitwirken, aber sie kommen andererseits auch nur relativ selten völlig ungewollt und naturwüchsig zustande, als Ergebnisse des Wirkens einer geheimnisvollen Kraft, die hinter dem Rücken der Akteure wirkt und sie wie Marionetten an ihren Fäden tanzen lässt. Das hat erhebliche moralische Implikationen: Menschen wissen oder sollten zumindest abschätzen können, zu was ihr Tun führt oder wozu es beitragen kann. Anders als Atome, Zellen, Pflanzen und Tiere sind Menschen mitverantwortlich für das – nicht immer wünschenswerte – Neue, das ständig in komplexen sozialen Systemen entsteht.

Literatur

Elias, Norbert, 1977: Zur Grundlegung einer Theorie sozialer Prozesse. In: *Zeitschrift für Soziologie* 6, 127–149.

von Foerster, Heinz, 1981: On Self-Organizing Systems and their Environments. In: Heinz von Foerster, *Observing Systems*. Seaside, CA: Intersystems Publications, 2–21.

Haken, Hermann, 1978: *Synergetics: An Introduction*. Berlin: Springer.

Hayek, Friedrich A., 1955: *The Counter-Revolution of Science*. New York: Free Press.

Krohn, Wolfgang/Rainer Paslack, 1987: Selbstorganisation: Zur Genese und Entwicklung einer wissenschaftlichen Revolution. In: Siegfried J. Schmidt (Hg.), *Der Diskurs des radikalen Konstruktivismus*. Frankfurt a.M.: Suhrkamp, 441–465.

Mayntz, Renate, 1988: Soziale Diskontinuitäten: Erscheinungsformen und Ursachen. In: Klaus Hierholzer/Heinz-Günter Wittmann (Hg.), *Phasensprünge und Stetigkeit in der natürlichen und kulturellen Welt*. Stuttgart: Wissenschaftliche Verlagsgesellschaft, 15–37.

——, 1991: Naturwissenschaftliche Modelle, soziologische Theorie und das Mikro-Makro-Problem. In: Wolfgang Zapf (Hg.), *Die Modernisierung moderner Gesellschaften: Verhandlungen des 25. Deutschen Soziologentages in Frankfurt am Main 1990*. Frankfurt a.M.: Campus, 55–68.

Mayntz, Renate/Birgitta Nedelmann, 1987: Eigendynamische soziale Prozesse. In: *Kölner Zeitschrift für Soziologie und Sozialpsychologie* 39, 633–647.

Prigogine, Ilya, 1980: *From Being to Becoming: Time and Complexity in Physical Sciences*. New York: Freeman.

Schelling, Thomas C., 1978: *Micromotives and Macrobehavior*. New York: Norton & Company.

Schuster, Heinz Georg, 1987: *Deterministic Chaos: An Introduction*. Weinheim: VCH.

Thom, René, 1972: *Stabilité structurelle et morphogenèse*. Reading, MA: Benjamin.

Winnacker, Ernst-Ludwig, 1998: Abschied von der Universität? In: *Forschung – Mitteilungen der DFG* 3/98, IV–X.

8 Emergence in Philosophy and Social Theory (2008)

Emergence, or more specifically the word's corresponding verb and adjective, is a familiar term in contemporary social science literature. Social norms, markets, path dependencies, and global governance have been said to emerge. Normally, the term is left undefined, and at least in the English language literature, it is mostly used in the familiar everyday sense of something new arising unexpectedly, like a rock out of water or a hidden meaning from a text.[1] Epstein (2006: 36) calls the way the term emergence is currently used in the social sciences »imprecise and possibly self-mystifying,« and argues that social scientists can very well do without it. Emergence is a topic mainly discussed by philosophers. »To anyone literate in the philosophy of science, ›emergence‹ has a history,« and given its various philosophical connotations, social scientists »should define this term carefully when they use it and distinguish their, perhaps quite sensible, meaning from others with which the term is strongly associated historically« (Epstein 2006: 38). There have been a few valiant attempts, notably by Sawyer (2001, 2002, 2003) and Heintz (2004), to connect emergentist philosophy with social theory. As they review the pertinent sociological literature, both authors effectively show that, in the social sciences, the loosely used concept »emergence« does not play a key role in major *substantive* debates, but is relevant to the theoretical discussion on the micro–macro relationship, i.e., the fundamental issue of the ontological nature of macro-phenomena and the possibility of their reduction to micro-phenomena.

Going back to the philosophical concept of emergence, Sawyer (2001), Heintz (2004), and Albert (2005) have argued forcefully to refute sociological reductivism. In this paper I shall approach the topic from a different angle. In sections one and two, I attempt to show that the evolutionist worldview developed in the nineteenth century has influenced the social sciences and the philosophy of mind, independently of each other. The combination of hierarchical and systems elements in this perspective has been the source of some confusion in

---

1 In contrast, the Latin *emergere* has no colloquial counterpart in German; the Latin word and the English »to emerge« are translated as *auftauchen*.

later debates about emergence. In the context of the self-organization paradigm developed in the second half of the twentieth century in the natural sciences, the term emergence has achieved a precise meaning. This has also been adopted in the social sciences, where processes following the logic of self-organization had already been analyzed earlier (section three). In the social sciences, the philosophical definition of emergent phenomena as irreducible has been formally accepted, but bypassed substantively, while non-intentionality has become the core criterion of emergent effects. This concept of emergence can also be applied in the analysis of complex institutional systems, where it directs attention to the different kinds of processes leading to events that can be called emergent (section four). In the final section I argue that the philosophical understanding of irreducibility, if taken seriously and interpreted in a causal rather than merely analytical sense, can be fruitfully applied to social phenomena, directing attention to the contingency and context-dependence of social phenomena that stand in the way of the definition of general social laws.

1 The Background of the Discussion

The discussion about emergence has roots in the debate between ontological dualism and ontological monism in classical Greek philosophy. Ontological dualism found expression in the distinction between the sacred and the profane, between the celestial and the terrestrial spheres (which, according to Aristotle, are different in essence and governed by different laws), and most importantly, in the dualism of body and soul, or matter and mind. A radical dualist ontology implies that there is no causal connection between the different spheres: causal processes operate only within a given sphere (single-level causation), and therefore they cannot be epistemologically reduced to (or deduced from) events in a different sphere. Thus mental phenomena were not assumed to be reducible to organic elements and processes. The notion of an irreducible dualism has governed the perception of the mind–body relationship for centuries. In contrast, ontological monism denies the existence of basically different substances forming distinct spheres governed by different laws and maintains that everything apparently new is but a different arrangement of the same basic elements. The best-known version of ontological monism is physical reductionism, which asserts that only material elements, indeed only the ultimate physical elements (atoms, according to Demokrit), are real; interpreted radically, feelings, thoughts, or ideas would then be mere epiphenomena.

In the twentieth century, the relationship between organic and mental phenomena continued to be the focal question in the philosophy of mind. Going back to the distinction between »emergent« and »resultant« effects introduced by the British philosopher G. H. Lewes in 1875, C. Lloyd Morgan, Samuel Alexander, and C. D. Broad established in the 1920s what came to be called »British emergentism.« Emergentist philosophy rejects a dualist ontology of life and mind, as well as physical reductionism. In the second half of the twentieth century, several authors returned to the philosophy of the »emergentists« and tried to systematize their views (e.g., Kim 1996; Stephan 2005). The British emergentists did not agree on all points, but they shared the view that higher-level entities or wholes can have »new« properties that are different from the properties of their parts, and that these properties and the behavior of a whole are determined by the properties (including the behavior) and the specific relation obtaining between its constituent parts, i.e., its microstructure.[2] However, though always based on the microstructure of a whole, emergentist theory maintains that wholes can have properties that *cannot* be deduced from its microstructure. These irreducible properties were called emergent, while properties that can be reduced are merely resultant. The British emergentist philosophy of mind thus combines the dualist notion of irreducibility (single-level causation) with the monist notion of reducibility, a combination that resulted in a philosophical »third way.« The issue of the mind–brain relationship received new vitality with advances in brain research and neurophysiology. »Centering around the fundamental issue of the mind-brain relationship – the psycho-physical problem – Bunge (1977) and Popper and Eccles (1977) offered theories strongly drawing on the idea of emergent properties« (Buchmann 2001: 4425). Even today, emergence is a prominent topic in the philosophy of mind, where philosophers now discuss the results of brain research with neurologists.[3]

Emergentist philosophy developed in the context of evolutionism and organicism, an intellectual discourse already prominent in the nineteenth century. According to the evolutionary conception of cosmic development, the world as we know it has evolved historically: at first, only matter existed; out of this evolved plant and animal life; and animals, particularly homo sapiens, finally gained a conscious intellect. In the course of evolution, new entities and entities with new qualities emerge, constituting new levels in an expanding system. The

---

[2] As Kim (1992), cited by Heintz (2004: 7), expresses this view, »the conditions at the underlying ›basal‹ level are by themselves fully sufficient for the appearance of the higher-level properties.«

[3] At the Berlin-Brandenburg Academy of Sciences, for instance, an interdisciplinary working group called *Humanprojekt* and composed mainly of philosophers and natural scientists debated the issue for several years.

world in which we live, though perceived as one, thus came to be seen as internally stratified, consisting of a hierarchy of levels that differ not in substance, but with respect to their characteristic qualities. »The emergentists of the early twentieth century were among the first to articulate what may be called ›the layered model‹ of the world« (Kim 2000: 306). The hierarchical view of reality also found expression in the notion of a hierarchy of sciences, current at the time of Auguste Comte and Herbert Spencer.[4] At the base of this hierarchy are the physical sciences, followed by biology and psychology and finally sociology. For a long time, however, the physical, organic, mental, and social spheres were not seen as uniformly connected. While organisms are composed of cells, cells of molecules and molecules of atoms, the classical dualism of body and mind was projected onto the upper reaches of the evolutionary hierarchy, creating a qualitative boundary that was upheld for a long time in philosophy, legal theory, and popular opinion.[5]

In the general context of evolutionism, Darwinian evolutionism, which looked more closely at developments in the organic world, directed attention to the organism. The organism became the model for the perception of reality, including social reality, as a system. The concept of system thus gained eminence alongside the image of reality as a hierarchy of levels. A system is an entity that »is more than the sum of its parts,« which means that systems have properties of their own, properties their parts do not possess. Both in biology and in systems theory, it is the actions and interactions of system elements that are seen to generate »new« (system) properties that are qualitatively different from the properties that characterize the elements.

The systems perspective differs from a stratified view of reality. While systems tend to be understood as real phenomena (e.g., Bunge 1997), the concept of levels is often used analytically (as is also true of the concept of hierarchy in hierarchy theory; see Pattee 1973). While the relation of a system to its parts is inclusive, a higher level does not »include« the next lower one, but is »based«

---

4 See the ten volumes of Spencer's *A System of Synthetic Philosophy*, published between 1862 and 1896, which includes separate volumes on *First Principles, Principles of Biology, Principles of Psychology, Principles of Sociology,* and *Principles of Ethics.*

5 Modern biology appears to erase the borders separating the levels of body and mind ontologically. Neurophysiology and brain research now suggest that phenomena like consciousness, memory, and feelings are produced in our brain as it interacts with the rest of our body and the environment. The belief that body and mind are different in substance and hence the latter cannot be causally reduced to the former slowly gives way to the conviction that body and mind, while qualitatively different, are parts of one reality. Though memory, consciousness, and intentions may be generated by neurological processes operating chemically and electrically between cells, they are not considered epiphenomenal figments, but »real« phenomena that have a causal power of their own as determinants of human action.

on it. When a system is said to have a macro or system *level* and a micro *level* of parts, or when Weiss (1971) speaks of »hierarchically organized systems,« both perspectives are combined. However, the combination of a stratified image of reality resulting from cosmogonic evolutionism with the notion of system deriving from organicism easily leads to confusion. In emergentist philosophy, it is not always clear whether the relationship between levels or between wholes and parts is understood in a logical (analytic) or in a causal way. Understood analytically, the term »reduce to« (or »deduce from«) refers either to intertheoretic reduction (see Nagel 1961: 336–358) or to statistical disaggregation, i.e., to logical or mathematical operations. Intertheoretic reduction is achieved by so-called »bridge laws,« which establish that the concepts used in two theories referring to the micro- and the macro-level, respectively, have identical empirical referents, i.e., are nothing but different definitions of the same phenomenon. Understood causally, the term reduction means explanatory reduction and refers empirically to what Epstein (2006) and others call a generative process.[6] Considered in the perspective of »explanatory realism« (Kim 1993), generation presupposes not laws establishing the empirical identity of two different concepts, but a causal relationship between two different phenomena. Ambiguity in the use of the terms »reduce to« or »deduce from» is the source of the frequent confusion between the ontological and the epistemological dimensions of the debate about emergence deplored by Sawyer (2001).

2 Related Perspectives in the Social Sciences

The cultural context which shaped the philosophical emergentism of the 1920s affected the developing social sciences as well. Ontological monism and the (dualist) notion of single-level causation have not been totally alien to the thinking of social scientists; there have been theories of historical development that postulate macro- or system-level laws, and it is also possible to find a social-science counterpart of ontological monism (or radical reductionism), in the form of the view that composite social entities are only conceptual constructs and hence merely fictitious. However, the majority conviction in the social sciences is that of a layered or stratified reality of systems and parts; though developed inde-

---

6 In addition to intertheoretic and causal or explanatory reduction (which is sometimes called »functional reduction«), the term reduction is also used in the sense of reducing a sequence of numbers to a simple algorithm (Chaitin 2006: 54) or in the sense of simplification, e.g., by reducing the number of alternatives, as in Luhmann's concept »complexity reduction.«

pendently of the philosophical debate, this is basically similar to the »third philosophical way« of the British emergentists. In fact, a stratified view of reality, coupled with an evolutionist and a systems perspective, can already be found in the nineteenth century in Herbert Spencer's social theory. For Spencer, evolution and the consequent differentiation were the basic processes pervading all of reality. Accordingly, society was perceived as a functionally differentiated social organism, the biological and psychological nature of man constituting both the basis and the boundary for the development of social forms.

In contrast to biological wholes, which undoubtedly enjoy an independent ontological status relative to their parts, it has proved difficult to grant social macro-phenomena independent ontological status. The answer to the ontological question about the nature of composite social entities seems to turn on the criterion of what is »real.« Different from organisms, composite social entities like a state, a corporation, the German health system, or the sugar market cannot be perceived directly, and unlike the natural sciences, the social sciences do not dispose of technical instruments that make visible what cannot be perceived directly. Calling upon Max Weber as a witness, it has therefore often been maintained that composite social entities are constructs that should not be reified. But entities like the Federal German Republic or the multinational corporation Novartis are not only analytical constructs, they are real constructions, produced by the actions and interactions of many individuals in the context of a complex set of rules, and as is true of conscious thought and ideas, they have causal power that their members, taken individually, do not have. Indeed, few social scientists insist that only individuals or individual actions possess causal power, a position held, for instance, by Michael Schmidt (2006). Most social scientists would agree with Anthony Giddens, who rejects the view »that individuals are real in some way in which societies are not« (Giddens 1984: 163), and grant composite social phenomena independent existence, thus subscribing to the understanding of reality as unitary but stratified. This held for Spencer, and it also held for Emile Durkheim. Using water, the molecule composed of hydrogen and oxygen atoms as an example, Durkheim (1982: 39–40) pointed out that composite entities have properties (including capacities!) that are distinct from the properties that characterize their parts. For Durkheim, the group was more than a mere addition of individuals, the conscience collective was more than the sum of individual cognitions, and collective representations such as norms were »social facts« that possessed causal power.

Following the organicist Spencer, Durkheim argued in the perspective of systems and parts, while later methodological individualists like James Coleman have thought more in terms of layers or levels. Talcott Parsons' concept of the comprehensive action system combines both perspectives: the action system is composed of a hierarchy of four (ontologically) independent but (causally) interdependent layers that, however, have the character of systems: the biological (organic), psychological (personality), social, and cultural systems, which become the four functional subsystems of society (Parsons 1951).[7]

To grant both social wholes and their parts independent ontological status raises the question of their relationship: Are the properties of wholes reducible to their parts, and in which sense? One early answer to this question has been the distinction between merely statistical and genuine system properties. A nearly infinite number of descriptive categories can be applied to a social system or composite social entity. Many of them are derived statistically from some property of the elements, as in the case of the average age of a population. Statistical or aggregative properties (in the terminology of Wimsatt 2000) can be *analytically* reduced to the properties of lower-level elements or system parts, while genuine or »new« unit properties cannot be described in the same categories used to describe system elements. This distinction has long been familiar in the social sciences; thus Lazarsfeld and Barton (1951: 188–189) distinguished »analytic« from »primary« characteristics of social units. »Primary« properties of composite units cannot be derived analytically in the way statistical properties can; they result from real processes and are *generated* by the system parts. Most social scientists share the view that »genuine« or »new« properties of composite social entities (i.e., non-statistical macro-phenomena) are in some way generated by the system parts. Implicitly if not explicitly, social macro-phenomena have come to be called »emergent« if they are generated in a real process by the operation of the system- or micro-level parts and are »new« or »different« from properties attributed to the parts. »New« or emergent phenomena can be events (like a revolution or a technical innovation), institutions, structures, or values on some abstract variable that is not used in the description of system elements (e.g., degree of political centralization). This mainstream concept of emergence is characterized by explanatory realism; for explanatory realism, »the truth of an explanation requires an *objective relationship* between the events involved« (Kim 1993: 229).

However, the distinction between statistical and emergent properties is not always easy. Nagel's (1961: 381–397) discussion shows how difficult it is to establish unequivocally that a »whole« is more than the »sum« of its parts derived by addition. The GNP is a statistical measure based on data referring to individual economic transactions, but it is a property that can only be attributed to whole

---

7 In the work of Luhmann, too, elements of the levels- and of the systems-perspective can be identified. Thus Heintz (2004) discusses Luhmann's view of an inclusive hierarchy society/organization/interaction, where the higher-level phenomenon is more than the sum of the lower-level units and thus not reducible to them, whereas his concept of autopoietic system follows in the systems line of thinking.

economies. Although age, income, mobility, and unemployment are individual characteristics, the statistical features derived from them, i.e., the demographic structure of a society, the income distribution, and the unemployment rate, are generated by highly complex combinations of social processes. In fact, Wimsatt (1986, 2000) shows that, strictly speaking, system properties that are *nothing but* the result of statistical operations on the properties of the system elements are extremely rare. Pure aggregativity, the term he uses to denote such properties, is based on a set of highly exacting conditions that are rarely met by the phenomena of interest to social scientists.

3 Emergence in the Paradigm of Self-organization

In the latter part of the twentieth century, »ideas of emergence have again attracted considerable attention in various scientific fields« (Buchmann 2001: 4426). Of crucial importance for this were theoretical developments in the natural sciences, where the observation of nonlinear dynamics in physical and chemical systems challenged the formerly dominant Newtonian worldview (Mayntz 1992). Processes that were at first analyzed under headings such as dissipative structuring, synergetics, and deterministic chaos were recognized to follow a similar logic and subsumed under the concept of self-organization (von Foerster 1981). Self-organization means the generation of system-level effects from the independent actions and interactions of a large number of like elements, such as electrons, water molecules, bacteria, or neurons, that interact locally in a process triggered by an external stimulus. The effect of a process of self-organization is an ordered pattern, a collective behavior, or a structure as in biological morphogenesis.[8] Self-organization processes evolve over time; they are not necessarily unpredictable, but if the onset of self-organization is highly sensitive to small variations in the initial conditions, they may be unpredictable in practice without being ontologically of a probabilistic nature. Research on self-organization processes in the physical and subsequently also the life sciences was not linked explicitly to the philosophical theory of emergence. Nevertheless, emergence, understood as the generation of system-level properties by the local interactions of independently acting elements, became an integral part of the self-organization paradigm as developed in the natural sciences (Paslack 1991).

---

8 See the Ringberg Colloquium on »Self-Organization and morphogenesis in biological systems« held in December 2006 by the Max Planck Society in cooperation with *Nature and Cell Biology*.

Addressing the relationship between the actions of micro-elements and macro-phenomena, the self-organization paradigm has an evident affinity to methodological individualism in sociology. Processes that fit the paradigm of self-organization were studied in the social sciences even before the term became widely used in the natural sciences. This is obscured by the fact that the word »self-organization« is commonly used in the social sciences not in the same way as it is understood in the natural sciences, but to indicate bottom-up processes of deliberate organization, as in the case of a political campaign or a protest movement. The effects of natural processes of self-organization may appear as if »there is a central program or a central plan [...] or that a central command is present in which all the elements are joined together and the whole is coordinated.« But self-organizing systems possess no central authority, and the interaction of their elements follows no collective program or command (Beckenkamp 2006: 37). For this reason, the paradigm of self-organization has appealed to social scientists who, following Hayek and Elias, consider it to be the task of sociology to explain the structures and processes resulting unintentionally from the interplay of individual actions (Elias 1977: 131) and devote themselves to the causal reconstruction and theoretical understanding of macro-phenomena that arise without planning and intention. Such phenomena are »puzzles« that pose a theoretical challenge:

> If social phenomena showed no order except insofar as they were consciously designed, there would be [...] only problems of psychology. It is only insofar as some sort of order arises as a result of individual action, but without being designed by any individual that a problem is raised which demands theoretical exploration. (Hayek 1955: 39)

The natural-science concept of self-organization – and hence the term emergence – can be meaningfully applied to the spontaneous creation of order in ideal markets, to the genesis of collective representations, and to all processes of collective action, defined as unplanned processes involving large groups of individuals who interact locally but choose their actions independently and not oriented at a collective goal.

Collective action, as just defined, was a familiar topic in social research long before it was recognized that it follows the logic of self-organization in the sense used in the natural sciences.[9] Processes of collective action that follow the self-organization logic can be linear, as in simple diffusion processes where the stimulus remains the same for each system element and the action propensity of the elements is stable. Thus an illness or a piece of information spreads through a population like waves ripple through a lake. Linear diffusion is a borderline case,

---

9 Paslack (1991: 83) maintains that sociological notions of self-organization were developed only after social scientists had learned of the new self-organization theories in the natural sciences.

producing effects that cannot be clearly distinguished from statistical properties. Thus the percentage of adult victims of a given disease in a population at a given time is certainly a statistical property based on the individual property »ill/ not ill with X,« but if this percentage is the result of a diffusion process shaped by the structure of contact between individuals in the population, the statistical measure is the product of a process that can be considered an example of self-organization. Most collective action processes are nonlinear, involving threshold (critical mass) and tipping phenomena. Every successive element drawn into such a process reacts to a situation determined by the previous actions of other elements, and this perception influences its action; typical examples are the bandwagon effect in campaigns, the effect of network externalities in the diffusion of certain technologies like the telephone, the self-fulfilling prophesy that leads to the bankruptcy of a bank, or the development of spatial segregation along ethnic lines in urban settlements. In all these cases, positive feedback is involved, and the process can be formulated as an algorithm. The effect of collective behavior can be an orderly pattern, but it can also be the loss of order, as in a panic or a demonstration that unexpectedly turns into a riot. The effect of local interaction can also be a (relatively stable) structure, as in the development of relational structures, from friendships to networks of cooperating organizations (e.g., Gilbert/Pyka/Ahrweiler 2001). The generation of system-level effects from individual action have been simulated in agent-based computer models. The actors in such models differ in the property relevant for their choice of action (susceptibility, action propensity; therefore they are sometimes called heterogeneous actors), interactions are local, and there is no central control. The specifications of the model are the algorithm that generates – and explains – the outcome.

Collective-action processes have always been favorite illustrations in the exposition of methodological individualism and the micro–macro model (Coleman 1990; Esser 1993; Hedström 1995), which, in turn, fit neatly into the self-organization frame, a fact that is rarely acknowledged explicitly. In this context, the semantic of emergence was also picked up by social scientists. James Coleman spoke of emergence already in an article of 1986, defining it in terms very similar to the natural-science definition of self-organization. *Emergence* is the title of a volume dealing with theories of self-organization, put together by Krohn and Küppers (1992). However, as Krohn and Küppers (1992: 8) state explicitly, no attempt is made to link the concept of emergence explicitly to the philosophical debate. The issue of reducibility, in particular, is bypassed.

Social scientists arguing in the micro–macro frame insist that genuine, i.e., nonstatistical systems properties or macro-phenomena are generated by and therefore *can* be causally reduced to the level of parts or elements. Epstein

(2006: 37) argues that the insistence of social scientists on the »generative sufficiency of the parts« in producing genuine systems properties contradicts emergentist philosophy. However, the upward determination of system properties as such fully agrees with the views of the British emergentists. The disagreement starts where social scientists call system properties »emergent« if they are generated in a process of upward determination and are therefore amenable to causal reduction to the elementary level, while in philosophical parlance, where emergence is *defined* by irreducibility, they are merely resultant.[10]

Attempting to resolve the apparent contradiction, some authors (e.g., Esser 2000: 6) have joined Hempel and Oppenheim in the view that irreducibility must be understood methodologically as the inability to explain something »with respect to the theories available today.« Nagel, who argues throughout in terms of intertheoretic reduction, agrees that a trait that appears to be emergent relative to one theory »need not be emergent relative to some other theory« (1961: 371). Authors adhering to Kim's explanatory realism have instead tried to solve the contradiction by adopting a narrow definition of irreducibility. They call macro-level properties emergent (in the philosophical sense) if they cannot be deduced or predicted from the *properties* of units at lower levels (e.g., Buchmann 2001: 4427), and insist that emergent properties depend not (only) on the properties of system elements but on their mode of organization (e.g., Wimsatt 2000), on their mode of interaction (Epstein 2006), or on the intervening process of self-organization (Krohn/Küppers 1992: 7–8).[11] This obviously is a more sophisticated view than the simple equation of emergent with non-aggregative (nonstatistical) properties. It is also in agreement with the thinking of most advocates of methodological individualism, who are not as reductionist as Sawyer (2002) and Albert (2005) – in an attempt to refute a reductionist view – implicitly make them out to be. Most confessed methodological individualists do not deny that structural configurations and institutions are involved in the emergence of macro-effects from individual action, and advocate what Barbera (2004) has called micro-foundation in contrast to micro-reduction.[12]

---

10 See Sawyer (2001: 564): »Individualist emergentists claim that the existence of emergent system properties that are not possessed by the parts do not entail irreducibility of these properties.«
11 »Emergenz bezeichnet das plötzliche Auftreten einer neuen Qualität, die jeweils nicht erklärt werden kann durch die Eigenschaften oder Relationen der beteiligten Elemente, sondern durch eine jeweils besondere *selbstorganisierende Prozeßdynamik*.« The following statement by Willke (2007: 139) implies the same definition: »Money drives an economy that exhibits surprising, unexpected or *emergent* traits which do not stem from the motives or desires of people but from the operational logic of a highly specialized, autonomous system.«
12 Barbera (2004: 10): »La micro-fondazione [...] sostiene solo l'impossibilità di spiegare senza ricorrere alla causalità situata a livelli dei sistemi d'interazione, ma ciò non impedisce di introdurre nella spiegazione anche elementi sovra-individuali di natura strutturale e/o istituzionale.«

Micro-foundation means that individual action *together* with the (structural/institutional) context in which it occurs cause the emergence of higher-level (macro) phenomena. Structures and institutions do not »act,« as individuals do, but they are essential causal factors because they combine or organize individual actions so as to generate the macro-effect, the new system property in question.[13] Thus it is a specific law or constitutional norm that determines how the votes cast in a general election are processed, leading to the composition of a specific parliament and to the formation of a government. This organizing process, guided by what Hartmut Esser (1993) calls the logic of aggregation, is discussed as »transformational mechanisms« by Hedström and Swedberg (1996). Structural and institutional factors »intervene« in the »upward« process, combining, »organizing,« or linking individual actions in such a way that the macro-phenomenon in question is generated.

Common to all usages of the term emergence in the social sciences is that it is only applied to effects produced unintentionally. In the social sciences, »emergence« has, in fact, become so closely associated with non-intentionality that being unintended has practically become the *defining* property of emergent effects. In collective action processes, individual action is purposive, even if not necessarily bent on the maximization of individual utility, but the collectively produced effect is not intended. It is also typically unanticipated. In the natural world there is no need to distinguish intended from unintended effects, since all effects collectively produced by atoms, molecules, or neurons are »unintended.« However, the paradigm of self-organization as the unintentional generation of macro- or system-level events or properties from actions and interactions on the micro-level following a specific logic has only limited applicability to real social processes. For one thing, few social processes involve only a population of like elements. More importantly, deliberate coordination and purposive action aimed at some collective goal play an important role in the generation of most system-level effects. While the famous »tragedy of the commons« is an unintended effect of collective action, generated by farmers who choose their course of action independently and without regard to the erosion effect they collectively generate, the rules they may agree upon or that are imposed upon them to safeguard the common pool resource is not. The outcomes of strategic interaction in cooperative games, of negotiations in policy networks or international regimes, and of purposive intervention (political steering, governance) do not follow the self-organization model; they do not involve only a population of like elements, and coordination is deliberately intended. Even mobilization in po-

---

13 See Wimsatt (2000: 271): »Emergence of a system property relative to the properties of the parts of that system indicates *its dependence on their mode of organization*« (author's emphasis).

litical campaigns and in advertisement campaigns is often a deliberately guided process. However, in cases where attempts at purposive coordination miscarry or deliberately created macro-phenomena, such as laws passed by parliament, have unintended consequences, the outcomes are not called »emergent.«

4   Emergence in Complex Systems

Self-organization is not the only process generating unintended system-level effects in the social world. Nonstatistical system effects can also be the outcome of systemic interdependence in complex systems. In social self-organization processes, the elements are of the same kind and are linked by only one kind of relationship. Complex systems have different kinds of parts connected by multiple kinds of relationships. Wimsatt (2000) links emergence (in the sense of non-aggregativity) explicitly to structural complexity and identifies several structural features that stand in the way of aggregativity. Thus, a system is liable to produce »emergent« = non-aggregative effects if the system parts, being different from each other, are not freely substitutable, and if »the system is organized in such a way as to make special use of the different properties of the parts to produce the system property in question« (Wimsatt 1986: 260). Emergence is also said to result if structural configurations cannot be changed without having consequences at the system level, and if there are cooperative and/or inhibitory interactions between parts of the system. In complex systems, the different parts are highly but not uniformly interdependent, and processes are characterized by nonlinearity, redundancy, and multiple feedback loops.

Systemic interdependence in complex systems is the subject of complexity theory, a highly formal and mathematical branch of systems theory. The close connection between complexity theory and emergence can be seen in the journal *Emergence*, which carries mainly articles about complexity theory and its application to management – complexity being considered a major challenge to management. Complexity theory is used familiarly in the analysis of ecological systems and in climate models. The parts in ecological systems may be the plant and animal species co-existing in a given territory, while clouds, oceans, forests, and emission-producing human activities are parts in the climate system. The interaction of the system parts is governed by nonlinear dynamics and involves phase changes, tipping, and bifurcation phenomena. Interaction effects are difficult if not impossible to predict. The effects of greatest interest in complexity theory and its applications to ecological systems are system stability, transformation, or breakdown.

The complex systems approach is also used in sociology and political science, especially where whole societies (countries, nation states) are the object of analysis. The unintended effects of interdependencies in complex social systems differ markedly from the effects of self-organization processes, both with respect to the nature of the system parts and the nature of the processes that generate the effect. The relevant parts of a complex social system are qualitatively different, composite entities – functional subsystems or institutional complexes including corporate actors such as governments, firms, and research organizations, but not populations of individuals. The complex systems approach is used, for instance, in comparative research on the varieties of capitalism (VoC) and on national systems of innovation (NIS). Both want to explain a system-level effect, economic performance in the case of VoC and economically productive innovation in the case of NIS, and the effects are traced to the patterned interdependence among a variety of institutions, including the public research system, the vocational training system, labor market regulation, the credit-based or equity-based financing regime, and the prevalent mode of corporate governance. A positive effect at the system level is generated not by specific characteristics of the individual institutions, but by a mutually supportive mode of interaction among them, dubbed »complementarity« especially in the VoC literature. Formally similar analyses can be found in studies on policy-making, where the institutionalized distribution of power and resources, together with »local« preferences, can generate decision blockades or suboptimal compromise solutions, as for instance in reform processes in federal political systems.

The interaction of system parts can often be formulated in terms of a set of independent variables that jointly determine the dependent variable – reform capacity, economic performance, or innovation, as the case may be. Thus, Hall and Gingerich (2004) have formalized the theory underlying their model of VoC in terms of interrelated variables. If systemic interdependencies are expressed in terms of abstract variables, it may seem that we are dealing with causal relations between system-level or macro-variables, which can be interpreted as single-level causation. Of course it makes sense to speak of »upward« causation only if the dependent variable in such analyses is located at a different level from the independent variables. This is not always the case where complex social systems are studied. Analyses involving several variables operating at the same system level can be found, for instance, in research on the relationship between decentralization of authority and informal association between ranks and between technology and structural differentiation in organizations, or in the relationship between the rate of social mobility and social change in a society (Blau, extensively discussed in Giddens 1984). It is thus important to distinguish system *effects* of the interdependency of system parts from the description of these interdependencies as such.

However, it may be difficult to project the analytical distinction between *levels* onto the concept of a complex *system*, whether conceived of as a society composed of subsystems or institutional complexes, or as a system of interrelated abstract variables as in Forrester's model of urban dynamics (Forrester 1969). In the social sciences, the concept of emergence has become associated with the unintended effects of processes of upward determination proceeding from the micro-level of individual action, while in the analysis of systemic interdependencies, recourse to a theory of individual action is rarely taken. These different approaches, labeled, for instance, as individualist and structuralist, reflect the difference between the stratified model and the system model of reality distinguished in section one, leading here, too, to tensions if not to confusion. But complexity theorists do not deny that individual action is the »stuff,« the essential raw material of all social processes. In the interaction between composite system parts, individual actors are at least implied. Albert's examples of apparently »holistic« statements, e.g., that the growth of system size causes structural differentiation or that dependence between organizations causes them to become similar (Albert 2005: 396), tacitly assume »actions« to intervene, linking the two variables.

Though the term emergence is occasionally used, theoretically the concept does not play an important role in the analysis of complex institutional systems, i.e., in the VoC and NIS literatures. One reason for this could be the close association between the concept of emergence and deliberations about the micro–macro relationship. More important is probably the fact that the unintended generation of »new« system properties in complex social systems does not follow a single logic, as is true of self-organization processes. System properties that are unintended as such result from the interplay of processes following different logics: collective action, action–reaction sequences leading to upward or downward spirals, strategic interdependencies, and last but not least, conscious adaptation, negotiation, and attempts at deliberate control. In the dynamics of complex social systems of national, regional, and global scope, purposive political intervention no longer stands in opposition to processes of self-organization, but becomes *part* of the generative dynamic. Since most social macro-phenomena are de facto the result of attempts at deliberate guidance intersecting with spontaneous processes, the injunction of Hayek and Elias that fits self-organization so well should be modified to call for the systematic analysis of the *interplay* between the different processes generating unintended system effects.

5 The Irreducibility of Emergent Social Phenomena

Where, in the empirical sciences, emergence is considered to be a real process generating non-intended, »new« system properties, reduction means causal explanatory reduction to the actions and interdependencies of system parts. According to emergentist philosophy, emergent system properties are, by definition, irreducible; however, the fact that a (nonstatistical) system property is the outcome of a process of »upward determination« does not suffice to call it emergent. Contrary to the view (expressed, among others, by Epstein) that the proclaimed irreducibility of phenomena that have been generated in a process of upward determination introduces a mystical element into a discourse that, by rights, should be conducted in realist terms, the idea of defining emergence by irreducibility can make sense even to social scientists who normally speak of emergence in the sense of the (unintended) causal determination of macro-phenomena.

In what sense can it then be said that system properties *generated* by the actions and interactions of system parts are *irreducible* to them? This question has troubled all social scientists attempting to relate the philosophical discourse on emergence to the social sciences.[14] It would indeed be paradoxical if philosophers were to deny *generally* the possibility of an explanatory reduction of system properties to a microstructure that is explicitly attributed the power of upward determination. Therefore, the question is what distinguishes emergent from resultant properties. If we go back to Broad's definition of emergence, which has meanwhile become a »classic« in philosophy (Stephan 2005: 32), the answer is anything but mystical:

> Put in abstract terms the emergent theory asserts that there are certain wholes, composed (say) of constituents A, B, and C in relation R to each other; that all wholes composed of constituents of the same kind as A, B, and C in relations of the same kind as R have certain characteristic properties; that A, B, and C are capable of occurring in other kinds of complex wholes where the relation is not the same kind as R; and that the characteristic properties of the whole R(A,B,C) cannot, even in theory, be deduced from the most complete knowledge of the properties of A, B, and C in isolation or in other wholes which are not of the form R(A,B,C). (Broad 1925: 61)

As Boogerd et al. (2005) point out, Broad himself may not have been quite consistent and not sufficiently explicit in his view on emergence, but if we accept this – frequently cited – definition as it stands, system-, macro-, or higher-level properties are »emergent« if they *cannot* be explained by the properties and behavior of the system elements considered in isolation or in a different system

---

14 See, for instance, Heintz (2004: 25), who recognizes the challenge »vermehrt darüber nachzudenken, worüber sich emergenztheoretische Auffassungen begründen lassen.«

(Stephan 2005: 36). In other words, if the manifest (observable or »realized«) properties of the elements whose interaction generates a macro-effect in a given instance are *independent* of the given context, and their behavior follows universally valid laws, the effect is resultant, but is not called emergent. In this sense, the behavior of a mechanical vehicle cannot be called emergent, because the behavior of its (physical) parts, which determine the way the vehicle moves, does follow known natural laws applicable beyond the case at hand. System properties are thus »emergent« if they are not amenable to a nomologically-deductive explanation that operates with universal laws.

In order to apply this concept of emergence to specific, say, social or biological phenomena, it is necessary to clarify what it means to consider a constituent of a given system »in isolation.« Taken literally, real phenomena never exist »in isolation«; even a stone interacts at least with the air that surrounds it by changing its temperature. From the empiricist point of view, »in isolation« can therefore only refer to invariant, intrinsic properties of the constituent, its *capability* to behave in specific ways under specific external conditions. In every concrete instance, the behavior displayed by the system's parts would thus be a (partial, selective) realization of intrinsic properties. Given stable intrinsic properties, the behavior of a given element in »other wholes,« i.e., in systems of different kinds, could also be deduced. The difference between resultant and emergent system properties thus turns on the issue of the invariant or context-dependent nature of the parts in real systems.[15]

As shown in the previous section, social scientists have tended to identify »emergence« explicitly or implicitly with the (unintended) bottom-up generation of system-level effects that cannot simply be reduced to the manifest properties of the individual system parts, but *can* be explained by – i.e., causally reduced to – their actions and interactions in the specific context. Following Stephan (1998), this has come to be called »weak« emergence, in contrast to »strong« emergence in the sense of irreducibility as defined by Broad. It may seem that social scientists who insist on the causal (explanatory) reducibility of macro-phenomena speak only of weak emergence, or, to put it more strongly, deny that there is »strong« emergence in the social world. However, in view of Broad's definition of emergence quoted above and of the fact that, in the social world, the behavior of individual actors and the properties of institutions are »a function of context« (Buchmann 2001: 4427), we must conclude that, on the contrary, *most* (nonstatistical) properties of concrete social systems *are* emergent in

---

15 Boogerd et al. (2005) extensively discuss the meaning to be given to »other wholes«; they argue that, at least for organic wholes (cells), this condition should be specified to refer to wholes that are *simpler* than the whole R(A,B,C).

the sense of the philosophical concept, i.e., not reducible to invariant (intrinsic, context-free) properties of the given system parts.

In physical and chemical systems, elements such as atoms and molecules are generally considered to be invariant; their dynamic behavior in given instances is determined by »hardwired« intrinsic properties. Properties of social systems generated unintentionally by the actions (behavior) of system elements in a particular configuration are always reducible to the behavior of these very elements; but their behavior is not necessarily a manifestation of context-independent properties. The cultural malleability of the human being is, after all, the species' distinguishing characteristic; biology and physical anthropology may, but sociology cannot operate with the concept of a context-free, universal »human nature.« Considered »in isolation,« homo sapiens has only few and highly general behavioral dispositions. The behavioral dispositions of social actors are shaped by their socialization into a specific culture and by the opportunities and restrictions a given system affords them and subjects them to. Therefore, it does not make sense to consider the observable behavior of social actors in a concrete social system as an emanation of context-independent, intrinsic behavioral predispositions. The context-dependence of the properties of social institutions or, in other words, their historical nature is even more evident. Social institutions, from specific norms to rule systems regulating different spheres of life (i.e., education, work, marriage, and family), are shaped by the development and the present state of the society of which they are a part. If the parts of a social system manifest properties that are determined by that very system, the effect of their actions in this particular system can be causally derived from the system's microstructure, but it is irreducible according to Broad's definition and hence emergent in the strict philosophical sense.

The British emergentists did not agree on all details, and downward causation is one of them. Applied to the mind–brain relation, i.e., in the dominant context of emergentism, the idea of downward causation must have been problematic at the time. For Stephan (2005), downward causation does belong to the early twentieth-century view on emergence,[16] and Kim (2000: 310–311) similarly finds evidence that British emergentists included downward causation in their theory. The notion of downward causation is not alien to the self-organization paradigm in natural systems, where it occurs in the form of »slaving,« as when the separate molecules in a liquid are drawn into a collective movement. Whereas in natural systems the meaning of downward causation may be debatable, in social systems downward causation seems ubiquitous. Except for radical reduc-

---

[16] For Stephan (2005: 64), downward causation is a logical complement of Broad's definition of emergence.

tionists who deny the independent causal power of macro-phenomena, social scientists see downward causation complementing upward causation. This holds for macro-sociologists of institutionalist conviction (who work in the systems frame), as well as for methodological individualists in the tradition of Coleman (who work in the layers frame). Both upward and downward determination are integral parts of Coleman's macro-micro-macro model, which covers the »downward« process of macro-features impinging upon individual action, as well as the »upward« process from the micro- to the macro-level. Institutions, beliefs, and shared knowledge emerge and then influence individual behavior. Not only methodological individualists in the tradition of Coleman insist on the co-existence of upward and downward causation between levels; so did Talcott Parsons in his action system model, where the levels are linked both upwards in a hierarchy of constitution and downwards in a hierarchy of control (Parsons 1966: 28). At the level of national societies, individual institutions are seen to change their mode of operation and their effective functions with changes in the system of which they are a part; this is a well-known argument against the transfer of institutions, for example, from developed to undeveloped countries. The context-dependence of institutions, particularly of the behavior of firms, is *the* core assumption in the comparative analysis of capitalist economies. As Morgan (2005: 437) observes, institutional complementarities »emerge [sic!] over time as institutions actually begin to change their function and manner of working as a result of adapting to contingent events and the impact of other institutions,« i.e., by changes in the enveloping system. It is the ubiquity of downward causation, i.e., of the context-dependence of the parts in social systems and the lack of truly general »social laws« that prevent us from explaining system effects by reference to invariant, context-independent properties of the system parts and permits us to call them emergent not only in the »weak« sense generally accepted by social scientists, but also in the sense of Broad's philosophical definition.[17]

This, however, is not generally recognized by social scientists. Sawyer (2002: 545–553) and Heintz (2004: 8–9, 25–26) attempt instead to derive support for irreducibility from the argument about multiple realization developed in the second half of the twentieth century (see Fodor 1974) in the context of the philosophy of mind. Multiple realization refers to the presumed fact that the same mental state can be realized in different kinds of systems – by human and animal brains, as well as by artificial intelligence systems. If this is accepted, it is obviously not the *same* law from which an identical mental state can be derived,

---

[17] While downward determination is both implicitly and explicitly an assumption common to most empirical social research, Sawyer (2003) seeks to establish a *philosophical* basis for the causal impact of social on individual properties.

and that makes it nomologically irreducible. As Heintz (2004: 26) briefly suggests, the argument about multiple realization bears resemblance to the social science argument about multicausality (Mayntz 1997). Multicausality means that different factor combinations can generate the same effect. This goes to say that the effect produced by a given factor combination in a concrete case is contingent. Consequently, the causal explanation valid in a given instance cannot be generalized to other cases – it is case-specific, not universal. There is obviously a close correspondence between this argument and the argument that context-dependence following from downward determination makes social system-level properties and events theoretically irreducible: in both cases irreducibility follows from the lack of a *universal* law underlying the generation of given concrete phenomena. Context-dependence and contingency are both closely linked to the view that social phenomena are basically historical phenomena – in distinction to physical and chemical phenomena to which philosophers of science preferably refer in elucidating (intertheoretic) reduction while considering mental phenomena physically irreducible.[18]

Sawyer's observation (2001: 559) that the nonreductionist philosophical position »is not found in contemporary sociology« is true as far as explicit sociological theory is concerned. In fact, the *interplay* between upward and downward causation is rarely analyzed as part of a process said to produce an emergent effect. Social research tends to focus selectively on either upward or downward causation, on the influence of the social macrostructure on individual behavior, or on the generation of system effects by the actions and interactions of given, concrete system parts. Going back to the strict philosophical definition of emergence as formulated by Broad is thus a fruitful challenge, particularly for institutionalist theory and research. To analyze the path dependency of institutional developments means to identify the historically specific antecedents involved in the process. And following the road staked out by Streeck and Thelen (2005), we should more systematically inquire into the *different* mechanisms by which specific features of comprehensive institutional systems impinge upon the make-up and behavior of individual institutions. To return once more to the philosophical debate about emergence could thus stimulate future research and theory-building in the social sciences. Moreover, it renders support to those who insist on the fundamentally historical nature of social macro-phenomena. While it is at least debatable to what extent we can make truly general state-

---

18 Taken to its extreme, insistence on the context-dependence of the observable properties of the elements of social systems can lead to the denial of the possibility to make generalizations about social phenomena. The tension between the historical character of social phenomena and the aim of theoretical generalization is still a live issue in the social sciences (e.g., Mayntz 2002).

ments about individual behavior, the intrinsically historical character of social macro-phenomena prevents us from explaining them with reference to universal social laws.

References

Albert, Gert, 2005: Moderater methodologischer Holismus: Eine weberianische Interpretation des Makro-Mikro-Makro-Modells. In: *Kölner Zeitschrift für Soziologie und Sozialpsychologie* 57(3), 387–413.
Barbera, Filippo, 2004: *Meccanismi sociali: Elementi di sociologia analitica*. Bologna: il Mulino.
Beckenkamp, Martin, 2006: *The Herd Moves? Emergence and Self-Organization in Collective Actors*. Preprint 2006/14. Bonn: Max Planck Institute for Research on Collective Goods.
Boogerd, Fred C., et al., 2005: *Emergence and its Place in Nature: A Case Study of Biochemical Networks*. In: *Synthese* 145, 131–164.
Boudon, Raymond, 1979: *La logique du social*. Paris: Hachette.
Broad, Charles D., 1925: *The Mind and its Place in Nature*. London: Kegan Paul.
Buchmann, Marlis, 2001: Emergent Properties. In: Neil J. Smelser/Paul B. Baltes (Hg.), *International Encyclopedia of the Social & Behavioral Sciences*, Vol. 7. Oxford: Elsevier, 4424–4428.
Bunge, Mario, 1997: Mechanisms and Explanation. In: *Philosophy of the Social Sciences* 27(4), 410–465.
Chaitin, Gregory, 2006: Die Grenzen der Gewissheit. In: *Spektrum der Wissenschaft*, September 2006, 54–61.
Coleman, James S., 1990: *Foundations of Social Theory*. Cambridge, MA: Harvard University Press.
Durkheim, Emile: 1982: *The Rules of the Sociological Method*. London: Macmillan.
Elias, Norbert, 1977: Zur Grundlegung einer Theorie sozialer Prozesse. In: *Zeitschrift für Soziologie* 6, 127–149.
Epstein, Joshua, 2006: *Generative Social Science: Studies in Agent-Based Computational Modeling*. Princeton: Princeton University Press.
Esser, Hartmut, 1993: *Soziologie: Allgemeine Grundlagen*. Frankfurt a.M.: Campus.
——, 2000: *Soziologie: Die Konstruktion der Gesellschaft*. Frankfurt a.M.: Campus.
Fodor, Jerry A., 1974: Special Sciences (or: The Disunity of Science as a Working Hypothesis). In: *Synthese* 28, 97–115.
Foerster, Heinz von, 1981: On Self-Organizing Systems and their Environments. In: *Observing System: Selected papers of Heinz von Foerster*. Seaside, CA: Intersystems Publications, 2–21.
Forrester, Jay W., 1969: *Urban Dynamics*. Cambridge, MA: MIT Press.
Giddens, Anthony, 1984: *The Constitution of Society*. Cambridge: Blackwell.
Gilbert, Nigel/Andreas Pyka/Petra Ahrweiler, 2001: Innovation Networks – A Simulation Approach. In: *Journal of Artificial Societies and Social Simulation* 4(3), <www.soc.surrey.ac.uk/JASS/4/3/8.html>.
Glennan, Stuart S., 1996: Mechanisms and the Nature of Causation. In: *Erkenntnis* 44, 49–71.

Hall, Peter A./Daniel W. Gingerich, 2004: *Varieties of Capitalism and Institutional Complementarities in the Macroeconomy: An Empirical Analysis.* MPIfG Discussion Paper 04/5. Köln: Max-Planck-Institut für Gesellschaftsforschung.

Hayek, Friedrich A., 1955: *The Counter-Revolution of Science.* New York: Free Press.

Hedström, Peter, 2005: *Dissecting the Social: On the Principles of Analytical Sociology.* Cambridge: Cambridge University Press.

Hedström, Peter/Richard Swedberg (Hg.), 1996: *Social Mechanisms: An Analytical Approach to Social Theory.* Cambridge: Cambridge University Press.

Heintz, Bettina, 2004: Emergenz und Reduktion: Neue Perspektiven auf das Mikro-Makro-Problem. In: *Kölner Zeitschrift für Soziologie und Sozialpsychologie* 56(1), 1–31.

Kim, Jaegwon, 1993: Explanatory Realism, Causal Realism, and Explanatory Exclusion. In: David-Hillel Ruben (Hg.), *Explanation.* Oxford: Oxford University Press, 228–245.

——, 1996: *Philosophy of Mind.* Boulder, CO: Westview Press.

——, 2000: Making Sense of Downward Causation. In: Peter B. Andersen et al. (Hg.), *Downward Causation: Minds, Bodies and Matter.* Arhus: Arhus University Press, 305–321.

Krohn, Wolfgang/Günter Küppers (Hg.), 1992: *Emergenz: Die Entstehung von Ordnung, Organisation und Bedeutung.* Frankfurt a.M.: Suhrkamp.

Lazarsfeld, Paul F./Allen H. Barton, 1951: Qualitative Measurement in the Social Sciences: Classification, Typologies, and Indices. In: Daniel Lerner/Harold D. Lasswell (Hg.), *The Policy Sciences.* Stanford, CA: Stanford University Press, 155–192.

Mayntz, Renate, 1992: The Influence of Natural Science Theories on Contemporary Social Science. In: Meinolf Dierkes/Bernd Biervert (Hg.), *European Social Science in Transition.* Frankfurt a.M.: Campus, 27–79.

——, 1997 [1995]: Historische Überraschungen und das Erklärungspotential der Sozialwissenschaft. In: Renate Mayntz, *Soziale Dynamik und politische Steuerung: Theoretische und methodologische Überlegungen.* Frankfurt a.M.: Campus, 328–340.

—— (Hg.), 2002: *Akteure – Mechanismen – Modelle: Zur Theoriefähigkeit makro-sozialer Analysen.* Frankfurt a.M.: Campus.

Morgan, Glenn, 2005: Institutional Complementarities, Path Dependency, and the Dynamics of Firms. In: Glenn Morgan/Richard Whitley/Eli Moen (Hg.), *Changing Capitalisms? Internationalization, Institutional Change, and Systems of Economic Organization.* Oxford: Oxford University Press, 415–446.

Parsons, Talcott, 1951: *The Social System.* Glencoe, IL: Free Press.

——, 1966: *Societies – Evolutionary and Comparative Perspectives.* Englewood Cliffs, NJ: Prentice-Hall.

Paslack, Rainer, 1991: *Urgeschichte der Selbstorganisation: Zur Archäologie eines wissenschaftlichen Paradigmas.* Braunschweig: Vieweg.

Pattee, Howard H., 1973: *Hierarchy Theory: The Challenge of Complex Systems.* New York: George Braziller.

Sawyer, Keith R., 2001: Emergence in Sociology: Contemporary Philosophy of Mind and Some Implications for Sociological Theory. In: *American Journal of Sociology* 107(3), 551–585.

——, 2002: Nonreductive Individualism. Part I – Supervenience and Wild Disjunction. In: *Philosophy of the Social Sciences* 32(4), 537–559.

——, 2003: Nonreductive Individualism. Part II – Social Causation. In: *Philosophy of the Social Sciences* 33(2), 202–224.

Schmid, Michael, 2006: *Die Logik mechanismischer Erklärungen.* Wiesbaden: VS-Verlag für Sozialwissenschaften.

Stephan, Achim, 1998: Varieties of Emergence in Artificial and Natural Systems. In: *Zeitschrift für Naturforschung* 53, 639–656.

———, 2005 [1999]: *Emergenz: Von der Unvorhersagbarkeit zur Selbstorganisation.* Paderborn: mentis.

Streeck, Wolfgang/Kathleen Thelen (Hg.), 2005: *Beyond Continuity: Institutional Change in Advanced Political Economies.* Oxford: Oxford University Press.

Weiss, Paul A., 1971: *Hierarchically Organized Systems in Theory and Practice.* New York: Hafner Publishing.

Willke, Helmut, 2007: *Smart Governance: Governing the Global Knowledge Society.* Frankfurt a.M.: Campus.

Wimsatt, William C., 1986: Forms of Aggregativity. In: Alan Donagan/Anthony N. Perovich, Jr./Michael V. Wedin (Hg.), *Human Nature and Natural Knowledge.* Dordrecht: Springer, 259–291.

———, 2000: Emergence as Non-Aggregativity and the Biases of Reductionisms. In *Foundations of Science* 5(3), 269–297; with small changes reprinted 2007 in: William C. Wimsatt, *Re-Engineering Philosophy for Limited Beings: Piecewise Approximation to Reality.* Cambridge, MA: Harvard University Press.

9 Embedded Theorizing: Perspectives on Globalization and Global Governance (2008)

1 Introduction[1]

»Globalization« is a blanket term with fuzzy boundaries, and, depending on the way it is defined, global governance is either perceived as part of the process called globalization, or as a response to it. This conceptual ambiguity has stimulated definitional efforts, while the diversity of theoretical interpretations has motivated attempts to structure the field by distinguishing different schools of thinking about globalization (e.g., Genschel 2004). This article sets itself a different task. Instead of describing different views on globalization and global governance, we shall examine factors that *shape* different perspectives, i.e., different ways of perceiving, evaluating and studying the loosely bounded set of phenomena called »globalization.« The purpose of such an analysis is not to arrive at new definitions of globalization and global governance, nor to offer yet another substantive theory, but to alert scholars to the selective – and contingent – nature of their perspectives.

In the philosophy and the sociology of science it has been discussed at length how scientific perspectives on a given object are shaped by the cognitive features of the dominant paradigm, by the social organization of the science system, and by external or contextual factors. This literature provides the general frame of reference for the following analysis. Given the specific object and the aim of this article, this analytical frame must, however, be adapted to the task at hand.

The philosophy and the sociology of science deal typically either with science writ large, i.e., science as distinct from other forms of knowing, or with the properties of scientific disciplines that have different objects of cognition. This article, in contrast, wants to explain differences in perspective on a *shared* cognitive object. Different perspectives on globalization can be related, first of all, to the cognitive features of different scientific specialties dealing with the topic. In the philosophy of science, numerous attempts have been made to identify the cognitive features that characterize sciences dealing with different segments of

---

[1] I want to thank Philipp Genschel, Susanne Lütz, Fritz W. Scharpf and Wolfgang Streeck for critical comments on this and an earlier version of this article (MPIfG Discussion Paper 05/14).

reality, with physics often serving as the epistemological benchmark to be compared to other sciences like biology, psychology, or sociology (e.g., Cole 1983; Fiske/Shweder 1986; Mitchell 2000). Pointed comparisons of different perspectives in the study of a *shared* cognitive object are, however, difficult to find. In section 2 of this article, such a comparison will be undertaken for the major disciplines studying globalization and global governance – the social sciences, economics, and law.

Highlighting disciplinary perspectives on globalization and global governance means to neglect intradisciplinary differences in perspective. In sections 3 and 4, this limitation is suspended, and the analysis concentrates on intradisciplinary differences in perspective. Due to the limited competence of the author, however, only the social science literature on globalization and global governance will be covered. Within the social science literature, some substantive differences in perspective are well-known and have been described repeatedly. This holds particularly for International Relations, the subfield of political science mainly concerned with globalization and global governance. For decades, this field has been structured by the opposition between two »schools,« labelled realists and idealists (or institutionalists) respectively (see for instance Baylis/Smith 2001). This article does not try to add to the substantive theoretical debate between realists and institutionalists, nor, for that matter, to the less focused debate between political scientists and political economists on the nature and causes of globalization; it wants to *explain* rather than describe different views. The factors highlighted in sections 3 and 4 were chosen for their explanatory potential in our particular case; they have been suggested by a careful reading of the literature.

The cognitive dynamics of scientific development are largely seen to follow from a dialogue between the researcher and his object (Kuhn 1962; Thagard 1992). The object contradicts the propositions of the researcher and »talks back« to him (Pickering 1995). Confronting theoretical preconceptions of the nature of a given (stable) object with empirical evidence dispels earlier misconceptions and leads to a deepened understanding. This kind of learning has also taken place in the field of globalization studies. It has come to be recognized, for instance, that what is now called globalization is neither a new phenomenon, nor a linear process, and the increasingly detailed knowledge of regional differences in the extent of integration into global markets and international institutions has meant that the implicit empirical claim of terms like global and globalization is now explicitly relativized. A different kind of learning must take place if the object of cognition does not »hold still,« but is undergoing change while it is being looked at. Such a learning process is the topic of section 3, which will trace how historical change has been reflected in the analytical frames dealing with globalization and global governance.

In the sociology of science, attention concentrates on the social organization of science, and on the effect of institutional features on scientific development (e.g., Whitley 1984; Ben-David 1991; Fuchs 1992). Evidence for the influence of these factors comes mainly from synchronic (different disciplines) or diachronic (different periods) comparisons. Looking only at social science perspectives on a particular topic such as globalization, the social organization of science does not appear to play a significant role. The same holds for the external factors impinging on the development of science commonly favored in sociological analyses. Beginning with Robert K. Merton (1970), the interest of social scientists has mainly been attracted by the shaping influence of economic demand, and of political efforts to direct the development of science by selective promotion, legal constraints, and ideological indoctrination (e.g., Barber 1966; Kogan/Henkel 1983; Braun 1997; Kocka/Mayntz 1998). Research on globalization, however, appears neither to be subject to politically motivated restrictions, nor to enjoy special promotion by political or economic interests. But this does not mean that there are no external influences. Section 4 will consider the subtle influence of a rarely considered situational factor, the geopolitical context in which scholars are embedded.

2 Disciplinary Ways of Studying Globalization

Scientific disciplines are a relatively recent way of organizing knowledge both socially and cognitively (Stichweh 1994). As a social institution, a discipline possesses a codified body of knowledge, certified members, has arrangements for training and teaching, and a career structure. Considered as cognitive systems, disciplines are characterized by their object or objects of cognition, and by the specific way they view and study their objects. Different disciplines view the same ontological object differently. They focus on different aspects, ask different questions, make different ontological assumptions, and may use different methodologies and techniques. We should therefore expect the main disciplines dealing with globalization, the social sciences, economics, and law, to have characteristically different perspectives. The cognitive structure of most disciplines is, however, internally differentiated; each comprises a plurality of (often overlapping) scientific specialties and theoretical paradigms. It is therefore an open question to what extent disciplinary perspectives on globalization reflect cognitive features generally characteristic of these disciplines.

The opportunity, and with it the incentive to undertake a comparison of disciplinary perspectives on globalization was provided by a large interdisciplinary research program on globalization and global governance financed by the

German Volkswagen Foundation between 1998 and 2003.[2] In a novel attempt to summarize the major findings of this program, the Foundation commissioned a secondary analysis of the reports and publications that had been produced by the end of 2003 (Mayntz et al. 2005). At this point, 91 percent of the grants had gone to projects in three of the disciplinary categories used by the Foundation: social sciences (50 percent), economics (30 percent), and law (11 percent). In order to do justice to studies undertaken by scholars from these three disciplinary groups, the secondary analysis was performed by different authors, each taking on one of the three groups of projects (see von Bogdandy 2005; Genschel 2005; Lütz 2005). Responding to a uniform list of queries, the three separate analyses were performed in a strictly comparative fashion. This made it possible to compare the disciplinary perspectives of German social scientists, economists, and legal scholars doing research on globalization; unfortunately, the project classification scheme of the Volkswagen Foundation did not permit systematic differentiation between sociological and political science projects. Not all projects in the three groups that were officially concluded had already produced written results by the end of 2003; the data base of the secondary analysis thus consisted of 147 publications produced by 78 projects.[3] Since the research financed by the Volkswagen Foundation is not fully representative of current German research on globalization, the authors of the three disciplinary reports have analyzed the results of the projects falling into their disciplinary category explicitly in the context of a more comprehensive knowledge of the relevant literatures. The following discussion, which is mainly based on these three reports, thus already goes beyond their primary data base. In addition, the discussion also draws on a larger, international literature survey which provides the data base for the two later sections.

In the literature dealing with »disciplinarity,« i.e., the basic cognitive elements characterizing a given discipline, three elements are generally identified as fundamental: the specific way the object of cognition is framed, the questions asked about it, and the methodological approach used (Chubin 1976; Elster 1983: 15–24; Messer-Davidow/Shumway/Sylvan 1993). These features are highlighted in the following discussion. Passing reference will also be made to additional cognitive features such as the functional identity of a discipline (i.e.,

---

2 Schwerpunkt Globale Strukturen und ihre Steuerung. Förderinitiative der VolkswagenStiftung. Merkblatt 63.
3 Of the total of 178 projects finally financed by the Volkswagen Foundation in this program, 120 projects had been concluded by the end of 2003; 78 of these 120 projects addressed issues of globalization, fell into one of the three largest disciplinary categories, *and* had published results by the end of 2003. The Volkswagen Foundation classified 36 of these 78 projects as »social science,« 26 as »economics,« and 16 as »law« (Mayntz et al. 2005: 8–9).

theoretical, practical, or critical), its internal cognitive coherence or degree of fragmentation, and basic axioms or ontological assumptions.

Speaking of globalization, it is important to distinguish between the phenomenon we have in mind and the term being used to designate it. Not all projects included in the secondary analysis used globalization terminology, nor did they use the term »globalization« in the same way. Legal scholars focus on the development of an international legal order and often prefer to speak of internationalization rather than globalization. For economists, globalization simply means economic globalization. Legal scholars and social scientists agree that a globalizing economy is the dominant aspect and driving factor of the process. However, social scientists in particular tend to extend the concept to include political, infrastructural, cultural and societal aspects. A truly shared conception of globalization as an object of cognition can thus only be defined at a metadisciplinary level.

Methodological approaches count as basic disciplinary characteristics – in spite of the fact that different methodological »schools« exist in all of the disciplines considered here. By and large, however, the dominant approach in legal studies of globalization is hermeneutic and interpretive, while the dominant approach in the projects classified as social science is in a broad sense empirical. In economics the approach appears to be less uniform; here we find analyses that are based on empirical (largely statistical) data as well as formalized deductive modelling efforts. In the Volkswagen program, the latter kind of projects predominated, though published statistical data were mostly used.

Different conceptions of globalization direct attention to different aspects of the complex phenomenon, but the questions asked by scholars in different disciplines cannot simply be derived from their perception of the object of cognition and the way it is approached methodologically. Instead, it became evident in the course of the secondary analysis that the research questions pursued are related to a feature rarely counted among the characteristics of a given discipline – to values and valuations. In the positivistic philosophy of science, implicit, let alone explicit, value judgments are considered to be unscientific, and consequently are not included among the fundamental features of disciplinary views. Scholars aligned with Adorno's critical theory, in contrast, are openly partisan; they hold that the social sciences have an emancipatory function. In the field of globalization studies, few authors use critical theory explicitly. Most scholars working on globalization would formally subscribe to Max Weber's injunction to abstain from value judgments. In fact, however, their analyses cannot be »value neutral,« because the major dependent variables in their studies – welfare, inequality, justice, order, etc. – are not value-neutral. It is therefore not surprising that a – positive or negative – valuation of globalization turned out to be an important feature of the different disciplinary perspectives.

By and large, and again neglecting intradisciplinary differences that do exist, economists evaluate globalization positively, social scientists evaluate it negatively, and legal scholars are ambivalent. These evaluations are the result of different standards, or evaluation criteria, which in turn are rooted in different disciplinary core values. The core value and evaluation standard of economics is efficiency, or economic welfare production. This evaluation standard is applied to economic globalization, the globalization aspect highlighted by economics (Genschel 2005: 74). Based on the axiomatic assumption that the expansion of markets beyond national boundaries increases welfare, globalization – to the extent that it does take place – is evaluated positively. The obvious normative consequence is to promote economic globalization and remove still existing (mainly political) obstacles.

The core value of the legal discipline might be described as the development and maintenance of a deliberately created order safeguarding individual rights. The perception of a multidimensional, but economically driven globalization process defines a challenging task for legal development. The evaluation of globalization, which as a process includes the »globalization« of law, is ambivalent because on the one hand, the stepwise growth of an international and transnational legal order is judged positively, while doubts remain that a legal order able to fulfil its traditional function can develop outside of the framework of national states (von Bogdandy 2005).

Within the social sciences, sociological and political science studies are likely to focus on different aspects of the multidimensional globalization process – the »global society« and the »global polity,« respectively. The implied core values of these disciplines also differ. While social integration and emancipation could be called core concerns of sociology, democracy and freedom (as individual liberty and as national sovereignty) are core concerns of political science. In a somewhat modified form, these disciplinary value perspectives are manifest in the research on globalization. In the social science projects of the Volkswagen Foundation program, ecological values, socioeconomic standards of living, and human rights play a prominent role; additional evaluative reference points are democracy, national sovereignty, and global peace and security. If social scientists evaluate globalization negatively, it is because of its presumed negative impacts on the cherished core values of the respective sub-disciplines.

The implicit or explicit valuation of a given object of cognition shapes the cognitive interest with which it is approached. Cognitive interests are always selective. In the field of globalization studies, interest in governance issues appears to dominate interest in the evolution of international and transnational structures. While the Volkswagen Foundation program put equal emphasis on questions of structural development and on questions of governance, not only in its title but also in the call for proposals, very few projects were devoted specifically to the shape and evolution of, for instance, geographical distribution patterns, interorganizational networks, or large technical infrastructure systems. The selective emphasis on governance is particularly evident for the legal and the social science projects. For the discipline of law, the focus on governance appears self-evident; whether at the national or the international level, law *is* a form of governance. For social science studies of globalization, in contrast, the selective interest in questions of governance is a consequence of their focus on the negative effects, or problems caused by globalization. Of the three disciplines considered, economics appears to pay most attention to structural developments, tracing the development of international trade, FDI (foreign direct investment), multinational corporations, and global production networks. The economics projects in the Volkswagen program used such data, but did not generate them. In this respect they were not representative of economic research on globalization.

Governance tends to be seen as a process or an institutional structure designed to cope with problems. The kind of problem attracting most scientific attention is related to disciplinary value perspectives, and differs between the three groups of projects analyzed. Obstacles to globalization, mainly caused by protective measures of nation states, are a problem typically discussed in economics projects (Genschel 2005: 69–73). For legal scholars, the intensification and expansion of economic and non-economic interactions and transactions beyond national boundaries challenges the ordering capacity of law. This raises the issue of the extent to which law can meet the challenge, and directs attention to questions of the legitimacy, sanctioning power, and compliance commanded by international and transnational legal institutions. But the limited effectiveness of international and transnational law is not the only problem addressed; its continually increasing effectiveness, too, has a problematic consequence, as it impacts negatively on national sovereignty and the control capacity of national states (von Bogdandy 2005: 26).

In the social science projects, the »erosion« of the national state is also a recognized problem caused by globalization. As for problems at the global level, attention concentrates on ecological problems, the violation of human rights, poverty and the lowering of welfare standards, and new risks induced by increased geographical mobility and modern information technology. While imbalances in the international power structure are recognized, the inequality between countries and regions (e.g., the North/South divide) commands more interest than security issues and the rise of a single superpower. Many of these problems, it might be mentioned in passing, are only partly consequences of globalization; ecological problems follow from (increasingly worldwide) changes in production technology, while human rights violations and even poverty are often home-grown. In both cases, a »global public« created by the modern media of mass communication stimulates the development of transnational advocacy groups fighting these problems.

Concern with problems directs attention to the institutions and organizations charged with the task of coping with them. Here again disciplinary perspectives were found to differ among the three groups. Projects in economics deal normatively with questions of a global market order. International institutions are expected to play an important role in constituting a global economy, mainly by promoting the further expansion of markets, while market control functions are mainly attributed to national governments. Legal studies analyze international institutions with a view to their normatively expected and their de facto functions in the development of an international legal order, which is still largely seen as the result of negotiations and contracts between states. The most detailed empirical analyses of the constitution and operation of international and transnational organizations are performed by social scientists. The results obtained in the projects of the Volkswagen Foundation program could be used to form a composite description of the regulative structure familiarly referred to by the term global governance; but this would go beyond the intentions of the present article.

The fact that disciplinary perspectives on globalization differ, as shown in this section, is in itself not surprising. It may serve to sensitize scientists to the inevitable selectiveness of their perspectives. More importantly, the comparative analysis has shown that cognitive features such as object perception, value orientations, and the research questions chosen form a closely interrelated cluster. It is, however, impossible to say much about the extent to which the disciplinary perspectives on globalization reflect cognitive features generally characteristic of the respective disciplines. In particular it may well be that the importance of values for the definition of the cognitive interest underlying specific research questions is greater in studies of globalization than in other subfields of the same disciplines. The importance of values for the definition of the guiding cognitive interest will vary with the perception of the object of cognition: Values will be particularly important if the object of cognition is a real phenomenon which is perceived as threatening. Attention will then be directed to the nature and causes of the threat, and to ways of coping with it.

The characteristic cognitive features of a discipline, its methodological approach, basic cognitive interest, and evaluation standards are likely to change only slowly. In contrast, the specific questions asked about the object of cognition should respond more easily to external, contextual factors. In the preceding analysis, external factors that may affect the perspective on globalization were held constant by concentrating on a body of research limited in time and space, i.e., projects conducted by German scholars between 1998 and 2003. In the next two sections, we shall focus instead on external factors, extending the time and space limits of the analysis, but at the same time keeping discipline constant by dealing only with social science publications on globalization and global governance. The data base for these sections is supplied by a literature search covering several hundred titles, performed partly by the author herself, partly with the assistance of Tim Müllenborn. The literature surveyed consists mainly of English language publications from 1970 onwards. Since no comprehensive state-of-the-art report is intended in this article, the vast literature will only be cited sparingly. Though the literature survey suggests that the majority of the titles fall into the field of International Relations, it will again not be possible to distinguish systematically between sociological and political science studies.

3 The Impact of Historical Developments

Historical changes in a given field often become the focus of scientific enquiry. But even where the object of cognition is not a process of change, analytical frames change in response to changes in the object, and crystallize around new concepts. Globalization itself is such a concept. John Dryzek and Stephen Leonard (1988) have argued that the frequent historical changes in their objects forces political scientists continually to develop new and different analytical frames and substantive theories, which therefore cannot build upon each other. To call attention to such external effects on scientific thinking does not deny the existence of an internal cognitive dynamic, fueled by contradicting evidence and the awareness of gaps in the prevalent theoretical model. In the development of the theory of political steering, the successive elaboration and modification of the initial paradigm has been driven both by such an endogenous dynamic and by changes in political reality (Mayntz [1998] 2003). In the development of social science approaches to globalization and global governance, a similar conjunction of an internal cognitive dynamic with the influence of external political changes is visible. We shall focus here on the latter.

Changes can be gradual or more abrupt. The increase and intensification of international and transnational interactions, transactions and relations that is now called globalization includes both more gradual and more abrupt developments. Changes in the global polity are often the consequence of singular historical events that provide visible cutting points in the process. Other facets of the process of globalization move more incrementally and appear more continuous. We shall look at both kinds of processes and the attendant changes in their conceptualization.

The global political order has undergone relatively abrupt changes over the past 60 years. This is reflected in parallel changes in perspective and related semantic shifts. These changes have been traced by, among others, Lisa Martin and Beth Simmons, who point to specific historical events that have led to attendant changes in the research on international institutions (Martin 1992; Martin/Simmons 1998). According to these authors, it is possible to distinguish three phases of theorizing linked to external events. Phase one began after World War II, when the United States pushed for a new world order and was instrumental in the creation of the Bretton Woods institutions. International organizations were then studied to find out whether they fulfilled their mandate. This period ended with the dissolution of the former World War II alliance and the advent of the Cold War.[4]

In the Cold War period, a bipolar world system developed in which the United States was embedded as hegemon of the Western world. Hegemonic stability theory, while recognizing existing power asymmetries, emphasized the benefits a dominant state could derive from international institutions. »The stability of the Western alliance under conditions of bipolarity led the United States to behave as a farsighted hegemon, often willing to bypass exploitative solutions in favor of long-term benefits and stability« (Martin 1992: 64; see also Steel 1995: 65). In this second period, the earlier focus on international organizations was extended to the study of international regimes, and subsequently to international cooperation more generally. It was the extension beyond inter*national* organizations, »the acquisition of authoritative decision-making capacity by non-state and supra-state actors« (Fuchs 2002: 11), that led to the ascendance of the concept of global governance. Robert Keohane has described the direction that political science thinking took in this phase as moving »from interdependence and institutions to globalization and governance« (Keohane 2002). The change in »buzzwords,« he argues, reflects changes in reality. Thus the semantic shift from »international interdependence« to »globalization« reflects for him the growing intensity of (not only economic) cross-border interactions and transactions, while he sees the semantic shift from »international institutions« to »global governance« related to the challenges with which developing countries and NGOs have increasingly confronted the legitimacy of the »club model« of international institutions dominant in the seventies. While realists in this period studied the arms race, the concept of global governance, developed in critical reaction to the paradigm of realism, became the hallmark of institutionalist thinking. As had been believed of international organizations (e.g., Haas 1990: 2), global gov-

---

4 Horowitz (2004) gives a detailed account of this period.

ernance is widely seen to be about collective problem solving and the provision of collective goods (e.g., Langhorne 2001; Héritier 2002). Different from the concept of domination, governance means to agree on goals, measures, and rules in the management of common affairs. This notion of governance has been criticized as normatively biased (e.g., Latham 1999: 35; Mayntz 2001: 41), and there are those who prefer a lean definition of governance as »a set of authority relationships« (Kahler/Lake 2003: 8). In such a view, »global governance« may denote the actually existing, fragmented set of partly conflicting, partly overlapping supra-, inter- and transnational institutions and regimes; but this is still a minority view.

The end of the Cold War and the events of 1989 ushered in the third phase in thinking about world order. With the bipolar system becoming increasingly multi-polar and the former transatlantic alliance tenuous, the situation that had favored the farsighted hegemon changed,[5] and political scientists recognized that the »movement toward multi-polarity should lead powerful states to favor solutions other than multilateralism« (Martin 1992: 59). American multilateralism had been fostered as well as shielded by the Cold War with its clean opposition between a dictatorial Soviet regime and the democratic, cooperative West. Now international cooperation was no longer a self-evident political imperative for the United States; the country became »suspicious of cooperative, regularized, rule-governed endeavors in multilateral institutions settings« (Higgott 2004: 99), and turned increasingly to bilateral and even unilateral action.[6] The debate turned to the Pros and Contras of a world order dominated by a single superpower, and the concept of empire started to be used again to describe the new world order (e.g., Hardt/Negri 2000; Münkler 2005). For Hirst, the developing opposition between supporters of cosmopolitan democracy and »the discourse on empire« is the modern version of the opposition between realist nationalists and idealist internationalists that goes back to the twenties and thirties (Hirst 2003: 48).

While the perspective on world order changed perceptibly at specific historical turning points, the discussion about the »retreat« of the nation state illustrates a more gradual change in perspective. The notion of a withdrawal of the nation state as a consequence of globalization gained popularity in the early nineties (Moses 1994; Horsman/Marshall 1994; Ohmae 1995; Strange 1996). The steady

---

5 The unsettling consequences of the end of the Cold War for the international role and identity of the United States are frequently noted; they are a major theme in Steel (1995).
6 The change in policy was neither sudden nor a complete turn-about, as the analysis by Nye and Keohane (1993) shows. Neither did American unilateralism originate in the post-Cold War period; it was already evident at the time of the Reagan administration; Keohane (2002: 8) and Martin and Simmons (1998: 439–444) list a number of unilateral American acts in the decades after World War II. The point is rather a difference in dominant policy frames.

advance towards a global or at least regional economy transcending national boundaries was considered the main culprit in this process. When, after the end of World War II, economic globalization led by the Bretton Woods institutions slowly returned to, and gradually came to surpass the level already achieved before World War I, the fully developed Western nation state did not immediately lose its capacity to control the national economy. Through the period of the Cold War, while GATT curtailed tariffs, national governments retained crucial policy instruments to control cross-border capital flows. What Ruggie (1982) succinctly called »embedded liberalism« made national boundaries economically permeable, but left national governments the economic control capacities needed to prevent the recurrence of the social and economic crises of the twenties and thirties. This changed with neoliberal economic reforms following the »conservative turn« that took place first in Britain and the US, was emulated by the European Union, and gained momentum with the dissolution of the Soviet Union (Mayntz/Scharpf 2005). The policies of deregulation, privatization, and the liberalization of cross-border capital movement removed still existing obstacles to international trade and FDI, and together with new developments in information technology created a genuinely global financial market (Knorr Cetina 2005). In this stepwise development, the control capacity of national governments in the areas of economic policy, tax policy, and welfare policy diminished, a process finally crystallizing in the notion of the »retreat« or even »eclipse« of the state. European political scientists in particular emphasized the constraining effects of globalization on the welfare state (e.g., Scharpf 2000; Rhodes 2001).

Already towards the end of the nineties, however, the assessment of the effects of globalization on the nation state became more sanguine, and the perspective slowly changed again. In the projects of the Volkswagen Foundation program as well as in the globalization literature at large, social scientists now tend to emphasize that while the domestic steering capacities of national governments may be diminishing, the political functions of the nation state are changing rather than withering away. In the projects surveyed for the German study, the intensified competition for investments and the increased vulnerability to externally induced financial and economic crises are still seen as powerful constraints for states, but there is agreement that the nation state, if only by default, remains the most important player, in global governance as well as for the successful domestic adaptation to globalization. National institutions are seen to play an important role in the way states cope with the challenges, and use the opportunities of a globalizing world. The impact of emerging international private authorities on the state is perceived as transformative rather than detrimental to the powers of the nation state (Hall/Biersteker 2002). The image of the modern nation state rendered powerless by globalization was recognized as a myth (Weiss 1998). Globalization, global governance and the internationalization of law, rather than causing the eclipse of the nation state, are now seen to lead to the transformation of the traditional notion of sovereignty (Krasner 1999; Clark 1999; Ilgen 2003). Whether this rather optimistic reassertion of the importance of the nation state will survive the next set of international crises remains to be seen.

4 The Impact of Geopolitical Context

In the last section, we saw how more gradual or more abrupt changes in the process summarily called globalization are reflected in changing foci of interest and changing interpretations. These perspectives were tacitly attributed, as is also customary in state-of-the-art reports, to an international scientific community of globalization scholars. Even if it is recognized that authors from a particular nation, most often the United States, play a leading role in a given scientific community, as is the case in political science (Schmitter 2002), one does not expect scientific perspectives to *differ* significantly between, say, European and American authors. But scientific thinking is shaped by social context, as Karl Mannheim realized long ago (Mannheim 1929). The most significant aspect of social context will differ, for instance, between scholars interested in stratification and inequality, and scholars interested in the global political order. Whether or not they are formally classified as political scientists, for social scientists interested in the world polity the geopolitical situation in which their country finds itself is conceivably the most relevant context. This context had been perceived as largely similar for European and American social scientists during the reign of the transatlantic alliance in the Cold War period. But the literature surveyed suggests that after 1990, in the third period of thinking about the political world order outlined above, European and American perspectives started to diverge. It would require a major project in the sociology of science to show conclusively whether or not there are indeed differences in the perspective on globalization and global governance between European and American scholars;[7] the following remarks do not claim the certainty that could come from such a project. It should also be noted that the picture drawn in the following paragraphs is definitely dated: it sketches differences in perspective that appeared evident around

---

7 For purposes of this article, the term »American« refers to the United States of America, and the term »American political scientist« refers to scholars whose permanent institutional affiliation is American.

the turn of 2004/2005, but given the fluid nature of collective sentiments, perspectives may well have changed by the time these lines are read.

The theoretically most intriguing difference of perspective between American and European scholars shows up in their dealing with global governance. It is a difference not in the definition, but in the saliency of the concept of global governance. This difference reflects the different geopolitical constellations in which European and American authors found themselves after the end of the Cold War. The foreign policy of the Bush administration following 9/11, and especially the Iraq war, only served to intensify the difference between American and European perspectives.

In the United States, the perception of an increasingly unilateralist policy stance became a live issue in public discourse. Cutting edge international relations work now dealt with the imbalances in the international power structure. Among liberal institutionalists, the new »buzzword« was multilateralism (see Keohane 1990; Ruggie 1993), and interest turned to the threat that an asymmetric international power structure poses to it (Martin 1992). Multilateralism is a narrower concept than governance; it focuses specifically on relations between states, while the concept of global governance refers to a variety of public as well as private actors. Multilateralism refers to a dimension of alternative policy choices. For the United States, this choice became controversial after 1989 because the advantages of multilateralism maintained by hegemonic stability theory before the end of the Cold War could no longer be taken for granted. As Moravcsik (2000: 296) has put it: »Like most powerful and isolated countries, the United States tend to favor unilateralism more than others.«

Weak nations, in contrast, have good reasons to cherish multilateralism. These reasons have been summarized most poignantly by Kagan (2004: 37):

Europe's relative weakness has understandably produced a powerful European interest in building a world where military strength and hard power matter less than economic and soft power, an international order where international law and international institutions matter more than the power of individual nations, where unilateral action by powerful states is forbidden, where all nations regardless of their strength have equal rights [...]. Because they are relatively weak, Europeans have a deep interest in devaluing and eventually eradicating the brutal laws of an anarchic Hobbesian world where power is the ultimate determinant of national security and success.

The result is a »longer-term trend towards a stronger normative disposition for multi-level governance in Europe than in the United States,« expressed both in the »European willingness, incomprehensible to the US foreign policy community, to engage in sovereignty pooling,« and in a more positive attitude »towards multilateral governance structures at the global level« (Higgott 2004: 113). From a European perspective, the demise of multilateralism and the superpower position of the United States constitute a highly problematic development (de Wijk 2002; Risse 2003).

The persistence of the ideal of collective international problem solving has meant that among European social scientists, the analytical frame of global governance has not lost its scientific attractiveness.[8] The concept of global governance does not only have normative implications: it also seems to exude an unspoken optimism. With all that, interest in the topic of global governance has not abated among European scholars; conferences on issues of governance abound, the European Union has started an Integrated Project on »new modes of governance,« with 24 different projects participating by March 2005,[9] in Berlin (Germany) a new School of Governance has been established, and in August 2004 the Globalization Studies Network was founded in Warwick (UK). There also seem to be more institutions specifically devoted to research on globalization and global governance outside than inside the US (Sachsenmaier 2004). The conceptual frame of global governance continues to be elaborated, with emphasis on the variety of forms in which governance takes place (e.g., Zürn 1998; Cable 1999; Fuchs/Kratochwil 2002; Jachtenfuchs/Knodt 2002; Djelic/Quack 2003).

Quantitative evidence for the shifting focus from governance to multilateralism and the attendant divergence between American and European perspectives is supplied by data from the Social Science Citation Index.[10] While the SSCI lists only 3 publications with »multilateralism« in their title for the seventies, and 11 for the eighties, there is an upsurge of such publications beginning in 1990, with 77 entries for the decade of the nineties and another 38 in the following five years. There is also evidence that this thematic shift has been particularly pronounced in the United States: While only 29 percent of the publications bearing »global governance« in their title came from authors affiliated with an American institution, 46 percent of those that featured »multilateralism« did.

Within the multilateralism frame, interest has turned to the threat an asymmetric international power structure poses to international cooperation (Martin 1992). An emphasis on the consequences of power asymmetries is not germane to the conceptual framework of governance perceived as the management of common affairs. In this connection it is telling that in the projects of the German Volkswagen Foundation program, the evolving superpower position of the United States was acknowledged as a fact, but as already briefly

---

8 Political scientists writing in German sometimes prefer terms such as »neue Formen der Staatlichkeit« or »neue Formen des Regierens,« but even in German, the word »governance« is meanwhile familiarly used (e.g., Zürn 2003: 25–27; Benz et al. 2003; Schuppert 2005).
9 <http://www.eu-newgov.org>
10 As of spring 2005; analysis performed by Tim Müllenborn.

noted it was not a prominent research topic. Where they do concentrate on the global power structure as it developed after the end of the Cold War, and the unique position of the United States in it, social scientists typically do not use governance terminology.

It is possible, though difficult to prove, that the intense European interest in governance has to do with a particularly critical attitude toward globalization. There are American authors who are equally critical of globalization as their counterparts from other regions of the world (e.g., Stiglitz 2002; Sandbrook 2003), but the literature survey suggests that, judging by their institutional affiliation and biographical data available in the internet, a critical attitude is more often found among non-American and especially European authors (e.g., Abbot/ Worth 2002; Gill 2003; Cochrane/Duffy/Selby 2003). Economic globalization should in fact appear more problematic from the perspective of the small European countries than from the viewpoint of the large United States with its powerful economy and huge home market. A critical view of globalization could well lead to a particularly strong interest in global governance perceived, correctly or incorrectly, as a means to discipline the process of globalization and to cope with its negative effects. Belief in the importance of and a positive attitude towards global governance could also lead to a greater concern with issues of democratic accountability. In a recent review of the field, Archibugi maintains in fact that proponents of cosmopolitan democracy are for the most part Europeans (Archibugi 2004: 464, quoting Urbinati). This is supported by the recent volume on accountability in global governance, edited by Held and Koenig-Archibugi (2005), with 10 of the 13 contributors located at European institutions.

In the United States, the multilateralism frame did not wholly supplant thinking in terms of global governance; there has also been perseverance in using the global governance framework. Such perseverance is illustrated for instance by the volume edited by Nye and Donahue (2000). While recognizing the fact of American supremacy, the approach of the editors is normatively multilateralist, globalization is defined as a multidimensional process, and global governance as a multilevel system of public as well as private actors. In fact, political scientists like Keohane, whose intellectual career has been intimately connected with the establishment and elaboration of the global governance paradigm, continue to use it today (e.g., Keohane 2002). But as indicated by the reference to governance *and* power in the very title of this book, power relationships now receive more explicit attention even within the framework of governance.

Substantively, the shift from a governance perspective to a multilateralism perspective means a shift of interest from the »architecture« of global governance to interstate relations, and the conditions under which they will tend towards cooperation or unilateral action. In the context of liberal institutionalist reasoning, the focus is less on direct state interactions than on multilateral negotiation within international institutions, regimes, and public policy networks. And whereas in the governance perspective the success or failure of collective problem solving was the analytical reference point, the issue now is the conditions under which an asymmetric power structure can be viable. This also shifts the focus of the opposition between realist and liberal institutionalist views. Whereas before, the leading question had been whether or not independent nation states will or will not cooperate for something like the common good, it is now whether the dependent members in a unipolar power structure will tolerate the dominance of the superpower, or actively resist it. The presently existing power imbalance need not lead to large-scale resistance, as realist theory predicts; in a benign hegemony, dependence is not so onerous as to justify the costs of active resistance. The hegemon, on his part, will be wise to act in a multilateralist fashion out of his very own interest (see Ikenberry 2002; Nye 2002). This argument spells a renaissance of hegemonic stability theory with a strongly normative flavor.[11]

It is not surprising that the American superpower, with its tendency toward unilateral action, meets with harsh criticism from European authors; the book by the Frenchman Emmanuel Todd (2002) is one of many examples. Most American political scientists seem to look at the superpower position of the United States with a mixture of regretful skepticism and multilateralist conviction. True, there are authors like Bacevich, a self-declared conservative thinker who thinks favorably of the strategy pursued by the US to establish an international order »conducive to American interests, governed by American norms, regulated by American power, and, above all, satisfying the expectations of the American people for ever-greater abundance« (Bacevich 2002: 6, 88). But Ruggie (2004: 521) finds an explicit rejection of multilateralism by international relations theorists only in a small group of »neo-conservative ›new sovereigntists‹«. Liberal institutionalists take America's superpower position for granted; but, as recently confirmed by Brooks and Wohlforth (2005), the attitude towards US unilateralism is mostly critical – sometimes in a balanced way (e.g., Steel 1995; Ikenberry 2003), sometimes passionately so (e.g., Prestowitz 2003; Soros 2004).

---

11 The different perspectives of governance versus multilateralism are related in an interesting way to substantive differences in theoretical approach. There is an affinity between the analysis of multilateralism versus unilateralism issues and a strategic choice approach, and an affinity between the global governance framework and a constructivist approach. Since in Europe the global governance framework has not lost its salience, one might expect to find also a stronger adherence to constructivist approaches. In fact, in the series editors' preface to the Hart and Prakash volume (1999: X), »an intercontinental bifurcation between North American (mainly USA) and European (including British) debates« is maintained, the former being more akin to strategic choice, the latter to constructivist views. The preference for a strategic choice approach may be related in turn to a greater affinity of American political scientists to economic thinking.

American multilateralists are, however, not necessarily also critical of interventionism. The American »mission« to spread democracy and intervene into the internal affairs of other countries to safeguard human rights is accepted by a number of authors (e.g., Kagan 2004; Bethke Elshtain 2003). James Der Derian (2004: 91) in fact points out that noted realists rather than »liberal institutionalists and humanitarian interventionists like Joseph Nye, Michael Ignatieff, and Anne Marie Slaughter« opposed the war against Iraq. The »long-standing and self-declared American crusade for democracy,« which is »proselytizing by nature« and evangelical in essence (Steel 1995: 18–19), cannot be dismissed as hypocritical; it raises a fundamental and well-recognized issue for global governance (see Lyons/Mastanduno 1995). Multilateralists who accept intervention to safeguard human rights and spread the values of democracy insist, however, that interventions should not be unilateral.

The same basic attitude of skepticism and multilateral conviction is also visible in discussions of the transatlantic relationship. American scholars recognize that the changed geopolitical situation after the end of the Cold War has devalued the transatlantic relationship. The European insistence on a true transatlantic partnership is correctly considered illusory; the European Union needs the United States more than the other way round. Nevertheless, a renewal of the transatlantic partnership is urged, its value for the United States being maintained by using arguments familiar from hegenomic stability theory (e.g., Kupchan 2002; Garton Ash 2004). An excellent example of work along these lines is the report by a Council on Foreign Relations task force that counted some of the best known American political scientists among its members (Council on Foreign Relations 2004). Affirming the desirability of global governance and the superior functionality of multilateralism, scholars in both groups see international cooperation as a positive value. This shared attitude is an effect of a common world view generally held to be characteristic of liberal institutionalist thinking, and not necessarily of political science at large.

5 Conclusion

This article has set itself a modest goal: to alert scholars to the contingent nature of their ways of perceiving, evaluating, and studying a given object of cognition. Individual scholars are embedded in a discipline, they study their object at a given moment of historical time, and they are embedded in a specific social, political, and cultural context. The article has traced the effects these factors have on scientific perspectives on globalization and global governance.

Least surprising is of course the impact of different disciplinary paradigms on the way a given object is perceived and analyzed. But being firmly embedded in one's own scientific specialty or school, one rarely goes to the trouble to spell out the specific selectivity of its perspective – even though awareness of disciplinary differences in studying a shared cognitive object may facilitate interdisciplinary communication and research. More surprising has probably been the demonstrated existence of a coherent logic in each of the different disciplinary perspectives. Lastly, a slightly jarring result of the analysis has been the importance of evaluative elements in different disciplinary views on globalization and global governance. Though ignored by a positivist philosophy of science as a characteristic feature of disciplinary perspectives, values guide the formulation of cognitive interests in *all* sciences having to do with phenomena conceivably affecting man.

The adaptation of analytical frameworks to changing objects is a general feature of empirical studies of social macro-phenomena. The historical nature of such objects is reflected in the dated character of our interpretations. Such cognitive adaptations count as learning and do not violate norms of scientific objectivity. This is different for the impact of being embedded in different geopolitical contexts, as suggested in the last section of this article. We tend to pride ourselves as scientists on the ability to rise beyond the influence of our own place in the world, and are convinced that our own view of reality is the correct one, even if we realize that others see things differently. Even if the difference in European and American perspectives on globalization and global governance that developed in a particular historical situation has been small enough to be overlooked, a mere tendency that may not even reach statistical significance, it serves to remind us of the nasty fact that scientific thinking is not immaculately autopoietic. Substantively, the different perspectives of European and US American scholars are closely linked to the political values identified for the social science perspective on globalization and global governance, values like national sovereignty, peace, security, and democracy. It is such values that define (different) national (or regional) interests in a situation of political and economic inequality.

Where a scientific perspective »fits« a real-life situation, like the global governance perspective »fits« the situation of countries not strong enough to go it alone, it can appear to be analytical in a purely positivistic fashion – not wishful thinking, but a correct assessment. Where perspective and reality clash, the perspective becomes visibly normative, and may generate outright critique of real-life political developments, as has occurred among adherents of the global governance frame. But as we know from Kuhn (1962), if reality disproves a scientific paradigm long enough, it is ultimately given up. It remains to be seen whether this will eventually happen to the paradigm of global governance.

References

Abbot, Jason P./Owen Worth (Hg.), 2002: *Critical Perspectives on International Political Economy.* Houndmills: Palgrave Macmillan.

Archibugi, Daniele, 2004: Cosmopolitan Democracy and its Critics: A Review. In: *European Journal of International Relations* 10, 437–473.

Bacevich, Andrew J., 2002: *American Empire: The Realities and Consequences of U.S. Diplomacy.* Cambridge, MA: Harvard University Press.

Barber, Richard J., 1966: *The Politics of Research.* Washington, DC: Public Affairs Press.

Baylis, John/Steve Smith, 2001: *The Globalization of World Politics: An Introduction to International Relations.* 2. Auflage. Oxford: Oxford University Press.

Ben-David, Joseph, 1991: *Scientific Growth: Essays on the Social Organization and Ethos of Science.* Berkeley, CA: University of California Press.

Benz, Arthur, et al., 2003: *Governance: Eine Einführung.* Dreifachkurseinheit der FernUniversität Hagen. Hagen: FernUniversität Hagen.

Bethke Elshtain, Jean, 2003: The Responsibility of Nations: A Moral Case for Coercive Justice. In: *Daedalus* 132, 64–72.

Bogdandy, Armin von, 2005: Auswertung der rechtswissenschaftlichen Projekte. In: Renate Mayntz et al., *Globale Strukturen und deren Steuerung: Auswertung der Ergebnisse eines Förderprogramms der VolkswagenStiftung.* Forschungsberichte aus dem MPIfG 1. Köln: Max-Planck-Institut für Gesellschaftsforschung, 19–62.

Braun, Dietmar, 1997: *Die politische Steuerung der Wissenschaft.* Frankfurt a.M.: Campus.

Brooks, Stephen G./William C. Wohlforth, 2005: International Relations Theory and the Case against Unilateralism. In: *Perspectives on Politics* 3, 509–524.

Cable, Vincent, 1999: *Globalization and Global Governance: Structure, Coalitions, and the Cold War.* London: Royal Institute of International Affairs.

Clark, Ian, 1999: *Globalization and International Relations Theory.* Oxford: Oxford University Press.

Chubin, Daryl E., 1976: The Conceptualization of Scientific Specialties. In: *The Sociological Quarterly* 17, 448–476.

Cochrane, Fergal/Rosaleen Duffy/Jan Selby (Hg.), 2003: *Global Governance, Conflict and Resistance.* Houndmills: Palgrave Macmillan.

Cole, Stephen, 1983: The Hierarchy of Sciences? In: *American Journal of Sociology* 89, 111–139.

Council on Foreign Relations, 2004: *Renewing the Atlantic Partnership: Report of an Independent Task Force.* New York: Council on Foreign Relations.

de Wijk, Rob, 2002: Hegemonic Power and the Demise of Multilateralism. In: *Acta Politica* 37, 262–282.

Der Derian, James, 2004: 9/11 and Its Consequences for the Discipline. In: *Zeitschrift für Internationale Beziehungen* 11, 89–100.

Djelic, Marie-Laure/Sigrid Quack (Hg.), 2003, *Globalization and Institutions: Redefining the Rules of the Economic Game.* Cheltenham: Edward Elgar.

Dryzek, John S./Stephen T. Leonard, 1988: History and Discipline in Political Science. In: *American Political Science Review* 82, 1245–1260.

Elster, Jon, 1983: *Explaining Technical Change: A Case Study in the Philosophy of Science.* Cambridge: Cambridge University Press.

Fiske, Donald W./Richard A. Shweder (Hg.), 1986: *Metatheory in Social Science: Pluralisms and Subjectivities*. Chicago: Chicago University Press.

Fuchs, Doris A., 2002: Globalization and Global Governance: Discourses on Political Order at the Turn of the Century. In: Doris A. Fuchs/Friedrich Kratochwil (Hg.), *Transformative Change and Global Order*. Münster: LIT Verlag, 1–24.

Fuchs, Doris A./Friedrich Kratochwil (Hg.), 2002: *Transformative Change and Global Order*. Münster: LIT Verlag.

Fuchs, Stefan, 1992: *The Professional Quest for Truth: A Social Theory of Science and Knowledge*. Albany: State University of New York Press.

Garton Ash, Timothy, 2004: *Free World: America, Europe, and the Surprising Future of the West*. New York: Random House.

Genschel, Philipp, 2004: Globalization and the Welfare State: A Retrospective. In: *Journal of European Public Policy* 11, 613–636.

——, 2005: *Auswertung der wirtschaftswissenschaftlichen Projekte*. In: Renate Mayntz et al., *Globale Strukturen und deren Steuerung: Auswertung der Ergebnisse eines Förderprogramms der VolkswagenStiftung*. Forschungsberichte aus dem MPIfG 1. Köln: Max-Planck-Institut für Gesellschaftsforschung, 63–88.

Gill, Stephen, 2003: *Power and Resistance in the New World Order*. Houndmills: Palgrave Macmillan.

Haas, Ernst B., 1990: *When Knowledge is Power: Three Models of Change in International Organizations*. Berkeley, CA: University of California Press.

Hall, Rodney Bruce/Thomas J. Biersteker (Hg.), 2002: *The Emergence of Private Authority in Global Governance*. Cambridge: Cambridge University Press.

Hardt, Michael/Antonio Negri, 2000: *Empire*. Cambridge, MA: Harvard University Press.

Hart, Jeffrey A./Aseem Prakash, 1999: Globalization and Governance: Conclusions. In: Aseem Prakash/Jeffrey Hart (Hg.), *Globalization and Governance*. London: Routledge, 310–317.

Held, David/Mathias Koenig-Archibugi (Hg.), 2005: *Global Governance and Public Accountability*. Oxford: Blackwell Publishing.

Héritier, Adrienne (Hg.), 2002: *Common Goods: Reinventing European and International Governance*. Lanham: Rowman & Littlefield.

Higgott, Richard, 2004: Multilateral Economic Institutions and the Limits to Global Governance. In: William Wallace/Young Soogil (Hg.), *Asia and Europe: Global Governance as a Challenge to Co-operation*. Tokyo: Council for Asia–Europe Cooperation, 95–120.

Hirst, Paul, 2003: The Future of Political Studies. In: *European Political Science* 3(1), 47–59.

Horowitz, Shale, 2004: Restarting Globalization after World War II. In: *Comparative Political Studies* 37, 127–151.

Horsman, Mathew/Andrew Marshall, 1994: *After the Nation-State: Citizens, Tribalism, and New World Disorder*. London: Harper-Collins.

Ikenberry, G. John, 2003: Is American Multilateralism in Decline? In: *Perspectives on Politics* 1, 533–550.

——, (Hg.), 2002: *America Unrivaled: The Future of the Balance of Power*. Ithaca, NY: Cornell University Press.

Ilgen, Thomas L. (Hg.), 2003: *Reconfigured Sovereignty: Muli-Layered Governance in the Global Age*. Aldershot: Ashgate.

Jachtenfuchs, Markus/Michèle Knodt (Hg.), 2002: *Regieren in internationalen Institutionen*. Opladen: Leske + Budrich.

Kagan, Robert, 2004: *Of Paradise and Power: America and Europe in the New World Order.* Revised and expanded edition. London: Atlantic Books.

Kahler, Miles/David A. Lake, 2003: Globalization and Governance. In: Miles Kahler/David A. Lake (Hg.), *Governance in a Global Economy: Political Authority in Transition.* Princeton: Princeton University Press, 1–32.

Keohane, Robert O., 1990: Multilateralism: An Agenda for Research. In: *International Journal* 45, 731–764.

——, 2002: *Power and Governance in a Partially Globalized World.* London: Routledge.

Knorr Cetina, Karin, 2005: How Are Global Markets Global? The Architecture of a Flow World. In: Karin Knorr Cetina/Alex Preda (Hg.), *The Sociology of Financial Markets.* Oxford: Oxford University Press, 38–61.

Kocka, Jürgen/Renate Mayntz (Hg.), 1998: *Wissenschaft und Wiedervereinigung: Disziplinen im Umbruch.* Berlin: Akademie Verlag.

Kogan, Maurice/Mary Henkel, 1983: *Government and Research.* London: Heinemann.

Krasner, Stephen D., 1999: *Sovereignty: Organized Hypocrisy.* Princeton: Princeton University Press.

Kuhn, Thomas S., 1962: *The Structure of Scientific Revolutions.* Chicago: Chicago University Press.

Kupchan, Charles, 2002: *The End of the American Era: U.S. Foreign Policy and the Geopolitics of the Twenty-first Century.* New York: Knopf.

Langhorne, Richard, 2001: *The Coming of Globalization: Its Evolution and Contemporary Consequences.* Houndmills: Palgrave Macmillan.

Latham, Robert, 1999: Politics in a Floating World: Toward a Critique of Global Governance. In: Martin Hewson/Timothy J. Sinclair (Hg.), *Approaches to Global Governance Theory.* Albany: State University of New York Press, 23–54.

Lütz, Susanne, 2005: Auswertung der sozialwissenschaftlichen Projekte. In: Renate Mayntz et al., *Globale Strukturen und deren Steuerung: Auswertung der Ergebnisse eines Förderprogramms der VolkswagenStiftung.* Forschungsberichte aus dem MPIfG 1. Köln: Max-Planck-Institut für Gesellschaftsforschung, 89–175.

Lyons, Gene M./Michael Mastanduno (Hg.), 1995: *State Sovereignty and International Intervention.* Baltimore, MD: The Johns Hopkins University Press.

Mannheim, Karl, 1929: *Ideologie und Utopie.* Bonn: Cohen.

Martin, Lisa L., 1992: Interests, Power, and Multilateralism. In: *International Organization* 46, 765–792.

Martin, Lisa L./Beth A. Simmons, 1998: Theories and Empirical Studies of International Institutions. In: *International Organization* 52, 729–757.

Mayntz, Renate, 2003 [1998]: New Challenges to Governance Theory. In: Henrik B. Bang (Hg.), *Governance as Social and Political Communication.* Manchester: Manchester University Press, 27–40.

——, 2001: Politikwissenschaft in einer entgrenzten Welt. In: Christine Landfried (Hg.), *Politik in einer entgrenzten Welt.* Köln: Verlag Wissenschaft und Politik, 29–47.

Mayntz, Renate/Fritz W. Scharpf, 2005: Politische Steuerung – Heute? In: *Zeitschrift für Soziologie* 34(3), 236–243.

Mayntz, Renate, et al., 2005: *Globale Strukturen und deren Steuerung. Auswertung der Ergebnisse eines Förderprogramms der VolkswagenStiftung.* Forschungsberichte aus dem MPIfG 1. Köln: Max-Planck-Institut für Gesellschaftsforschung.

Merton, Robert K., 1970: *Science, Technology and Society in Seventeenth Century England.* New York: Fertig.

Messer-Davidow, Ellen/David R. Shumway/David J. Sylvan (Hg.), 1993: *Knowledges: Historical and Critical Studies in Disciplinarity.* Charlottesville, VA: University Press of Virginia.

Mitchell, Sandra D., 2000: Dimensions of Scientific Law. In: *Philosophy of Science* 67, 242–265.

Moravcsik, Andrew, 2000: Conservative Idealism and International Institutions. In: *Chicago Journal of International Law* 1, 291–314.

Moses, Jonathan W., 1994: Abdication from National Policy Autonomy: What's Left to Leave? In: *Politics and Society* 22, 125–148.

Münkler, Herfried, 2005: *Imperien: Die Logik der Weltherrschaft – vom Alten Rom bis zu den Vereinigten Staaten.* Berlin: Rowohlt.

Nye, Joseph S., 2002: *The Paradox of American Power: Why the World's Only Superpower Can't Go It Alone.* Oxford: Oxford University Press.

Nye, Joseph S./John D. Donahue (Hg.), 2000: *Governance in a Globalizing World.* Washington, DC: Brookings Institution.

Nye, Joseph S./Robert O. Keohane, 1993: The United States and the International Institutions in Europe after the Cold War. In: Robert O. Keohane/Joseph S. Nye (Hg.), *After the Cold War: International Institutions and State Strategies in Europe.* Cambridge, MA: Harvard University Press, 104–126.

Ohmae, Kenichi, 1995: *The End of the Nation-State: The Rise of Regional Economies.* New York: Free Press.

Pickering, Andrew, 1995: *The Mangle of Practice: Time, Agency, and Science.* Chicago: Chicago University Press.

Prakash, Aseem/Jeffrey Hart (Hg.), 1999: *Globalization and Governance.* London: Routledge.

Prestowitz, Clyde, 2003: *Rogue Nation: American Unilateralism and the Failure of Good Intentions.* New York: Basic Books.

Rhodes, Martin, 2001: Globalization, Welfare States, and Employment. Is There a European ›Third Way‹? In: Nancy Bermeo (Hg.), *Unemployment in the New Europe.* Cambridge: Cambridge University Press, 87–120.

Risse, Thomas, 2003: Die neue Weltordnung: Amerikanische Hypermacht – europäische Ohnmacht? In: *WeltTrends* 39, 110–119.

Ruggie, John Gerard, 1982: International Regimes, Transactions, and Change: Embedded Liberalism in the Postwar Economic Order. In: *International Organization* 36, 379–415.

——, 2004: Reconstituting the Global Public Domain: Issues, Actors, and Practices. In: *European Journal of International Relations* 10, 499–531.

—— (Hg.), 1993: *Multilateralism Matters: The Theory and Praxis of an Institutional Form.* New York: Columbia University Press.

Sachsenmaier, Dominik, 2004: Die Angst vor dem Weltdorf: Globale und Interkulturelle Forschungen – Neue Ansätze. In: *WZB-Mitteilungen* 105, 16–19.

Sandbrook, Richard (Hg.), 2003: *Civilizing Globalization: A Survival Guide.* Albany: State University of New York Press.

Scharpf, Fritz W., 2000: The Viability of Advanced Welfare States in the International Economy: Vulnerabilities and Options. In: *European Review* 8, 399–425.

Schmitter, Philippe C., 2002: Seven (Disputable) Theses Concerning the Future of »Transatlanticised« or »Globalised« Political Science. In: *European Political Science* 1(2), 23–40.

Schuppert, Folke (Hg.), 2005: *Governance-Forschung: Vergewisserung über Stand und Entwicklungslinien*. Baden-Baden: Nomos.

Soros, George, 2004: *The Bubble of American Supremacy*. New York: Public Affairs.

Steel, Ronald, 1995: *Temptations of a Superpower*. Cambridge, MA: Harvard University Press.

Stichweh, Rudolf, 1994: *Wissenschaft, Universität, Professionen*. Frankfurt a.M.: Suhrkamp.

Stiglitz, Joseph, 2002: *Globalization and its Discontents*. New York: Norton.

Strange, Susan, 1996: *The Retreat of the State: The Diffusion of Power in the World Economy*. Cambridge: Cambridge University Press.

Thagard, Paul, 1992: *Conceptual Revolutions*. Princeton: Princeton University Press.

Todd, Emmanuel, 2002: *Après l'Empire: Essai sur la décomposition du système américain*. Paris: Gallimard.

Weiss, Linda, 1998: *The Myth of the Powerless State*. Ithaca, NY: Cornell University Press.

Whitley, Richard, 1984: *The Intellectual and Social Organization of the Sciences*. Oxford: Clarendon Press.

Zürn, Michael, 2003: Die Entwicklung der Internationalen Beziehungen im deutschsprachigen Raum nach 1989. In: Gunther Hellmann/Klaus Dieter Wolf/Michael Zürn (Hg.), *Die neuen Internationalen Beziehungen: Forschungsstand und Perspektiven in Deutschland*. Baden-Baden: Nomos, 21–46.

——, 1998: *Regieren jenseits des Nationalstaats*. Frankfurt a.M.: Suhrkamp.

Quellennachweise

1
Sozialwissenschaftliche Erkenntnisinteressen und Erkenntnismöglichkeiten: Eine Einführung
Originalbeitrag

2
Forschungsmethoden und Erkenntnispotenzial: Natur- und Sozialwissenschaften im Vergleich (2005)
MPIfG Discussion Paper 05/7. Köln: Max-Planck-Institut für Gesellschaftsforschung (überarbeitete Fassung des gleichnamigen Vortrags, gehalten im Rahmen des Einstein-Kolloquiums der Max-Planck-Gesellschaft am 14. Juni 2005 in Berlin).

3
Einladung zum Schattenboxen: Die Soziologie und die moderne Biologie (2008)
In: Karl-Siegbert Rehberg (Hg.), *Die Natur der Gesellschaft*. Verhandlungen des 33. Kongresses der Deutschen Gesellschaft für Soziologie in Kassel 2006. Frankfurt a.M.: Campus, 125–139.

4
Rationalität in sozialwissenschaftlicher Perspektive (1999)
Lectiones Jenenses, Heft 18. Jena: Max-Planck-Institut zur Erforschung von Wirtschaftssystemen.

5
Kausale Rekonstruktion: Theoretische Aussagen im akteurzentrierten Institutionalismus (2002)
Mannheimer Vorträge, Nr. 17. Mannheim: Mannheimer Zentrum für Europäische Sozialforschung.

6
Soziale Mechanismen in der Analyse gesellschaftlicher Makro-Phänomene (2005)
In: Uwe Schimank/Rainer Greshoff (Hg.), *Was erklärt die Soziologie?* Berlin: LIT Verlag, 204–227.

7
Individuelles Handeln und gesellschaftliche Ereignisse: Zur Mikro-Makro-Problematik in den Sozialwissenschaften (2000)
In: Max-Planck-Gesellschaft zur Förderung der Wissenschaften, *Wie entstehen neue Qualitäten in komplexen Systemen? 50 Jahre Max-Planck-Gesellschaft 1948–1998.* Göttingen: Vandenhoeck & Ruprecht, 95–104.

8
Emergence in Philosophy and Social Theory (2008)
Ausgearbeitete Fassung eines Vortrags, gehalten am 26. Januar 2007 auf der Tagung »Emergenz, Reduktion und die Erklärung komplexer Strukturen« am Zentrum für interdisziplinäre Forschung (ZiF) in Bielefeld.

9
Embedded Theorizing: Perspectives on Globalization and Global Governance (2008)
In: Stephan Bröchler/Hans-Joachim Lauth (Hg.), *Politikwissenschaftliche Perspektiven.* Wiesbaden: VS-Verlag für Sozialwissenschaften, 93–116.

Schriftenreihe des Max-Planck-Instituts für Gesellschaftsforschung, Köln

Renate Mayntz, Bernd Rosewitz,
Uwe Schimank, Rudolf Stichweh
**Differenzierung und
Verselbständigung**
Zur Entwicklung gesellschaftlicher
Teilsysteme
1988. 329 Seiten

Renate Mayntz, Thomas P. Hughes
(Eds.)
**The Development of Large
Technical Systems***
1988. 299 Seiten
(copublished with Westview Press)

Clemens Schumacher-Wolf
**Informationstechnik, Innovation
und Verwaltung**
Soziale Bedingungen der Einführung
moderner Informationstechniken
1988. 339 Seiten

Volker Schneider
**Technikentwicklung zwischen
Politik und Markt**
Der Fall Bildschirmtext
1989. 293 Seiten

Bernd Rosewitz, Douglas Webber
**Reformversuche und Reform-
blockaden im deutschen
Gesundheitswesen**
1990. 349 Seiten

Raymund Werle
**Telekommunikation in der
Bundesrepublik**
Expansion, Differenzierung,
Transformation
1990. 409 Seiten

Hans-Willy Hohn, Uwe Schimank
**Konflikte und Gleichgewichte im
Forschungssystem**
Akteurkonstellationen und Entwick-
lungspfade in der staatlich finanzierten
außeruniversitären Forschung
1990. 444 Seiten

Bernd Marin, Renate Mayntz (Eds.)
Policy Networks
Empirical Evidence and
Theoretical Considerations
1991. 331 Seiten
(copublished with Westview Press)

Jens Alber, Brigitte Bernardi-Schenkluhn
**Westeuropäische Gesundheits-
systeme im Vergleich**
Bundesrepublik Deutschland, Schweiz,
Frankreich, Italien, Großbritannien
1992. 700 Seiten

Arthur Benz, Fritz W. Scharpf,
Reinhard Zintl
Horizontale Politikverflechtung
Zur Theorie von Verhandlungssystemen
1992. 205 Seiten

Fritz W. Scharpf (Ed.)
**Games in Hierarchies and
Networks**
Analytical and Empirical Approaches
to the Study of Governance
Institutions
1993. 448 Seiten
(copublished with Westview Press)

Andreas Stucke
**Institutionalisierung der
Forschungspolitik**
Entstehung, Entwicklung
und Steuerungsprobleme des
Bundesforschungsministeriums
1993. 297 Seiten

* = Titel steht im Internet zum
Download (pdf) zur Verfügung:
www.mpifg.de/pu/mpifg_books.asp

Campus Verlag • Frankfurt am Main

Schriftenreihe des Max-Planck-Instituts für Gesellschaftsforschung, Köln

Susanne Lütz
Steuerung industrieller Forschungskooperation
Funktionsweise und Erfolgsbedingungen des staatlichen Förderinstrumentes Verbundforschung
1993. 251 Seiten

Uwe Schimank, Andreas Stucke (Eds.)
Coping with Trouble
How Science Reacts to Political Disturbances of Research Conditions
1994. 401 Seiten
(copublished with St. Martin's Press)

Edgar Grande, Jürgen Häusler
Industrieforschung und Forschungspolitik
Staatliche Steuerungspotentiale in der Informationstechnik
1994. 566 Seiten

Philip Manow
Gesundheitspolitik im Einigungsprozeß
1994. 195 Seiten

Katrin Behaghel
Kostendämpfung und ärztliche Interessenvertretung
Ein Verbandssystem unter Streß
1994. 326 Seiten

Renate Mayntz (unter Mitarbeit von Hans-Georg Wolf)
Deutsche Forschung im Einigungsprozeß
Die Transformation der Akademie der Wissenschaften der DDR 1989 bis 1992
1994. 301 Seiten

Renate Mayntz (Hg.)
Aufbruch und Reform von oben
Ostdeutsche Universitäten im Transformationsprozeß
1994. 312 Seiten

Frank Thomas
Telefonieren in Deutschland
Organisatorische, technische und räumliche Entwicklung eines großtechnischen Systems
1995. 415 Seiten

Uwe Schimank
Hochschulforschung im Schatten der Lehre
1995. 357 Seiten

Philipp Genschel
Standards in der Informationstechnik
Institutioneller Wandel in der internationalen Standardisierung
1995. 237 Seiten

Renate Mayntz, Fritz W. Scharpf (Hg.)
Gesellschaftliche Selbstregelung und politische Steuerung
1995. 368 Seiten*

Helmut Voelzkow
Private Regierungen in der Techniksteuerung
Eine sozialwissenschaftliche Analyse der technischen Normung
1996. 380 Seiten

Jochen Gläser, Werner Meske
Anwendungsorientierung von Grundlagenforschung?*
Erfahrungen der Akademie der Wissenschaften der DDR
1996. 424 Seiten

Gerhard Krauss
Forschung im unitarischen Staat
Abhängigkeit und Autonomie der staatlich finanzierten Forschung in Frankreich
1996. 239 Seiten

Campus Verlag · Frankfurt am Main